JN281392

日本語教育学
を学ぶ人のために

青木直子／尾﨑明人／土岐 哲［編］

世界思想社

は じ め に

　この本をお読みになる方の多くは，日本語教育に関わっているか，将来，関わることを可能性として考えている方だろうと思います。皆さんは，「日本語教師になる」ということをどのようなことだと考えておられるでしょうか。

　「日本語教師になる」ということは，大学で日本語教育を専攻するとか，420時間の日本語教師養成講座を修了するというようなことではない，と私たちは考えます。人が生涯を通して発達を続けるように，教師もその全キャリアを通じて成長するものです。何かをすれば（まして一冊の本を読めば）教師になるプロセスが完了するというようなものではなく，教師は仕事を続ける限り「教師になりつづける」のです。そして「教師になりつづける」というのは，単に本に書いてあることを知識として増やしつづけるということではありません。

　「教師になる」ということは，まず，自分の職業が人の人生を変えるかもしれない仕事であることを自覚して，それにコミットするということです。看護学校には戴帽式という儀式があるそうです。教師にはそういう儀式はありませんが，自分の職業が大きな責任を伴うものであることを覚悟する必要があるのは同じです。ただし，看護士も教師も，自分の仕事の重大性を儀式一つで完全に理解することはおそらくできないでしょう。私たちは，仕事をしながら，何年も，時には何十年もかけて，自分の職業的責任を自覚していくのではないかと思います。これが「教師になりつづける」ことの一つの側面です。

　次に，教育とは人と関わる仕事であるからこそ，教師自身の人間的成長とその教師が学習を助ける能力とは，分かちがたく結びついていま

す。人間的成長と年齢とは必ずしも相関関係にはありませんから，年をとれば能力が高くなるとは限りません。したがって，教師には，常に自分が人間的に成長することで，より上手に学習を助けられるようになるという努力をする責任があります。それは「自分は何者であるのか」という問いに正面から向き合うことを意味します。時にはとてもつらいことです。しかし，それが「教師になりつづける」ことのもう一つの側面です。

　もちろん，職業的責任を自覚して，人間として成熟さえしていれば，学習を上手に助けられるというわけではありません。専門的な知識はやはり必要です。しかし知識は，学校で講義を聴いたり，本を読んだりすることだけで身につくのではありません。教師の知識は（そして，おそらくすべての本当に役に立つ知識は）経験を通して，学び手が自分で創りだすものです。講義や本が提供する情報が学び手の中に残るとすれば，それは，それらの情報が学び手の経験や既有知識に，学び手自身の手で結びつけられた時です。人は皆それぞれ人生経験や学習経験が異なりますから，当然のことながら，どのような情報に注意を向け，それにどのような意味づけをするかは，一人一人違います。同じ情報でも，時が経ち，新しい経験をした後では，同じ教師でも違った意味づけをすることさえ珍しいことではありません。したがって，教師の知識は，経験という文脈に埋め込まれていて，仕事をして新しい経験をする限り（そして，その経験について内省を続ける限り）常に変化していくといえます。ここにも，「教師になる」というプロセスの終わりはありません。

　こう考えると，教師教育の中で概説書にできることはきわめて限られているということになります。本書も，読者が教師という職業に就こうとする覚悟のほどを問うたり，人間的成長とは何かについて語ったりはしていません（関心のある方は，それぞれ教育学，心理学でこうした話題を扱っている本をお読みください）。本書はまた，知識を生みだすための経験を提供することもしていません。それにもかかわらず本書に価値が

あるとすれば，それは以下のようなことによると私たちは考えます。

一つには，既存の日本語教育の概説書がほとんど触れていないか，ごく簡単に紹介するにとどめている事柄に焦点をあてていること。序章における日本語教育の歴史的・社会的位置づけの考察，第Ⅰ部のコミュニケーション能力に関する議論，第Ⅱ部における心理学や教育学の視点からの日本語教育への提言と第二言語習得研究の概観，第Ⅲ部における教師の仕事の再検討，これらは，日本語教育にしばらく関わっている人にとっては，必ずしも耳新しい話題ではないかもしれませんが，初めて日本語教育を学ぶ人のために，内容にまで深く踏み込んでこれらの話題を扱っている概説書はあまり多くないと思います。今まで北半球の地図しか見たことのなかった人が南半球の地図も見ることができたら，世界観が拡がるかもしれません（もちろん，私たちはこれが世界のすべてであると考えているわけではありませんが）。地図にあるすべての場所に旅することはできなくても，どこへ行くかの選択の余地は増えるはずです。

本書のもう一つの価値は，著者たちが，程度の差はありますが，伝統的な学問の制約を超えて，自分自身の経験という文脈に埋め込まれた知識や個人的見解を読者と共有しようとしていることです。それは，読者が無条件に受け入れなければならない正典としての知識ではなく，疑問をもち，批判することもできる，一人の教師のものの見方です。そこには，読者とテキストとの間に対話が成立する可能性が存在します。また，本書を読んだ人どうしが意見を交換するという対話もありえます。本書に書いてあることが唯一の正解というふりをしていないからこそ，この対話は豊かなものになる可能性を秘めています。

そして最後に，文脈に埋め込まれた個人的知識や見解が述べられているからこそ，その背後に，著者それぞれの教育へのコミットメントを読み取ることが可能だということも，本書の存在意義ではないかと思います。

本書は，最初から順序どおりに読まなくてもかまいません。一度に全

部を読む必要もありません。必要な時に必要な部分を読んで，あなたの経験や問題意識と関連づけて解釈し，その解釈があなたの知識の中に組み込まれていけば，本書は十二分にその役割を果たしたことになると思います。

　なお，最後になりましたが，「索引」の作成にあたっては，大阪大学大学院生および学部生の朝倉淳子，御舘久里恵，角南北斗，永見昌紀，朴善卿，濱川祐紀代，樋下綾，増本佳奈子のみなさんにご協力をいただきました。ここにお名前を記して感謝の言葉とさせていただきます。

　2001年7月　　　　　　　　　　　　　　　　　　　　　編者一同

《目　次》

はじめに

序　章　日本語教育はだれのものか ……………尾﨑明人　3

 1　日本語能力を必要としているのは
  　外国人だけではない　4
  1.1　なぜ外国人は日本語を学ぶのか　4
  1.2　日本語を学べばコミュニケーション問題は
   　　解消するのか　4
  1.3　異文化間コミュニケーションについて
   　　学校で教えるべきである　6
  1.4　日本人もコミュニケーション能力を
   　　必要としている　6
 2　日本語教育は日本語教師だけが
  　するものではない　7
  2.1　学校だけが日本語を学ぶ場ではない　7
  2.2　広い意味での日本語教育は
   　　だれにでもできる　8
 3　なぜ日本語教育を行うのか　9
  3.1　戦前の日本語教育　9
  3.2　戦後の日本語教育の制度化　10
  3.3　地域社会における日本語教育　11
 4　日本語教育はだれのものか　13

第Ⅰ部　何が学習されなければならないのか

第1章　日本語能力とは何か …………………谷口すみ子　18

1　日本語能力をどう見るか　18
1.1　学習の目的から見た能力　18
1.2　言語理論から見た能力　19
1.3　外国語教授法から見た能力　20
2　コミュニケーション能力とは何か　22
2.1　コミュニケーション能力の枠組み　22
2.2　コミュニケーション能力を超えて　24
3　コミュニケーション能力は
　　　学習者だけの問題か　28

第2章　スキルとは何か …………………………谷口すみ子　34

1　知識とスキル　34
2　言語の4技能　35
3　マイクロスキル　36
4　スキルシラバス　38

第3章　学ぶことを学ぶ能力 ……………………谷口すみ子　40

1　学ぶことを学ぶ能力とは　40
2　学習ストラテジー　41
3　ストラテジーという用語の検討　43
4　ストラテジー・トレーニングは有効か　44

第Ⅱ部　学習はどのように起こるのか

第1章　認知心理学的視点 ……………………小林由子　56

1　「認知心理学」とは　56
2　「何を」「どのように」学習するのか
　　——宣言的知識と手続き的知識　58
3　よりよく学習するために——知識の構造　60
　3.1　記憶のシステム　60
　3.2　記憶の二重貯蔵モデル　61
　3.3　記憶の処理水準モデル　63
　3.4　知識の構造化　64
　3.5　言語理解における既有知識　65
4　ま　と　め——認知心理学的視点から見た教師の役割　66
5　読　書　案　内　68

第2章　ヒューマニスティック・
　　　　　サイコロジーの視点 ……………………縫部義憲　72

1　死んだ教室と生き生きした教室　72
2　外国語教育と自己実現の教育　76
　2.1　外国語教育におけるヒューマニズム　76
　2.2　外国語教育と自己実現　77
3　第二言語教室経営　79
4　ヒューマニスティック第二言語教育　82
　4.1　合流と統合的学習　82
　4.2　合流的アプローチ　84

4.3　合流的アプローチの特徴　85
  5　日本語指導の人間化の工夫　86

第3章　フレイレ的教育学の視点 ……………野元弘幸　91

  1　**フレイレの教育学**　92
    1.1　フレイレとは　92
    1.2　識字教育実践　93
    1.3　課題提起型教育　94
  2　**人間化のための日本語教育**　95
    2.1　何のための日本語教育か　95
    2.2　「日本語を学ぶこと」と
        「人間らしく生きること」の統合　96
    2.3　「ともに学ぶ」ということ　97
  3　**課題提起型のESL**──第二言語としての英語教育　98
    3.1　アメリカにおける課題提起型ESL　98
    3.2　ウォーラーステインの試み　99
    3.3　カリキュラムの実際　100
  4　**課題提起型日本語教育の創造**　101
    4.1　日本における課題提起型
        日本語教育の可能性　101
    4.2　課題提起型日本語教育の試み　102

第4章　状況的学習論の視点 …………………西口光一　105

  1　**正統的周辺参加論**　105
    1.1　物語の始まり　105
    1.2　正統的周辺参加論とは何か　106

1.3　正統的周辺参加　*107*
　　　1.4　正統的周辺参加論が示唆する
　　　　　 適正な学習環境　*108*
　2　状況的学習論から日本語教育へ　*110*
　　　2.1　実践共同体の問題　*110*
　　　2.2　実践共同体成立の要件　*111*
　　　2.3　共同体, 成員, そして共通言語　*113*
　　　2.4　外の世界との接面　*114*
　3　プログラム・コーディネーターと
　　　教師の役割　*114*
　　　3.1　学校的な学びに対する反省　*114*
　　　3.2　プログラム・コーディネーターの役割　*116*
　　　3.3　教師の役割　*117*
　4　結びに代えて　*117*

第5章　普遍文法の視点 ················· 白畑知彦　*120*

　1　幼児の母語習得　*120*
　2　チョムスキーの言語理論/言語習得理論　*125*
　3　第二言語または外国語学習と
　　　普遍文法理論　*129*
　4　まとめとして　*134*

第6章　第二言語習得研究の歴史 ············· 坂本　正　*136*

　1　第二言語習得研究とは　*136*
　　　1.1　第一言語, 第二言語, 母語, 外国語　*136*
　　　1.2　第二言語習得研究の目的　*137*

2　第二言語習得研究誕生の背景　*138*
   3　第二言語習得研究の誕生　*139*
      3.1　誤用分析　*140*
      3.2　中間言語仮説　*142*
      3.3　形態素習得研究　*143*
      3.4　発達順序研究　*146*
      3.5　クラッシェンのモニター理論　*146*
      3.6　アウトプット仮説　*148*
      3.7　インターアクション仮説　*149*
   4　お わ り に　*150*

第7章　第二言語習得研究の現状 ……………… 吉岡　薫　*158*

   1　中間言語の構造　*158*
      1.1　発達順序について　*158*
      1.2　習得段階の概念　*159*
      1.3　教室とのつながり　*161*
   2　語用論について　*162*
   3　言語環境——インプットとインターアクション　*164*
   4　研究方法——データの収集と分析について　*166*
   5　理論について　*168*
   6　SLA研究と言語教育の接点について　*170*
      6.1　タ ス ク　*170*
      6.2　エラーの修正　*171*
      6.3　モデリングとリキャスト　*172*
      6.4　教室で教えることの意義　*173*
   7　終 わ り に　*173*

第Ⅲ部　教師の仕事

第1章　教師の役割 ……………………………… 青木直子　182

　1　教育の目的　*183*
　2　教師の仕事についてのよくある誤解　*186*
　3　学習を支援するための教師の役割　*189*
　　3.1　環境の整備　*190*
　　3.2　学習者オートノミーを育てる　*193*
　　3.3　媒介言語は必要か　*195*
　4　これから日本語教師になろうとする人へ　*195*

第2章　異文化間コミュニケーションと
　　　　　日本語教師　……… 山田　泉　198

　1　日本語教師にとっての異文化　*199*
　2　文化の相違から考える　*200*
　3　「文化」をどう定義するか　*202*
　4　「文化」と力関係　*204*
　5　「多文化主義」にのっとった日本語教育の創造　*206*

第3章　アクション・リサーチ ……………… 横溝紳一郎　210

　1　教師の成長　*210*
　2　アクション・リサーチとは　*212*
　　2.1　歴　史　*212*
　　2.2　定　義　*212*
　　2.3　特　徴　*213*

2.4 プロセス　*215*
3　アクション・リサーチの実践例　*216*
3.1 スタート地点の発見および
リサーチのトピックの明確化　*216*
3.2 情報収集　*217*
3.3 予備調査　*218*
3.4 行動方略の発展　*223*
3.5 行動の計画立案　*224*
3.6 行動の実施　*225*
3.7 行動結果の観察・分析　*225*
3.8 行動成果の内省　*226*
3.9 公　　開　*226*
4　アクション・リサーチ再考　*227*
4.1 アクション・リサーチは「リサーチ」なのか　*227*
4.2 アクション・リサーチの可能性　*228*

第4章　教師の一日 ……………………… トムソン木下千尋　*232*

1　授業の準備　*233*
2　授業の処理　*235*
3　学生との対応　*236*
4　日本語プログラムの運営・管理に関わる仕事　*237*
5　大学の実務に関する仕事　*239*
6　研究に関わるもの　*241*
7　教師養成講座で教えてもらえないこと　*243*

◆索　　引 ……………………………………………………………… 247

❖ 日本語教育学を学ぶ人のために ❖

序章　日本語教育はだれのものか

尾﨑明人

　交通機関の発達と情報技術の急速な進歩によって地球はどんどん小さくなっています。一方で，国境という政治的な壁が低くなり，人，物，情報，金が地球規模で大量に動き回るようになりました。日本企業の海外進出によって国内産業の空洞化が叫ばれる一方，日本に進出する外国企業が増えています。企業だけでなく労働力も国境を越えて移動しています（桑原 1991）。留学生もまた，研究教育の水準が高く，生活しやすい国を目指して毎年100万人を超える規模で移動しています。このような地球規模の人の動きは，言語・文化を異にする個人間の接触をもたらし，その結果，異文化間コミュニケーションの問題がクローズアップされるようになりました。

　他方，地球の温暖化をはじめとして，人口問題や食糧問題など，人類全体が協力しなければとうてい解決できないような問題が数多く出てきています。このような地球規模の問題に立ち向かうには人類全体が力を合わせなければなりませんが，そのためには，国と国，個人と個人が，言語と文化の違いを越えて，お互いを理解することが必要です。

　言語教育の使命は，異文化間のコミュニケーション能力を育てることによって人類に貢献することにあります。日本語教育も，よりよい世界，住みよい社会づくりに貢献することを究極の目的としています。

　このような観点から，ここでは「日本語教育はだれのものか」という表題を掲げました。この問いに対する答えが一つだとは思いませんし，正解があるとも思えませんが，この序章では，(1)日本語能力を必要とし

ているのはだれか，(2)日本語を教えるのはだれか，(3)なぜ日本語教育を行うのか，という三つの問いに絞って考えてみることにします。

1 日本語能力を必要としているのは外国人だけではない[1]

1.1 なぜ外国人は日本語を学ぶのか

　外国人が日本語を学ぶ目的はさまざまです。趣味や教養のために，あるいは大学の単位のために学習している人もいます。しかし，多くの人は日本語を学び，日本語で何かができるようになりたいと願っています。その「何か」とは，日本を理解すること，日本を旅行すること，日本人と友達になること，日本の企業で働くこと，日本の大学で学ぶこと，家庭を守り子どもを育てることなど，実にさまざまです。しかし，いずれの場合も，日本語で何かをするときには，日本語を使うわけです。それは日本語でコミュニケーションをするということです。ですから，外国人が日本語を学ぶ主な目的は，日本語でコミュニケーションができるようになること，つまり日本語のコミュニケーション能力を身につけることであると言えます。「何か」を成功させるためには，コミュニケーション能力だけではなく，社会文化的な知識にもとづく行動能力，すなわち二重文化能力を育てる必要があるとする考え方もありますが（ネウストプニー 1995），コミュニケーション能力を育てることが日本語教育の中心的な課題の一つであることは疑いありません。

1.2 日本語を学べばコミュニケーション問題は解消するのか

　では，外国人が日本語を一生懸命勉強して，日本語のコミュニケーション能力を高めてさえいけば，日本人とのコミュニケーションに問題はなくなるのでしょうか。そうではないと思います。

　コミュニケーションは双方向的なものであり，相互の協力によって成り立つものです。一つ例を出しましょう。日系ブラジル人が日本人と会話をしていて，「検査の部品，目，疲れるね。バリ，だめね」と言いま

した。相手の日本人は、ブラジル人の仕事については何も知りませんし、「バリ」という単語も聞いたことがなかったので、この発話がよく理解できませんでした。これはブラジル人に非があるのでしょうか。それとも、日本人に問題の原因があるのでしょうか。一般論として言えば、コミュニケーション失敗の責任は双方が負うべきものです。日本人が外国人とのコミュニケーションを成功させたいと考えて、努力しない限り、外国人の日本語能力が伸びても円滑なコミュニケーションは保証されないのです（青木他1998）。

　日本で生活する外国人が多くなり、地域によっては日常的に外国人と接する日本人も増えています。そのような接触の場でよりよいコミュニケーションを成立させるには、日本人も外国人とのコミュニケーションの仕方を学ぶ必要があります。

　ある中国人が、「病院に行ったが、看護婦さんの日本語がよく分からなかった。こちらが分からないと言うと、看護婦さんの声がどんどん大きくなった。私は耳が聞こえるのに」という趣旨のことを言っていました。声を大きくしたり、話す速度を遅くするだけでは、外国人の理解を助けることはできません。どのような話し方が外国人の理解を助けるかについて知ることが重要です。

　また、外国人の話す日本語を理解するには、その特徴について学ぶことも大切です。先のブラジル人の例で「検査の部品」とありましたが、これは「部品の検査」と言いたかったのです。ブラジル人の発話資料には、「運転手のトラック」「車の会社」「部品の車」など「名詞の名詞」という言い方が見られます。これらの例でブラジル人が言いたかったのは、「トラックの運転手」「会社の車」「車の部品」です。ブラジル人の日本語に慣れていないと、日本人は誤解したり、戸惑ったりすることになるでしょう。時には、外国人のことばの使い方に違和感をもつことも考えられます。例えば、「あなたは日本語を上手に教えました」と言われた日本人ボランティアは、感謝されているのだとは思っても、素直に喜べないかもしれません。「あなた」も「教えました」も日本語の一般

的な使い方とは違っており，偉そうに聞こえると感じる人もいるからです。しかし，「あなた」が母語からの直訳であること，外国人にとって「～てくれる」という表現は習得が難しいことを聞き手が理解していれば，違和感をもつことはあっても，不快感をもつことはないでしょう。外国人の日本語にはどのような特徴があるのか，外国人にとって日本語を使う上で何が難しいのかということを知っていれば，コミュニケーションはずっと円滑になるはずです。

1.3 異文化間コミュニケーションについて学校で教えるべきである

外国人の日本語について学ぶにはどうすればよいのでしょうか。一番よい方法は外国人と日本語でコミュニケーションをすることです。これは学校教育の中でも積極的に取り上げるべきことです。国際理解教育を，異文化に関する「知識」を与える場としてだけでなく，異文化接触の「直接体験」をさせる場に変える工夫が必要です。外国人とのコミュニケーション，すなわち異文化間コミュニケーションを体験させることによって，どうすればよりよいコミュニケーションが可能となるのかを子どもたちに考えさせることができます。1999年9月現在，全国の公立小・中・高等学校約5千校に日本語指導を必要とする外国人児童・生徒が1万8,500人在籍しています。このような日本語を母語としない子どもたちとのコミュニケーションを通して，日本人の子どもも教師も学ぶことがたくさんあるはずです。

1.4 日本人もコミュニケーション能力を必要としている

コミュニケーションが相互の協力に依存するという見方をさらに広げていくと，日本人同士のコミュニケーションも視野に入ってきます。異世代間，異性間，異業種間など異なった背景や考え方をもつ日本人同士のコミュニケーションはうまく行われているのでしょうか。日本人同士のコミュニケーションが円滑に行えるような教育は行われているのでしょうか。外国人とのコミュニケーションを問題にする以前に，日本人同

士のコミュニケーションのほうを問題にすべきかもしれません。日本人に対するコミュニケーション教育を向上させるために，日本語教育と国語教育がそれぞれの分野における教育実践を見直し，両者の連携を強めていくことも，これから重要になるでしょう。

かつて「外国人のための日本語教育」という言い方がありました。日本語教育という仕事がまだ世間一般に知られていない時代には，国語教育との区別をはっきりさせるのに，「外国人のための」という注釈が必要だったのでしょう。今では日本語教育と言えば，注釈がなくても「外国人のためのもの」だと理解されるようになりました。これからは，日本語教育の考え方を日本人に対する教育に取り入れるという視点も重要になるでしょう。日本語のコミュニケーション能力を必要としているのは，外国人だけではないからです。

2 日本語教育は日本語教師だけが するものではない

2.1 学校だけが日本語を学ぶ場ではない

日本語教育と聞くと，読者の皆さんは，黒板を背にした先生が外国人の学生に日本語を教えている光景を思い浮かべるかもしれません。私たちは，「教育」ということばを学校と結びつけて考えがちです。たしかに，日本語教育の主役は，第二言語として日本語を習得しようとする学習者と，習得を助けようとする教師だと言ってよいでしょう。事実，日本語教育では，「いつ」「何を」「どう」教えるかということが長い間最大の関心事でしたし，そのことは今も大きく変わってはいません。

しかし，学校で学ぶことがいかに限られたものであるかを私たちはよく知っています。学校を卒業してからも，さまざまな場で私たちは多くのことを学びながら成長していきます。日本語の学習についても同じことが言えます。日本語コースだけで学習目的が達成されるというのはまれなことで，学習者はコースが終わった後も学び続けることになります。しかも，最近では，日本語教育を受ける機会をもてず，生活の中で

日本語を少しずつ身につけている人も少なくありません。このような事実を考えると，日本語教育は教室で教師が行うものだという考え方は狭すぎます。

2.2 広い意味での日本語教育はだれにでもできる

狭義の日本語教育と広義の日本語教育を区別することは意味があると思います。この二つを対比的に示したのが次の表です。

	参加者	場面	教育	学習
狭義の日本語教育	教　師―学習者	教　室	計画的	意図的
広義の日本語教育	援助者―習得者	教室外	非計画的	非意図的

狭義の日本語教育は，教室という場を中心に計画的に行われます。時間割が組まれ，教科書や教材が用意されています。多くの場合，学習進度も決められています。教える人は一般に「教師」とよばれ，教えるための知識をもち，訓練を受けた人たちです。教室に来る人も日本語を学ぶ目的をもっており，意図的に学習を行おうとしています。

一方，広義の日本語教育の特徴は，無計画だということです。例えば，同僚の外国人と雑談をしていて，分からないことばの意味を聞き返されたので説明してあげるというような場合です。この場合には，計画的な教育が行われているとは言えませんが，日本語の学習に寄与しているという点では「教育的」であると言えるでしょう。

このように考えると，外国人の日本語学習を助けるためにできることはいろいろあります。外国人の誤りに気づいて正しい言い方を教える，外国人の発話がよく理解できなかったときにこちらから意味を推測して確かめる，あるいは，外国人の言ったことや書いたことが分からないと伝えるだけでも，日本語の学習にとって有益だと考えることができます。つまり，広い意味での日本語教育は，職場の同僚，友人，日本語クラスの同級生，ホームステイ受け入れ先のお母さんなど，外国人と日本

語で接する人ならだれにでもできることなのです。このような人たちは,「教師」ではなく「援助者」とでもよぶのが適当でしょう。

かつて一般に見られた「日本人ならだれでも日本語が教えられる」という考え方はしだいに影をひそめ,日本語教育の専門性が社会的にも認められるようになり,日本語教育専門家の権威が確立しつつあるように思われます。ここで留意したいことは,狭義の日本語教育に関する専門的な知識を広義の日本語教育にそのままあてはめることは避けるべきだということです。「援助者」による広義の日本語教育がどのように行われているか,その実態を知り,そこから学ぶことが日本語教育学のこれからの課題であると考えます。

3 なぜ日本語教育を行うのか

学校などの施設・機関で日本語教育を行うにはお金がかかります。日本語教員を雇い,施設・設備を整えるには多額の費用が必要です。その費用を受講者の支払う授業料で賄おうとすれば,授業料は高額になり,それを払える学習者はほんの一握りになってしまいます。言い換えると,日本語教育は公的な財政支援なしには存在しにくいのが現状です。では,なぜ公的資金(税金)を使って日本語教育を行うのでしょうか。

3.1 戦前の日本語教育

日本は,戦前に台湾や中国,韓国・朝鮮,東南アジア諸国,南洋諸島などで日本語教育を行いました。こうしたアジアにおける日本語教育が,植民地政策の一環として現地の人々の日本化を促す手段として使われたことは明白です(関 1997)。日本という国が日本語教育を必要としたのであって,日本語を学んだ人たちは必ずしも日本語を学びたいと欲していたわけではありません。なぜ日本語教育を行ったかと言えば,日本語教育が国益にかなうと時の為政者が判断したからです。その結果,戦後半世紀を経ても,かつての植民地支配者のことばである日本語を使

わなければ思想を表現しにくいと感じる人たちがいることを忘れるわけにはいきません。

3.2 戦後の日本語教育の制度化

国益のために日本語教育を行うという考え方は，平和憲法を掲げた戦後も変わりはありません。政府は，海外での日本理解を促し，ひいては親日家を育てるために外交政策の一環として日本語教育施策を実施してきました。1972年に創設された国際交流基金が海外の日本語普及に努めているのも，それが日本のためにも必要だからです。

1983年には時の中曽根首相がいわゆる「留学生10万人計画」を打ち出しました。これも，留学生の受け入れ数を増やすことで日本の経済力に見合った国際貢献をし，世界に認めてもらいたいという気持ちがなかったとは言えないでしょう。この政策と連動する形で大学における日本語教員の養成が本格的に始まり，日本語教員養成コースの標準的な教育内容や授業時間数が定められました。文化庁の調査によれば，平成10（1998）年11月現在，学部・大学院で日本語教員養成課程・コースを受講している学生は2万人を超えています。

1980年代は日本語学習者が急増し，学習目的も多様化した時期です。民間の日本語教育施設も急増しました。このような変化に対応する形で，政府は日本語教育の体制整備のために一連の施策を行いました。1983年に日本語能力試験，1988年に日本語教育能力検定試験が開始され，文部省が主導する試験制度が作られました[2]。また，1989年には，民間の日本語教育施設の教育水準を維持するとともに入国管理の必要性から財団法人日本語教育振興協会が作られ，民間教育施設を認定するようになりました[3]。

現在の日本語教育制度の枠組みは1980年代に作られたと考えていいでしょう。政府の一連の施策によって日本語教育の体制が整備される一方で，制度化が日本語教育の画一化をもたらす恐れもあります。「日本語能力試験のために日本語を教えているようだ」という教師の嘆きや日

本語教育能力検定試験の範囲が日本語の知識に偏りすぎていて，実際の教育能力を測るものになっていないなどの批判もあります。

　政府は，21世紀における日本語教育のあり方を検討するために調査研究協力者会議を設け，1999年3月に『今後の日本語教育施策の推進について——日本語教育の新たな展開を目指して』，さらに2000年3月には『日本語教育のための教員養成について』という報告書を公にしています。また，2002年には，日本留学を目指す海外の学生を念頭に置いた新しい日本留学試験が実施されることになっています。日本語教育は政府の政策と深く結びついています。このことを認識し，適切な政策立案のもととなる基礎的な調査・研究を行うことも日本語教育学の重要な仕事です。

3.3　地域社会における日本語教育

　在日外国人は1980年代に増えはじめ，1999年末には，外国人登録者数は約155万6千人と総人口のおよそ1.23％に達しています。そして，そのうちの92万人（約59％）は比較的最近日本に来た永住ビザをもたない人たちです。この非永住者のうち，在留資格が「日本人の配偶者等」（日本人の配偶者，養子または日本人の子として出生した者）に分類される人が27万人ともっとも多く，「定住者」（日系人，定住難民など）に分類される人が21万5千人となっています。[4] このように外国籍の人々が増えた結果，住民の1割近くが外国籍住民という地域すら現れました。日本は単一言語・単一文化の国だという神話が崩れ，日本社会の多言語化・多文化化が顕著になっています。

　では，なぜ外国人はことばも習慣も違う日本へやってくるのでしょうか。なぜ日本は外国人を受け入れる方向で動いてきたのでしょうか。一つには，外国の労働力に頼らざるをえない産業構造，後継者が育ちにくい農山村の社会状況など日本の国内事情があります。今後，少子高齢化が進めば，さらに外国人の助けが必要になるでしょう。もう一つは，外国人を送り出している国が過剰労働力を抱え，それを吸収する経済基盤

ができていないからです。これは先進工業国と発展途上国の間の経済格差によるものです。日本人が享受している豊かさは発展途上国の人々によって支えられていることは否定できません。例えば，私たちが安い輸入バナナを好きなだけ食べている一方では，きわめて劣悪な労働条件と信じられないほどの低賃金でバナナを生産している人たちがいるのです。こうした経済格差が労働力を日本に引き寄せ，その労働力に日本の豊かさが支えられている面があるのです。

　このような事実に目を向け，日本語が十分に分からないため職場や日常生活の場面で不自由や危険を感じている人，日本語が学びたくても時間的・経済的ゆとりのない人に対して日本語学習の機会を保証することは，言語的多数派である日本人の義務です。このような意識はまだ一般の日本人には見られませんし，政府も具体的な政策を検討しているという話は聞きません。しかし，在日外国人も住民として税金を納めているのですから，かれらとその家族はだれでも公的な日本語教育が受けられるようにすべきです。ボランティアに依存する地域日本語教育の現状は，社会的な公平を欠くものであると言わざるをえません。さらに，日本に暮らす外国人の子どもたちの将来を考えると，帰国するか否かにかかわらず，母語と母文化を保持する権利を保証することもまた多数派の義務であると思います。

　「なぜ日本語を教えるのか」という問いに対して，「学びたい人がいるからだ」と答えるだけでは不十分です。学びたい人がいるのはなぜなのかを考えるとき，なぜ日本語を教えるのか，どのような日本語教育を行えばよいのかということが，よりはっきりと分かってくるでしょう。地域に在住する外国人に対して日本語を教えるのは，それが外国人を受け入れた日本の義務だからであると述べました。しかし，どのような日本語教育を行えばよいのかは，必ずしもはっきりしていません[5]。これも日本語教育学が取り組むべき課題の一つです。

4 日本語教育はだれのものか

この序論の主な論点を以下にまとめました。

(1) 日本語教育は外国人と日本人の両方を対象とし,コミュニケーション能力を育てることを重要な目的としている。
(2) 日本人は外国人とのコミュニケーションの仕方を学ばねばならない。
(3) 外国人の日本語習得を助けることはだれにでもできることである。
(4) 日本語教育は国の政策と密接に関係しており,社会の動きとも不可分である。
(5) 在日外国人に対して公的に日本語教育を保証すべきである。

「日本語教育はだれのものか」という表題に立ちかえると,日本語教育は,日本語を学ぶ者(学習者・習得者),教える者(教師・援助者),日本語教育を支える者(国・社会)のためにあるというのが筆者の答えです。この3者の関係を考察し,日本語教育の政治的・社会的な意味を歴史的な観点も踏まえて追究することが,日本語教育学の重要な課題であると考えます。

[注]
1) 「外国人」とはだれかを規定することは難しい。この序論では,国籍は考慮せず,日本語を第二言語とする人で,なおかつ,日本語の使用に困難を感じている人をさして「外国人」とよぶことにする。
2) 平成11年度「日本語能力試験」の受験者は,国内約3万4千人,国外約13万2千人である。また,同年度の「日本語教育能力検定試験」の受験者は約5,700人,合格者は1,091人である。
3) 1980年代後半には,就学ビザを得て日本語学校に籍を置きながら,実際には在留資格外の仕事をする外国人が多くなった。このため,法務省も入国管理を所管する立場から日本語教育振興協会の設立に参画した。

4) 外国人の在留資格などについては田中(1995)を参照。
5) 田中(1996)，野元(1996)は，伝統的な日本語教育の理論と方法を無批判に地域の日本語学習支援活動に適用することの問題点を指摘している。

[引用文献]
青木直子他（1998）「第二言語話者と第一言語話者とのやりとりにおける理解達成のプロセス」，『就労を目的として滞在する外国人の日本語習得過程と習得にかかわる要因の多角的研究』（「科学研究費補助金研究成果報告書」，研究代表者土岐哲，課題番号06301099），80-123頁.
桑原靖夫（1991）『国境を越える労働者』，岩波新書.
関　正昭（1997）『日本語教育史研究序説』，スリーエーネットワーク.
田中　宏（1995）『在日外国人——法の壁，心の壁』（新版），岩波新書.
田中　望（1996）「地域社会における日本語教育」，鎌田修・山内博之編『日本語教育・異文化間コミュニケーション——教室・ホームステイ・地域を結ぶもの』，(財)北海道国際交流センター，23-40頁.
ネウストプニー，J.V.（1995）『新しい日本語教育のために』，大修館書店.
野元弘幸（1996）「機能主義的日本語教育の批判的検討——「日本語教育の政治学」試論」，『埼玉大学紀要　教育学部（教育科学II）』45巻1号，89-97頁.

[雑誌の日本語教育特集]
『日本語学』編集部（1991）「特集　日本語教育と国語教育」，『日本語学』10巻9号.
『月刊言語』編集部（1993）「特集　転換期の日本語教育——どうするべきか，その将来像を探る」，『月刊言語』22巻1号.
『日本語学』編集部（1996）「特集　日本語教育の現在」，『日本語学』15巻2号.
『日本語学』編集部（1997）『日本語教育——21世紀への展望』，『日本語学』（5月臨時増刊号）16巻6号.
『月刊言語』編集部（1999）「特集　新世紀の日本語教育——日本語教育学は成立するか」，『月刊言語』28巻4号.

》第Ⅰ部《
何が学習されなければならないのか

第Ⅰ部について

　日本語を学習するというのは、いったい、何を学習することなのでしょうか。学習によって何ができるようになればよいのでしょうか。第Ⅰ部では、このテーマについて考えていきます。

　まず、日本語に限らず、言語を学習するということは人間にとってどのような意味があるのでしょうか。人間の特徴の一つに、言語の使用ということがあげられます。言語は思考するため、伝達するために使われます。言語を通して、私たちは自分がどのような考えをもった、どのような人間なのかを他者に伝えることができます。もちろん服装や髪型、しぐさなどの非言語行動も多くのメッセージを伝えますが、それは決して言語の重要性を否定するものではありません。

　私たちは、まず母語（第一言語）を使って、自分の気持ちや考えを伝えることを学びました。そして母語以外の言語（ここでは「第二言語」という総称を使って表すことにします）によっても自分の気持ちや考えを伝えたいと思うのですが、これはなかなか難しいことです。例えば、習いたての外国語では幼児並みの会話しかできず、自分の年齢や知的水準に見合った話ができない、冗談が大好きなのに外国語では冗談が言えない、礼儀作法を重んじる人間であるのに丁寧な話し方ができないなど、外国語を使うと、自分が自分でないような居心地の悪さを感じることがよくあります。また、自分の生まれ育った国を離れ、別の言語が話されている文化・社会に移り住んで残りの人生を生きるという選択をした人にとって、新しい言語を身につけることは生活の手段を確立することにほかなりません。もと住んでいた国でしていたのと同じ仕事ができない、自分が社会や家庭で果たしていた役割を果たすことができないといった苛立ちは、しばしば、ことばができないせいにされます。

　筆者は、言語は自己実現の手段だと考えます。そして第二言語を学習する目的とは、異なる文化・社会においても、自分が自分であるために、生

活を確立し，自分の人となりを的確に伝えることのできることばを使って，周りの人たちと協働的な関係を作っていくことではないかと思います。

　日本語の学習／教育は，「日本語に関する能力」を育成するために行われると言ってよいでしょう。この「能力」とはどのようなものを指すのでしょうか。読者の皆さんが外国語を学習した経験を振り返ってみると，外国語の能力とは，日常会話ができる，その言語の文字の読み書きができる，ニュースを聞いて理解できる，語彙を十分身につけている，といったような答えが出てくるのではないかと思います。またいろいろな外国語の試験を思い浮かべるかもしれません。ここでは，もう少し広い見地から能力について考えていきたいと思います。

　学校で外国語を勉強したけれど，文法の規則の説明ばかりで，ちっとも使えるようにならない，という話をよく聞きます。言語について知っているからといって，それが上手に使えるとはかぎりません。このように，言語に関する「知識」のほかに，それを運用するための「技能（スキル）」というものが必要であり，これらは言語能力という車の両輪であると言うことができます。

　また外国語を学習することは，言語に関する知識を覚えて使えるようになるということだけではなく，それ以外の領域でもなんらかの変化を引き起こすのではないでしょうか。例えばその言語の使われている文化に対する理解や，それとの比較において自分の文化を捉え直すこと，外国語を使って人に働きかけようとする意欲や自信を持つこと，また外国語をどのようにして学習すればよいのかという「学習」自体に関心を持つこと，などです。これらも「何が学習されなければならないのか」という項目の中に含めることができると思います。

　第Ⅰ部の構成は次のようになっています。まず第1章では，言語能力をどのように規定するか，これまでどのような説が提出されてきたかを歴史的に概観し，これからの方向を探ります。第2章では技能に焦点を当て，第3章は学ぶことを学ぶ能力を取り上げます。そして最後に，第Ⅰ部のまとめとして，「何が学習されなければならないのか」を三つの能力に整理して提出します。
　　　　　　　　　　　　　　　　　　　　　　　　　　（谷口すみ子）

第1章　日本語能力とは何か

谷口すみ子

1　日本語能力をどう見るか

1.1　学習の目的から見た能力

　日本語学習者の多様化ということがよく言われます。これは，いろいろな言語的背景を持ったさまざまな年齢層の人たちが，それぞれの目的を持って日本語を学習しているということを意味します。学習の目的が違えば，当然，学習する内容が異なり，育成しようとする能力も異なってきます。例えば，外国にいて日本の科学技術論文を外国語に翻訳している人は，日本語を読む力は重視しますが，日本人の家庭を訪問したとき，どのような話し方をすればよいかについて学習する必要性は感じないでしょう。また逆に，日本人観光客相手のみやげ物屋で接客の仕事をしている人は，読み書きの技能よりも，話すこと聞くことが中心で，待遇表現についてもある程度の知識が必要となるでしょう。

　このように学習者によってそれぞれ異なる学習目的を整理した枠組みとして，次ページのように，国立国語研究所の「日本語総合シラバスの構築と教材開発指針の作成」というプロジェクトの公開討論会で提出されたものがあります（国立国語研究所 1998）。

　何のために日本語を学習するかという目的には，大きく分けて二つあります。日本語あるいは日本についての知識内容を得ることを目的とする学習と，自分の知的成長のために学習すること自体が目的であり，その対象は何でもよいのですが，たまたまそれが日本語であるという場合

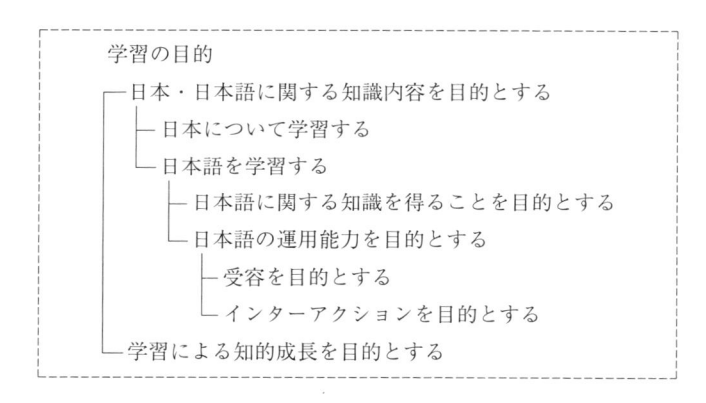

```
学習の目的
├─日本・日本語に関する知識内容を目的とする
│  ├─日本について学習する
│  └─日本語を学習する
│     ├─日本語に関する知識を得ることを目的とする
│     └─日本語の運用能力を目的とする
│        ├─受容を目的とする
│        └─インターアクションを目的とする
└─学習による知的成長を目的とする
```

です。前者は,学習の対象が日本についてなのか,または日本語そのものなのかによって二つに分けられます。さらに日本語自体を学ぶ場合には,日本語とはどのような言語なのかという知識を得ることが目的なのか,それとも日本語が使えるようになることが目的なのか,という区別ができます。そして日本語の運用能力をめざす場合には,聞いて,あるいは読んでわかればよいというレベルなのか,それとも日本語を使って他の人とインターアクションをすることをめざすのか,という区分ができます。

このようにさまざまな学習目的に対応した能力について考えていくために,言語学や外国語教育の分野で,人間の言語に関わる能力をめぐってこれまで行われてきた議論に少し触れておきたいと思います。

1.2 言語理論から見た能力

チョムスキーは,言語能力(competence)を,母語話者が持っている「言語についての知識」であると規定し,特定の場面での実際の言語使用である言語運用(performance)とは区別しました。これは,言語理論を構築するためには,言語運用に関わるさまざまな要因(記憶の限界,注意や関心の散漫,誤りなど)に影響されない,完全に同質的な言語コミ

ュニティにいる，その言語を完璧に知っている理想的な話し手―聞き手の言語知識を研究対象としなければならないという主張に基づいています。チョムスキーの主たる関心は認知面に基盤を置いた言語の統語理論の確立であり，言語の他の側面については言及されていません（Chomsky 1965）。

1970年代になると，言語学の中では社会言語学や言語行為論といった新しい分野が発達し，言語に関する能力の概念が拡大されていきました。ハイムズは，母語話者の持っている能力の中には，文法的に正しい文を作るだけではなく，いつ，誰に対してどのように話すかといった言語使用の適切さに関する能力も含まれていると主張し，これを「コミュニケーション能力」（communicative competence）と名づけました。「言語の使用についての規則を知らなければ，文法の規則は役に立たない」（Hymes 1972: 278）ということばは，ハイムズの主張を端的に表しています。文法や語彙に関する知識は，コミュニケーション能力に対して，狭い意味での「言語能力」（linguistic competence）と呼ばれることがあります。

言語に関する能力は，その拠りどころとする言語理論によって，重点の置き方が異なってきますし，用語の使い方も一定していません。これまで述べた狭義の言語能力，コミュニケーション能力のほかに，語用論の立場からは語用論的能力（pragmatic competence）という概念が提唱されています。Thomas（1983: 92）によると，「言語能力（linguistic comptetence）とは，文法能力（イントネーション，音韻論，統語論，意味論等に関する抽象的あるいは文脈から切り離された知識）と語用論的能力（ある特定の目的を遂行するために言語を効果的に使用したり，文脈の中で言語を理解する能力）の両方を含んでいる」と説明されています。

1.3　外国語教授法から見た能力

また，言語に関する能力をどう捉えるかは，言語理論だけの問題ではなく，どのような能力の育成をめざすのか，という外国語教育そのもの

の問題でもあります。

　文法訳読法や「オーディオ・リンガル・メソッド」と呼ばれる外国語教育では，学習者に狭義の言語能力を身につけさせ，文法的に正しい文が産出できるようにすることが目標とされてきました。これらの教授法においては，教師は文法的，音韻的な正確さに注意を払いますが，学習者が教室で正しい文を作ることができても，実際のコミュニケーションの場面でそれが使えないことが問題視されるようになりました。

　外国語教育においてコミュニケーションやそれを行うための能力が重要視されるようになったのは，1970年代以降のことです。「コミュニケーション中心の外国語教育（コミュニカティブ・アプローチ）」と呼ばれるこの動きは，「主としてヨーロッパで生まれた外国語教育を民主化しようとする複数のアプローチの総称」（青木 1991: 12）であり，それは「時代の流れ，社会の状況，他の学問領域の思潮など」（青木 1991: 13）の中で生まれてきた考え方であると捉えることができます。コミュニカティブ・アプローチは，コミュニケーション能力を身につけるという教育目標と，コミュニケーションを言語の重要な働きであるとみなす言語観に基づいています。

　コミュニケーションの定義は学者によりさまざまですが，基本的な考え方をまとめると，次のようになるでしょう。コミュニケーションとは，人間同士が社会文化的な文脈の中で，言語，非言語媒体を通して，情報・感情・意見等を伝達しあう相互作用であり，話しことば，書きことば両方が使用され，表出・解釈・交渉という連続した過程を経るものである（Breen & Candlin 1980; Widdowson 1978; Savignon 1983; Canale 1983）。

　コミュニカティブ・アプローチでは，コミュニケーションを支える知識や能力にはどのようなものがあるか，という問い直しが行われ，コミュニケーションを行うためには，文法的に正しい文を作り出す能力以外にも，さまざまな能力，とりわけ社会的な文脈にあった適切な言語行動ができる社会言語能力が必要とされることが主張されるようになりました。

このコミュニケーション能力という概念は，コミュニカティブ・アプローチの中心的な考え方となり，この能力をめぐっていろいろな議論が展開されました。

2　コミュニケーション能力とは何か

2.1　コミュニケーション能力の枠組み

コミュニケーション能力とは何を指すのかについては，Canale & Swain（1980）およびCanale（1983）の説がよく引用されます。Canale & Swain（1980）は，コミュニケーション能力には，①文法能力，②社会言語能力，③ストラテジー能力，の三つの部門が含まれるという説を提示しました。Canale（1983）は，社会言語能力の部門を，社会言語能力と談話能力という二つに分けて，コミュニケーション能力には少なくとも①文法能力，②社会言語能力，③談話能力，④ストラテジー能力，という四つの領域の知識とスキルが含まれると修正しました。

まず文法能力とは，言語を文法的に正しく理解し使用する言語能力のことですが，これは文法規則だけではなく，語彙，発音，文字表記も含みます。

社会言語能力とは，場面に応じて言語を適切に使用し，理解するための能力です。文法的に正しい文が，いつも場面に適切な文であるとは限りません。例えば，授業の初日に教師が学生に「何か質問はありますか」と言ったのに対して，ある学生が「先生はおいくつでいらっしゃいますか」と質問したとしましょう。「先生はおいくつでいらっしゃいますか」という文は文法的に正しく，尊敬表現も使われています。しかし日本において，初対面の相手に年齢を尋ねるというのは適切な話題の選択とは思われませんし，公衆の面前で，学生が教師に尋ねるには個人的すぎる質問だと言えるでしょう。よって，この学生は文法的に正しい文を発話したにもかかわらず，社会言語学的な失敗を犯してしまったことになります。そして困ったことに，この学生の発話がルール違反なのではなく，

この学生自身が無作法であるというように誤解されてしまう恐れがあります。つまり社会言語学的な失敗は、文法や発音の誤りよりも深刻な問題になることがあるのです。初対面の相手と話をするとき、どのような話題が適切でどのような話題は避けるべきかは、社会や文化によって異なりますし、場面によっても異なります。このように、相手との関係や場面に応じて、どのような言語的および非言語的行動が適切かを判断する知識も、円滑なコミュニケーションには必要で、コミュニケーション能力の一部を成すと考えられています。

談話能力とは、単独の文を超えて意味のまとまりを持つ談話という単位における理解と産出を行う能力のことです。言語の研究は従来は一文までの単位で行われてきましたが、話しことば、書きことばを問わず、実際には文の集合である談話という大きな単位の中で考えていかなければならないと言われるようになってきました。

私たちは、コミュニケーションを通してなんらかの目的を遂行しようとするとき、どのような順序で相手に働きかければよいかを事前に計画することがあります。例えば、知人に自治会の役員になることを引き受けてほしいと頼むとき、いきなり「Aさん、役員になってください」と言ったのでは、あまりに唐突で断られてしまいます。そこで当たり障りのない世間話から始め、話の前置きをしてから、本題の依頼に入り、もし引き受けてもらえたら感謝のことばで締めくくるという一連の話の流れを作ります。これは「依頼する」という目的のために必要な談話の展開です。

よく英語話者のスピーチは冗談で始まり、日本人のスピーチはお詫びで始まると言われますが、談話の構成の仕方は言語によって違いが見られる部分もあり、それを意識的に学ぶ必要があります。

ストラテジー能力の「ストラテジー」とは、もとは「作戦」とか「戦略」を意味することばですが、外国語教育では「方略」と訳されることが多いようです。ある目的を遂行するための計画、実行、工夫という意味が含まれています。コミュニケーション・ストラテジーとは、コミュ

ニケーション能力が十分でないとき、および実際のコミュニケーションの場面の制約などによって、コミュニケーションがうまくいかなくなったとき、それをどのように修復するかという能力です。またコミュニケーションの効果を高めるための技能も含めることがあります。第二言語学習者が第一言語話者と大きく異なるのは、限られた量の言語知識と言語経験を使ってコミュニケーションを行わなければならないという点です。少ない手持ちの札を使って最大限の効果をあげるためには、コミュニケーション・ストラテジーの助けを借りる必要があります。例えば、自分の表現したいことばを日本語でなんというのかわからないとき、類似の表現で間に合わせる、他の言語の単語を使う、適当な表現を探すのに必要な時間稼ぎをする、相手に尋ねる、などの方法があります。また待遇表現に自信のないときには、社会言語学的に見て中立的な丁寧語を使っておくというのもストラテジーの一例です。

以上をまとめてコミュニケーション能力を定義するならば、「限られた知識を駆使してさまざまな場面において効果的、適切、かつ正確に言語を使用する能力」ということができるでしょう (Scarcella & Oxford 1992: 88)。四つの領域を含む総体としてのコミュニケーション能力は、文法を中心とする言語能力教育によってその一部が育つとしても、場面に応じて言語を適切に使う社会言語能力や、効果的に談話を構成する能力、また障害がおきてもコミュニケーションを修復して続行する能力は、普遍的な面と同時に個別言語によって異なる面も持っており、自動的に身につくものではありません。やはりこれらも教育／学習されなければならない能力であると考えられるようになりました。

2.2 コミュニケーション能力を超えて

Canale & Swain (1980) の説は、コミュニケーション能力について議論する際には必ず登場する理論的枠組みとなりました。しかし彼らは、この枠組みはコミュニケーション能力の一側面を提示しているにすぎないことを認めており、自分たちのモデルは完全なものではなく、修正さ

れていく必要があると述べています。これ以降，この枠組みに新しい要素をつけ加えたり，言語使用の目的自体を拡大すべきだという意見が提出されています。

その一つはコミュニケーション能力を語る際に，社会文化的側面をもっと重視すべきだという意見です。Legutke & Thomas（1991）は，Canale & Swain（1980）の枠組みに，五つめの部門として異文化間能力（intercultural competence）をつけ加えるという提案をしています。彼らは，文化の取り扱い方について，異文化についての知識を学習者にどれほど与えても異文化に対する意識は変化しない，大切なのは自分の文化と他の文化を持った人との交渉を通して，物事にはいろいろな見方ややり方があることを身をもって体験することで，そのためにはプロジェクトワークが有効であると述べています（p.10）。プロジェクトワークとは，テーマや課題を中心に据えた教授／学習のやり方で，グループの参加者全員で，最終目標やそれに至るまでのやり方を話し合い，実行するというものです（p.160）。例えば，学習者がグループで計画をたて，実際に教室の外で当該言語を使って情報収集を行い，その結果を報告書にまとめるといった活動が一例としてあげられます（田中・猪崎・工藤 1988: 7）。

吉田（1995）も「コミュニケーションを前提にした外国語教育は，異文化に対する相互理解を無視しては成り立たない」（p.17）と述べています。なぜなら「コミュニケーション能力のうち，言語の構造以外の知識は，それぞれの言語の裏にある文化的・社会的背景に基づいている場合が多く，したがって，その文化や社会の中での「意味」や「意図」が理解できなければ，本当の意味でのコミュニケーションはできない」（p.15）からです。吉田はさらに，異文化間コミュニケーションについて学ぶ／教育する意義について，次のようにまとめています。「異文化間コミュニケーション教育の目的は，最終的には，個人個人の人間同士の理解を促進し，互いの立場を認め合いながら共通の土台の上で問題解決に当たれる「調整」能力を養成することにある。異文化間コミュニケーションは，結局はインターパーソナル・コミュニケーションなのであ

る」(p.191)。

　コミュニケーション能力の育成を第二言語教育／学習の目標とするアプローチが盛んに行われていく中で，コミュニケーションよりもさらに広いインターアクションのための能力という考え方が提唱されてきました。ネウストプニー (1995) は「人間の行動の目標ははたしてコミュニケーションそのものであろうか？ ［中略］コミュニケーションは，社会・文化，あるいは社会・経済的な行動の手段にすぎない」とし，「人はコミュニケーションを目標に生活するのではなく最終目標は仕事／交流／社会生活等のインターアクション」なのだから，「日本語の教師の最終的な目標は，社会・文化・経済的なインターアクションのための能力でなければならないのである」(p.10) と主張しています。そしてコミュニケーション能力を「言語能力より広いが，インターアクション能力より狭いカテゴリーである」(p.52) としています。さらに，インターアクションの能力を「社会文化能力」，コミュニケーションを行う能力を「社会言語能力」と呼び，「社会文化能力」「社会言語能力」「言語能力」の三つを組み合わせた教育の枠組みを提出しています (p.11)。

A 「社会文化能力」だけを目標とする「ジャパン・リテラシー1」のための教育
B 「社会文化能力」のほかに「社会言語能力」もめざす「ジャパン・リテラシー2」のための教育
C 「社会文化能力」と「社会言語能力」のほかに，「言語能力」を加えた「ジャパン・リテラシー3」のための教育

　「リテラシー」は通常，「識字」と訳されますが，ここで言われている「リテラシー」とは，単なる読み書き能力ではなく，「何かを理解し，その理解を行動のために使いうる」という広い意味で使われています。「ジャパン・リテラシー1」とは，広く多くの外国人に必要とされる能力で，個人的に日本人と出会いがなくても，マスメディアや教育を通して日本と接触を持つ人々が，世界の中での日本人の行動，国としての日

本の動向などを解釈するのに必要な能力です。「ジャパン・リテラシー2」とは，日本および日本人との接触が頻繁にはあるが，それを専門にしていない人，例えば現在は日本を相手に仕事をしているが次の年には別の仕事に移るような可能性のあるビジネスマン，官僚などが対象です。この人たちに必要な日本語の言語知識は限定されており，コミュニケーションも日本語で行わないことが多いのですが，それでも日本人といかにコミュニケーションを行うかというルールについては理解し，使えるようにする必要があります。「ジャパン・リテラシー3」とは，日本および日本人との接触を専門にする人たちを対象とし，先に述べた二つの能力を体系的に取り扱うことに加えて，言語能力の育成も必要とされます。

ネウストプニーの枠組みは，社会文化能力を基盤として，その上に必要に応じて，社会言語能力，そして言語能力を積み重ねていくという図式であると理解できます。これに対して，外国語教育の歴史を見ると，伝統的には言語能力の育成が最優先され，次にコミュニケーション能力をめざす教育が提唱され，さらにコミュニケーションを含む，より広い人間の社会文化行動を行うためのインターアクション能力の必要性が取り上げられるようになってきたということができるでしょう。

最後に，ヨーロッパ協議会（Council of Europe）のコミュニケーション能力の捉え方をあげておきたいと思います（Little 1996: 12）。これによると，コミュニケーション能力は，①言語的能力，②社会言語能力，③談話能力，④ストラテジー能力，⑤社会文化的能力，⑥社会的（ソーシャル）能力，という六つの部門から成るとまとめられています。つまりCanale（1983）の枠組みに，社会文化的能力と社会的（ソーシャル）能力がつけ加えられた形になっています。六つめの社会的（ソーシャル）能力というのは，他者とインターアクションを行うための意欲とスキルで，純粋に言語的な能力というよりも，学習者のパーソナリティと密接に関係していると説明されています。言い換えれば，社会において人と関わりあいながら生きていく能力であり，自分の心をコントロールする

という情意的な側面も含まれています。ここで言われているスキルは「ソーシャルスキル」(田中 1997 参照) という名前で呼ばれています。これら六つの領域は，コミュニケーション能力をめぐってこれまで行われてきた議論の集大成と見ることができるでしょう。

3 コミュニケーション能力は学習者だけの問題か

コミュニケーション能力 (communicative competence) を発揮するためには，コミュニケーションをすることに対して肯定的な気持ちや自信を持つことが必要です。これを "communicative confidence"（コミュニケーションを行う自信）と呼ぶことがあります。コミュニケーションに対する自信が，実際にコミュニケーションを行うことによって身につくのであれば，「相手に関わっていく能力」や「ネットワークを作っていく能力」(春原 1995) が学習者にとって必要となります。また逆に，コミュニケーションをする自信を持つことによって，コミュニケーションに参加する機会が増え，その結果，コミュニケーション能力が発達すると考えることもできます (Savignon 1983: 45)。しかし，自分のコミュニケーション能力に自信がないうちは，なかなかコミュニケーションに参加する勇気の出ない学習者も大勢います。コミュニケーションをする自信を持つために必要なのは，学習者自身のコミュニケーション能力の発達だけでしょうか。

会話というコミュニケーション形態を例にとって検討してみましょう。次の日本語話者同士の会話 (谷口 1997: 154) を見てください。

　(状況：テレビを見ている夫が隣の部屋にいる妻に話しかける)
　夫： 最近，タコライスっていうのがはやってるんだって
　妻： なに，パコライスって
　夫： タコライス
　妻： ああ，パコってきこえた

夫： タコっていってもオクトパスじゃなくて
妻： ああ，メキシコの辛いやつ
夫： うん，カレーライスみたいに，ごはんにタコスの中身がかかってるんだって
妻： ふーん，どこで食べられるのかな

　夫が妻に今見ているテレビの内容を伝えようとしていますが，妻は少し離れた所にいるのでよく聞こえません。そこで妻は耳慣れない単語を聞き返したり，自分の理解を確認したりしています。夫は自分の言ったことばをくり返したり，説明を加えて誤解なく相手に伝わるように言い直しをしています。その結果，2人は共通の理解に到達し，会話が続行されていきます。

　会話はあらかじめ作られた台本どおりに進行するのではなく，次に誰が何を言い出すか予測がつきません。そこで参加者は意図した伝達を行うために，メッセージの表出，解釈と同時に，意味の交渉を行います。この「意味の交渉」という用語は「参加者が共同して会話を続行したり，共通の理解に到達しようとして両者が歩み寄ること」（谷口 1989: 260）を指します。会話を会話たらしめているのは，実は，この「意味の交渉」なのではないでしょうか。つまり，会話の参加者は自分の言いたいことだけを言いっぱなしにすればよいというのではなく，相手の出方に応じて，刻々とこちらの対応を変化させていかなければならないからです。コミュニケーションを通して理解に到達するためには，参加者双方の貢献が必要であるということになります。

　意味の交渉は第一言語話者同士のコミュニケーションだけではなく，第一言語話者と第二言語話者のコミュニケーションでもさらに重要な役割を果たします。例えば第二言語話者が相手の質問を理解できなかったとき，聞き直しというコミュニケーション・ストラテジーを使って，会話の相手である第一言語話者に，自分のわかるような言い方で話してくれるように働きかけます。すると第一言語話者は質問をいろいろな表現

で言い換えて,相手にわかるように調整します。この両者の協同行動がうまくいけば会話は続行しますし,うまくいかないときはその話題をやめて他の話題に移ることになります。相手にわかるような話し方に調整することは,それほど簡単なことではありません。慣れないと,単に声を大きくしてくり返すだけだったり,どんどん難しい表現を使って,ますますわからなくさせたりするようなことになりがちです。効果的な言い換えや聞き返しを行うストラテジー能力は,第一言語話者にも第二言語話者にも等しく求められているのです(Canale 1983: 18)。それなのに,言語教育では第二言語話者の能力だけが問題にされることが多いのではないでしょうか。

　青木他(1998)は,ミスコミュニケーションを対話理論の枠組みで記述しようという研究や,言語障害者と健常者とのやりとりの研究を引きながら,「一口にいえば,これらの研究は,誤解は聞き手だけの責任ではなく,言いたいことが言えないのも話し手だけの責任ではないと主張していると言える。この主張に従えば,コミュニケーションの成否は,対話の参加者それぞれの言語能力の和としてではなく,理解しあおうとする双方の努力の関数として捉えられるべきであるということになる」(p.80)と述べています。そしてこのような視点が第一言語話者と第二言語話者の対話における理解の問題を考える際にきわめて重要だとして,ヨーロッパにおける移住労働者と受け入れ国の人々との対話の分析を行った Bremer et al. (1993; 1996) の研究を次のように紹介しています。この研究は「社会・文化的背景知識も,言語的知識も限られている上に,職場や公的機関などプレッシャーのきわめて高い状況におかれた移住労働者との対話では,第一言語話者の側の態度が理解の質を大きく左右すると主張している。これは第二言語教育が,第二言語話者による,第一言語話者の発話の理解を,常に第二言語話者の言語能力に関連させて論じてきたことに対する異議申し立てともいえる」(p.80)。さらに青木は「『わたしがわからないときにはあなたの言い方が悪い,あなたがわからないときにはあなたの理解力がたりない』という原因帰属はあまりにも

不公平である。従来の第二言語教育は，対話の参加者にそれぞれ学習者と母語話者というレッテルをはることで，その不公平を当然のこととしてきたように思える。しかし，第二言語によるコミュニケーションを，教育という立場を離れて，社会の中の言語的マイノリティの権利の問題として捉え直せば，不公平を当然というわけにはいかなくなる」(pp.80-81)と主張しています。

　石井(1998)も，「外国人＝運用能力の獲得を達成する側」(p.112)，「日本人＝傍観者又は言語の指導者」(p.113)という役割の固定化や，「コミュニケーションの問題は外国人が学習して克服すべきもの」(p.112)という認識を改める必要性を論じています。そして「コミュニケーションの成否は外国人と日本人双方が責任を負うべきなので，非母語話者の母語を考慮し，協同して日本語(又は日本語の運用)を使い勝手がいいように工夫・調整する」(p.115)という「共生的リテラシー観」に基づいた地域における日本語支援を提唱しています。

　また土岐(1994)は，日本人が外国人の話すいろいろな日本語を聞くとき，民族的な差別意識を持たずに理解や評価ができるような「公平な耳」(p.80)を持つ訓練をする必要があると指摘しています。

　異文化間コミュニケーションを行う能力は第二言語話者だけでなく，第一言語話者にも等しく求められていることを確認して，本章を終わりたいと思います。

[引用文献]
青木直子(1991)「コミュニカティブ・アプローチの教育観」,『日本語教育』73号，日本語教育学会，12-22頁.
青木直子他(1998)「第二言語話者と第一言語話者とのやりとりにおける理解達成のプロセス」,『就労を目的として滞在する外国人の日本語習得過程と習得にかかわる要因の多角的研究』，平成6年度〜平成8年度科学研究費補助金(基盤研究(A))研究成果報告書，80-123頁.
石井一成(1998)「地域の日本語支援の場所におけるリテラシー行動の類型化の試み——リテラシー理論と言語管理理論から」,『日本語教育』98号，日本語教育学会，109-120頁.

国立国語研究所日本語教育教材開発室（1998）「特別研究「日本語総合シラバスの構築と教材開発指針の作成」会議要録」公開討論会⑴「日本語教育のための研究課題」．
田中共子（1997）「異文化適応スキル」，江淵一公編『異文化間教育研究入門』，玉川大学出版部，134-150頁．
田中幸子・猪崎保子・工藤節子（1988）『プロジェクト・ワーク——コミュニケーション重視の学習活動1』，凡人社．
谷口すみ子（1989）「会話教育のシラバス作りに向けて」，『日本語教育』68号，日本語教育学会，259-266頁．
——（1997）「音声言語の受容過程における誤りの分析」，『調布日本文化』7号，調布学園女子短期大学，142-154頁．
土岐 哲（1994）「聞き手の国際化」，『日本語学』13巻13号，74-80頁．
ネウストプニー，J.V.（1995）『新しい日本語教育のために』，大修館書店．
春原憲一郎（1995）「第1章 日本語教育のネットワーク」，『ひろがる日本語教育ネットワーク』，日本語教育学会，1-15頁．
吉田研作（1995）『外国人とわかりあう英語』，ちくま新書．
Breen, M.P. & Candlin, C.N. (1980) The essentials of a communicative curriculum in language teaching, *Applied Linguistics*, 1/2, 89-112.
Bremer, K., Broeder, P., Roberts, C., Simonot, M. & Vasseur, M.T. (1993) Ways of achieving understanding, in Perdue, C. (ed.) *Adult Language Acquisition: Cross-linguistic Perspectives*, vol.2, The results (pp.153-195), Cambridge: Cambridge University Press.
Bremer, K., Roberts, C.,Vasseur, M.T., Simonot, M. & Broeder, P. (1996) *Achieving Understanding: Discourse in Intercultural Encounters*, London: Longman.
Canale, M. (1983) Communicative competence to communicative language pedagogy, in Richards, J. & Schmidt, R. (eds.) *Language and Communication* (pp.2-25), London: Longman.
Canale, M. & Swain, M. (1980) Theoretical bases of communicative approaches to second language teaching and testing, *Applied Linguistics*, 1/1, 1-47.
Chomsky, N. (1965) *Aspects of the Theory of Syntax*, Cambridge, Mass.: MIT Press.
Hymes, D. (1972) On communicative competence. in Pride, J. B. & Holms. J. (eds.) *Sociolinguistics* (pp.269-293), Harmondsworth: Penguin.
Legutke, M. & Thomas, H. (1991) *Process and Experience in the Language Classroom*, Harlow: Longman.

Little, D. (1996) Strategic competence considered in relation to strategic control of the language learning process, in Holec, H., Little, D. & Richterich, R. (eds.) *Strategies in language learning and use* (pp.9-37), Strasbourg: Council of Europe.
Savignon, S. (1983) *Communicative competence: Theory and classroom practice*, Reading, MA: Addison-Wesley.
Scarcella, R. C. & Oxford, R. L. (1992) *The tapestry of language learning*, Boston: Heinle & Heinle.
Thomas, J. (1983) Cross-cultural pragmatic failure, *Applied Linguistics*, 4/2, 91-112.

[参考文献]
ネウストプニー, J. V. (1982)『外国人とのコミュニケーション』, 岩波新書.
三浦 孝 (1992)『英語コミュニケーション授業の実際』, 第一学習社.
Bachman, L. (1990) *Fundamental Considerations in Language Testing*, Oxford: Oxford University Press.
Baker, C. (1996) *Foundations of Bilingual Education and Bilingualism*, Clevedon: Multilingual Matters.
Cook, G. & Seidlhofer, B. (1995) *Principle and Practice in Applied Linguistics*, Oxford: Oxford University Press.
Foster, S. H. (1990) *The Communicative competence of young children*, New York: Longman.
Scarcella, R., Andersen, E.S. & Krashen, S.D. (1990) *Developing Communicative Competence in a Second Language*, Boston: Heinle & Heinle.
Schachter, J. (1990) Communicative comptetence revisited, in Harley, B., Allen, P., Cummins, J. & Swain, M. (eds.) *The Development of Second Language Proficiency* (pp.39-49), Cambridge: Cambridge University Press.
Widdowson, H. G. (1978) *Teaching Language as Communication*, Oxford: Oxford University Press. [H. G. ウィドウソン (1991)『コミュニケーションのための言語教育』, 東後勝明・西出公之訳, 研究社出版]

第2章 スキルとは何か

谷口すみ子

1 知識とスキル

　外国語に限らず，私たちが日常生活で何かができるようになるためには，知識とそれを使うためのスキル（技能）が必要です。例えば，スポーツを始めるときには基本動作を習い，それを繰り返し練習して身につけ，自動的に体が正しく動くように訓練します。自動車の運転も，教習所では実技と学科に分け，運転の基本操作，自動車の構造，交通法規，安全運転の方法などを教室で習い，それらの知識が実際に車を運転しているときに状況に応じて瞬時に使えるよう訓練をします。何かを知っているだけではなく，それができることが求められているのです。楽器の演奏，コンピュータの操作などに関しても同じことが言えます。

　スキルは次のような特性を持つと言われています (McDonough 1995: 3)。

(1) スキルとは，何かを行うこと，つまり運用である。
(2) スキルとは，ある特定の分野において熟達することである。スキルが適用される分野は次のような広がりを持つ。
　　①身体的分野　　　　　　（例）スポーツ
　　②精神運動的(psychomotor)分野　　（例）自動車の運転
　　③知的分野　　　　　（例）問題解決
　　④対人的分野　　　　（例）説得
　　⑤情報処理的分野　　　（例）読解

(3) スキルは学習することができ、教えることもできる。
(4) スキルの熟達度には個人差がある。
(5) スキルがあればその行動はスムーズで、敏感に反応することができ、タイミングよく行える。
(6) 多くの場合、スキルがあれば成功につながる。

　言語の学習はどうでしょうか。言語知識については人間という種に固有のものであって、他の種類の知識とは異なるという意見もありますが、知識とスキルの両方が必要であるという点はスポーツや運転と共通していると思われます。Canale & Swain（1980）およびCanale（1983）のコミュニケーション能力の枠組みにおいても、能力とは知識とそれを使うスキルの両方をあわせ持つものとされています。第1章の「**1.1　学習の目的から見た能力**」で述べたように、日本および日本語に関する知識・内容を得ることが目的で、使えるようになる必要はない、教養のためもしくは頭の体操として日本語を学習するという場合は、知識のみで十分ですが、使えるようになることが目標の場合は、スキルの訓練が必要になってきます。これを「言語技能」と呼びます。

2　言語の4技能

　言語の技能というと、伝統的によく4技能ということばが使われます。これは「話す・聞く・書く・読む」という四つの言語の使い方を指し、産出か受容か、媒体が音声（聴覚）か文字（視覚）かという基準によって次のように分類されます。

	産出的	受容的
聴覚媒体	話　す	聞　く
視覚媒体	書　く	読　む

　「話す・聞く」は音声言語を媒体とし、「書く・読む」は文字言語を媒

体とした様式（モード）です。また，言語使用者の活動という点から見ると，「話す・書く」は言語の産出に関わる活動であり，「聞く・読む」は言語の受容に関わる活動であると言えます。

「話す・書く」は能動的，「聞く・読む」は受動的技能であるという用語が使われることがありますが，聞き手や読者はただ受け身的に外から入ってくる情報を処理しているわけではなく，聞く／読むための構えを作り，予測や補足をしたり，わからなければ聞き返しをしたりというように能動的に活動しています。よってこの用語は誤解を与える危険があると思われるので，ここでは使用を避けることにします。

四つの技能はそれぞれ独立しているかのように見えますが，実際の言語使用の場面においては，単独の技能だけが使用されるということはあまり多くありません。例えば，会話の場面においては，話し手と聞き手が絶えず入れ替わっていきますから，話しながら聞く，聞きながら話すという二つの技能の同時使用が行われています。また電話でメモを取りながら道順を聞くという場合は，相手の説明を聞く，文字を書く，書いた文字を目で読む，確認のために書いた文字を読み上げるというように四つの技能がフルに活用されています。

3　マイクロスキル

上述の4技能はさらに，「マイクロスキル」もしくは「サブスキル」と呼ばれる細分化された技能に下位分類されます。聴解の過程でどのようなマイクロスキルが使われているかを説明します（青木 1991; Anderson & Lynch 1988）。まず何かを聞くときには，どのような聞き方をすればよいか，そのためにはどのようなスキルを使うべきかをコントロールするメタスキルというものが必要です。そして実際に聞こえてきた談話を，自分の持っているさまざまな知識と照合させて，何が話されているのかというイメージを作るスキル部門があります。ここでは，次のようなマイクロスキルが使われると説明されています（青木 1991: 198）。

(1) 予測する（談話の機能，話題，話題の展開，「文」の終わり方，次に出てくる語など）
(2) 照合する（音と音素，音連続と頭の中の辞書，音連続と構文的知識）
(3) 推測・推論する（談話の間接的な機能，言語形式の構文上の機能，言語形式の意味，複数の内容語の関係，言語化されていない情報）
(4) 意味処理をする（談話の機能を特定する，話題を特定する，話題の展開をたどる，意味的な共起関係の確認，文脈指示語のリファレント〔指示対象〕を探す，指示語のリファレントを談話外の文脈の中に探す，省略されている言語形式を補う，繰り返しに気づく）
(5) 評価する（事実と意見の区別，要点とそうでない部分の区別，必要な情報の選択，話し手の態度）
(6) 記憶する（音として，言語形式として，イメージとして）
(7) 呼気段落（一息で言われたまとまり）ごとになんらかの処理を行い，イメージを膨らませる
(8) すべての処理がリアルタイムでできる

そして最後に，イメージができたか，そのイメージに矛盾がないかなどをチェックするメタスキルが働きます。

聞くという行為でも，何をどう聞くのかによって，いろいろな種類の聞き取りがあります。日常会話の聞き取りと講義の聞き取りを比べてみましょう。単音を識別する，音の連続を意味のある単位に分ける，アクセントの型を聞き取るというような音声の認知，音韻論的解釈を行うマイクロスキルは，どのような種類の聞き取りを行う場合にも欠かすことはできません。これらは「縁の下の力持ちスキル」と呼んでよいでしょう（小室俊明氏談）。これに対し，ある特定の場面で特に活躍するマイクロスキルもあります。日常会話では，文脈（場面，参加者，目的など）からの情報を活用して，話されていない部分を推量し，発話のコミュニケーション上の機能を見極める，発話意図を探るというマイクロスキルの役割が重要になり，一方，講義の理解には，談話標識（話の流れを示

す表現，例えば「以上をまとめて言うと」）を見つけて講義の流れを把握する，書きことばと話しことばを対照するというようなマイクロスキルが重要になります（Richards 1983参照）。また講義の聞き取りは，ただ聞くだけではなく，黒板に書かれた文字を読む，テキストやプリントを読む，ノートを取るというように他の技能との複合の上に成り立つ行動でもあります。このように，何をどう聞くかによって，必要とされるマイクロスキルは異なることがわかります。

4 スキルシラバス

　前節で聴解を例にとって見たように，言語技能の育成をめざすためには，それがどのようなプロセスであるのかというモデル，各段階でどのような知識やマイクロスキルが必要とされるか，またそれらはどのように相互に関連しているか，といった分析が必要です。そしてある言語行動ができるために必要なマイクロスキルの分析に基づいて，学習すべき項目を選び，それらを配列したものを「スキルシラバス」と呼びます。言語技能の詳細なリストとしては，Munby（1978）が260のマイクロスキルを54のカテゴリーに分類したものがあります。スキルのリストやシラバスの代表的なものを4技能別にあげると，聴解に関しては前節で引用した青木（1991），Richards（1983），また読解に関しては，大学の学部留学生の読書行動から考えた平高（1992）のシラバス，岡崎・長友（1989）のスキルシラバスによる読解指導の試みがあります。話すことに関しては，会話の技術のリストとして，畠（1988），谷口（1989）そしてこれら二つを補強した尾﨑（1996）があげられます。書くことに関しては，Scarcella & Oxford（1992）が，Canale & Swain（1980）のコミュニケーション能力のモデルにあてはめて必要な要素をあげており，Grabe & Kaplan（1996）は，学術的文章を書く際に必要な知識やスキルの詳細なリストを提示しています。また日本人の文章推敲過程の分析に関しては，衣川（1994）があります。

[引用文献]

青木直子（1991）「第二言語教育における能力テストのシラバス：聞き取り編」,『産能短期大学紀要』24号, 195-210頁.

岡崎敏雄・長友和彦（1989）「スキルシラバスによる読解指導——スキルシラバスとその指導形式」,『留学生日本語教育に関する理論的・実践的研究』, 広島大学, 43-51頁.

尾﨑明人（1996）「会話教育のシラバス再考——会話の展開と問題処理の技術を中心として」,『名古屋大学日本語・日本文化論集』4号, 119-135頁.

衣川隆生（1994）「日本人大学院生の文章推敲過程」, *The Language Teacher*, 18/2, 26-29.

谷口すみ子（1989）「会話教育のシラバス作りに向けて」,『日本語教育』68号, 日本語教育学会, 259-266頁.

畠　弘巳（1988）「外国人のための日本語会話ストラテジーとその教育」,『日本語学』7巻3号, 100-117頁.

平高史也（1992）「読解行動から考えるシラバス——学部留学生に対して」, *The Language Teacher*, 16/8, 21-23.

Anderson, A. & Lynch, T.（1988）*Listening*, Oxford: Oxford University Press.

Canale, M.（1983）Communicative competence to communicative language pedagogy, in Richards, J. & Schmidt, R.（eds.）*Language and Communication* (pp.2-25), London: Longman.

Canale, M. & Swain, M.（1980）Theoretical bases of communicative approaches to second language teaching and testing, *Applied Linguistics*, 1/1, 1-47.

Grabe, W. & Kaplan, R.（1996）*Theory and Practice of Writing*, New York: Addison Wesley Longman.

McDonough, S. H.（1995）*Strategies and skill in learning a foreign language*, London: Edward Arnold.

Munby, H.（1978）*Communicative Syllabus Design*, Cambridge: Cambridge University Press.

Richards, J.（1983）Listening comprehension: Approach, design and procedure, *TESOL Quarterly*, 18/2, 219-240.

Scarcella, R. C. & Oxford, R.L.（1992）*The tapestry of language learning*, Boston: Heinle & Heinle.

第3章 学ぶことを学ぶ能力

谷口すみ子

1 学ぶことを学ぶ能力とは

 前章までの議論は言語の持つどのような側面を強調して教える／学習するかについてでしたが，本章では，いかに学習するかという方法について考えていきたいと思います。

 学校で勉強している学習者でも，知識を覚えたり，それを使えるようにする練習を常時，教師と一緒に行うわけにはいきません。また，学校を出てからも引き続き自分で学んでいけるような態勢を作らなければなりません。このような要請から「学ぶことを学ぶ能力」が重要視されるようになってきました。この能力には例えば，自分にあった効果的な学習方法を身につける，自分で学習の目標と手順を決め到達度を自己評価する，他人と協力して学習する，というような面が含まれます。これらも，学習によってできるようになることが期待されている能力の中に入れることができると思います (Legutke & Thomas 1991; Oxford 1990; Wenden & Rubin 1987; O'Malley & Chamot 1990)。

 Legutke & Thomas (1991) は，コミュニケーション能力とは別に，プロセス能力 (process competence) という独立した部門を設定することを提案しています。このプロセス能力には，学習者が自己をよりよく理解し，さらに発展させるための個人内能力，グループのメンバーと協力してやっていく対人能力，学習過程を管理する能力，の三つが含まれているとしています (p.265)。これは，学習過程に関する能力を，言語能力

と同等に扱ったモデルとして評価できると思います。

2　学習ストラテジー

　今ここに，日本語をまったく勉強したことのない学習者が10人いるとしましょう。これらの学習者がたとえ同じ学習目的を持って，同じ環境で日本語を勉強したとしても，学習の速度や到達度には大きな違いが出てきます。このことからもわかるように，言語学習の成否には多くの要因が関わっていると言われています。その中でも学習者に関する要因としては，年齢，性別，第一言語，文化的背景等の社会的な属性とともに，学習目的，動機，態度，性格，適性，知的能力，学習に対する構えや取り組み方といった，より内面的な要因もあげられています。こういったさまざまな要因が学習にどのように関与するのかという調査研究が行われてきました。

　1970年代から，成功した学習者はどのような特性を備えているかという研究が，主に北アメリカで盛んに行われるようになり，学習者の学習方法に着目すべきだという意見が提出されるようになってきました。この分野の研究に先鞭をつけた Rubin (1975) は，優れた学習者は上手に推測を行う，意味に注意を向けるが言語形式にも注意を払う，意欲的にコミュニケーションを行いそこから学ぼうとする，といったストラテジーを使用すると述べています。ここで言う「ストラテジー」とは「学習者が知識を獲得するために用いるテクニックや方略」(p.43) であると説明されています。これ以降，学習ストラテジーについて多くの論文が発表され，外国語教育界に貴重な示唆を投げかけました (Stern 1975; Rubin 1981; Politzer & McGroaty 1985; Reid 1987; Cohen & Aphek 1981; Wenden 1986; Bialystok 1978, 1985)。なかでも注目すべきは，外国語教育において個別の知識（例えば単語，文字）だけではなく，それをいかに効果的に学習するかという方法を積極的に学習者に教えるべきだという主張がなされたことで，そのための本も著されています (Brown 1989, 1991; Rubin

& Thompson 1982; Ellis & Sinclair 1989)。

　1980年代後半から言語学習ストラテジーに関する本が相次いで出版され，ストラテジーの分類や具体的な学習活動の仕方が提出されました。ストラテジーの分類としては，O'Malley & Chamot (1990) および Oxford (1990) のものがよく引用されます。O'Malley & Chamot (1990) は，学習ストラテジーを，メタ認知ストラテジー，認知ストラテジー，社会的・情意的ストラテジーという三つの大きなカテゴリーに分類しています (p.46)。

　Oxford (1990) は学習ストラテジーを「学習をより易しく，より早く，より楽しく，より自主的に，より効果的に，そして新しい状況に素早く対処するために学習者がとる具体的な行動である」(p.8) と定義し，次のようなストラテジー・システムの一覧表を提出しています (p.16)。

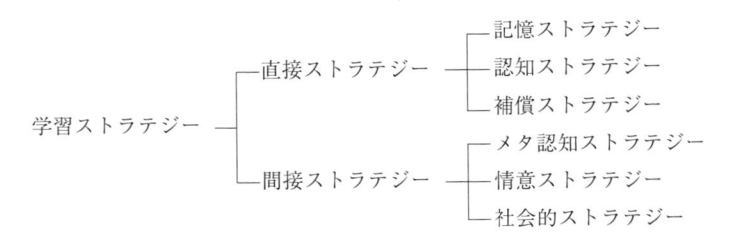

```
                        ┌─ 記憶ストラテジー
           ┌─ 直接ストラテジー ─┼─ 認知ストラテジー
学習ストラテジー ┤             └─ 補償ストラテジー
           │             ┌─ メタ認知ストラテジー
           └─ 間接ストラテジー ─┼─ 情意ストラテジー
                        └─ 社会的ストラテジー
```

　この分類によれば，ストラテジーはまず大きく二つの主要な部類（直接と間接）に分けられ，さらに6種類のグループに区分されています。直接と間接の区別は，「直接ストラテジー」が言語に直接働きかけるのに対し，「間接ストラテジー」は目標言語には直接関係せずに言語学習を支えるもの，と説明されています。直接ストラテジーは，新しい情報を記憶して想起する「記憶ストラテジー」，言語を理解して産出する「認知ストラテジー」，そして知識の上で十分でなくてもその言語を使ってみる「補償ストラテジー」から成っており，間接ストラテジーは，学習過程を調整する「メタ認知ストラテジー」，感情をコントロールする「情意ストラテジー」，そして他の人と一緒に学ぶ「社会的ストラテジー」

から成っています。

　日本語教育においても近年，学習過程や学習ストラテジーを扱った文献が増えています（伴 1989, 1992; 田中・斎藤 1993; 伊藤 1991; 谷口 1991; ネウストプニー 1995; 村上 1996; 村野 1996; 宮崎・ネウストプニー 1999）。

3　ストラテジーという用語の検討

　このように言語学習ストラテジーが脚光を浴びるようになったのですが，ここでストラテジーという用語についてもう一度整理しておきたいと思います。ストラテジー能力とは，コミュニケーション能力の一つの領域であるというCanale & Swain（1980）の説を第1章で紹介しましたが，Canale & Swain（1980）においては，コミュニケーションに問題が生じたとき，それを補償する能力というように特徴づけられています。Canale（1983）においては，それに加えて，コミュニケーションを効果的にする方法も含めています。コミュニケーション能力の一部として今まで取り上げられてきたのは，言語の使用に関するストラテジーでした。

　それに対し，本章で取り扱っているのは言語の学習に関するストラテジーです。つまり，一方に言語の使用に関するストラテジーがあり，もう一方に言語学習に関するストラテジーがあるということになりますが，この2種類のストラテジーは厳密に区別できるのかというと，実はそうでもありません。言語を学習するためには実際に使ってみる必要がある，コミュニケーション能力はコミュニケーションを通して獲得されるという前提に立つならば，2種類のストラテジーはお互いに補完しあう間柄であると言えるでしょう。つまり，コミュニケーション能力の発達のためには両方が必要であるというわけです。ただし，コミュニケーション・ストラテジーの中には，問題が起こるのを避けるために，自信のないものは使用を回避するというものも含まれており，すべてが学習に結びつくというわけではありません。

4 ストラテジー・トレーニングは有効か

　学習には個人差がつきものですが,学習者に関わる要因の中には,自分の努力で変えることのできるものと,そうではないものがあります。年齢は後者の例で,「自分はもう年だから新しい外国語は覚えられない」という言いわけによく使われます。それでは,自分で変えることのできるものとは何でしょうか。

　多くの学習者が学習の成果をあげられないでいるのは,学習に有効なストラテジーを使用していないからであり,この状態を改善するためには,適切な学習ストラテジーを使えば効果的に学習ができることを教育の中で自覚させ,トレーニングを行うことが必要であるという考え方があります。これを実践するのが学習者トレーニング,より具体的には「ストラテジー・トレーニング」と呼ばれるものです。

　この考え方は,外国語教育の専売特許ではなく,学習一般における認知心理学の立場からまず提唱されました。村山(1995)は,教授学習に関する認知的研究から次のような指摘をしています。「人間の能力を決定するのは遺伝か環境かという論争があるが,どちらの要因も本人の意思とは無関係である。これに対し,ストラテジーという考え方では,能力を決定しているのは,当の本人が何をやるかという非常に主体的な要因である。これが新たな学習者像,教育観を産み出した」(p.2)。人間の能力が固定的な要因によって決定されているのであれば,それを変えるのは非常に困難ですが,もしストラテジーという考え方に基づけば,人間は自分自身の努力によって自分の認知プロセスをより効率的なものに変えていくことができるという希望が持てます。

　そしてストラテジーへの着目は,学習者がどのようなストラテジーを使っているかという研究を経て,それをどのように教えれば学習効果が向上するかという方向へと展開していきました。村山は,Scardamalia, Bereiter & Steinbach (1984) の作文教育におけるストラテジー教授を紹

介しています。これは，小学校6年生を対象とした第一言語としての英語の作文の授業です。上手な作文を書く生徒は，内容について検討するだけではなく，修辞的にもよく考えて，その両者を行ったり来たりしながら作文をまとめますが，作文が下手な生徒は，与えられたテーマに関連したトピックを次々と思い浮かべ，それを単に書き連ねていくだけです。そこで，修辞的な面から内容を再考するというストラテジーを教える実践をしたところ，作文の下手な生徒の作文の質が向上したという結果が出ました。

この結果はストラテジー指導の有効性を示すものと思われたのですが，のちに，教師が意図した目的どおりに生徒がストラテジーを使っているとは限らないということがわかりました。というのは，決められた分量の作文を書くために分量を水増しする手段として，ストラテジーを利用することもできるからです。優れた学習者の用いているストラテジーを教師が教えたとしても，それがどう利用されるかは予測できず，よりよく学ぶためにストラテジーを使うこともできますが，学ばずに楽をするためにも使うことができるということになります。「ストラテジーを教える上で決定的な問題は，学習者の中でそのストラテジーがどのような目標と結びついているかということである」(p.4) と村山は指摘しています。

以上は人間の学習一般に関する認知心理学の立場からの指摘でしたが，言語教育の研究者からもストラテジー・トレーニングを肯定的に捉える主張 (Oxford 1990; Wenden & Rubin 1987; O'Malley & Chamot 1990; Chamot & Rubin 1994) がある一方で，慎重論や批判も提出されています (Legutke & Thomas 1991; McDonough 1995; Little 1997; Benson 1995; Rees-Miller 1993; 田中・斎藤 1993)。

Legutke & Thomas (1991: 284) は，学習者に表現したいことがなく，書く価値を見いだすことができない，つまり自分で意味のある目標を設定することができなければ，どうしてうまく作文を書くためのストラテジーを学ぶ気持ちが起きるだろうかと問いかけ，まずトレーニングをし

てから言語を教えるのではなく,コミュニケーションをすることを教えると同時に,学習者が自分の学習過程について学び考えることができるように教師が手助けすることが大切だと述べています。

McDonough (1995) は,優れた学習者とそうでない学習者を区別するのは本当に異なるストラテジーを使っているからなのか,それともストラテジーを使う範囲と量が違うだけなのかはまだ不明だ,と言っています (p.83)。また,学習ストラテジーの研究が教授／学習過程において重要な役割を果たすことを認めた上で,ストラテジーの記述を行う段階から,直接それを教える立場に移行するのには,十分な配慮が必要だとしています。「学習者が実際に何を,なぜ,どのような状況と段階で行っているのかを解明するのは,学習過程を説明するのに大きな力となるだろうが,ある特定のストラテジーを選択して教えることによって学習のプロセスに介入することは危険を伴う。そこには教師の準備,教授法,学習者の文化的背景,学習者の語学力,学習スタイル,言語学習のタスクの種類など多くの変数が関与するからである」(p.101)。

また,これまで述べたのとは異なる観点からストラテジー・トレーニングを批判する意見もあります。Benson (1995: 8) は「学習者トレーニングは,いかに自由であろうと望んでも,知らず知らずのうちに,学習者を一つの型に押し込めて,容認された行動パターンをとるようにしむけてしまう危険性を避けがたく持っている」として,この過程を「学習者のイデオロギー的色づけ」と呼んでいます。また「言語はつねに特定の社会的文脈の中で学習される」にもかかわらず,学習者トレーニングが,学習者を「社会的文脈や制約」から切り離して扱っていることを問題視しています。

Little (1997) も,学習を説明するには個人の心理的な過程だけでは十分ではなく,学習者を全人的に捉え,学習／教授をとりまく社会文化的な過程にもっと注目することが肝要だと強調しています。そして学習課題に対する学習者の態度,動機,その言語をともに学習している人たちとの相互作用を引き起こすようなつながりといったものが,個人や集団

での学習を可能にすると述べています（p.10）。

　学習ストラテジーに関する先行研究を詳細に検討した結果，Ellis（1994）は，この分野の研究はまだ始まったばかりで，概念や用語の使い方に混乱が見られること，そして研究方法についても，ストラテジーの使用に関しては横断的な研究がもっぱらであり，時間の経過とともに学習者がストラテジーをどのように変化させていくか，またその結果が言語習得にどのような影響を与えるかを調べる縦断的研究も必要であると述べています（p.559）。ストラテジー・トレーニングの成否についても，長い時間をかけて見ていく必要があるでしょう。

《第Ⅰ部のまとめ》
　第Ⅰ部では，日本語を学習するということは，いったい，何を学習することなのかをさまざまな角度から検討してきました。その結果，養成すべき能力は次の三つにまとめることができると思います。

(1) 言語運用能力（能力は知識とスキルの両方を含む）
　　　……言語の構造，社会言語的能力，談話構成能力，ストラテジー的能力
(2) 異文化間交渉能力
　　　……社会文化的能力，対人関係調整能力，コミュニケーションに対する自信
(3) 学習することを学習する能力

　これらの能力は，言語的領域，認知的領域，情意的領域，社会文化的領域，対人関係的領域にまたがる広い概念であると言うことができるでしょう。

[引用文献]
伊藤博子（1991）「読解能力の養成——学習ストラテジーを利用した指導例」，『世界の日本語教育』1号，国際交流基金，145-160頁．

田中望・斎藤里美（1993）『日本語教育の理論と実際』，大修館書店．
谷口すみ子（1991）「思考過程を出し合う読解授業——学習者ストラテジーの観察」，『日本語教育』75号，37-50頁．
ネウストプニー，J. V.（1995）『新しい日本語教育のために』，大修館書店．
伴　紀子（1989）「日本語学習者の適用する学習ストラテジー」，『アカデミア』47号（文学語学編），南山大学，1-21頁．
———（1992）「言語学習のための学習ストラテジー」，カッケンブッシュ寛子他編『日本語研究と日本語教育』，名古屋大学出版会，213-223頁．
宮崎里司・ネウストプニー，J. V.（1999）『日本語教育と日本語学習——学習ストラテジー論にむけて』，くろしお出版．
村上京子（1996）「日本語教育の心理学的側面」，福澤周亮編『言葉の心理と教育』（187-194頁），教育出版．
村野良子（1996）「高校留学生の自律的学習と学習ストラテジー」，『日本語教育』91号，120-131頁．
村山　功（1995）「学習における方略の位置づけ」，*Learning Learning*, 2/3, 2-12, JALT Learner Development N-SIG Forum.〈http://odyssey.miyazaki-mu.ac.jp/html/hnicoll/learnerdev/LLJ/Murayama23J.html〉
Benson, P.（1995）A Critical View of Learner Training, *Learning Learning*, 2/2, 2-10, JALT Learner Development N-SIG Forum.〈http://odyssey.miyazaki-mu.ac.jp/html/hnicoll/learnerdev/LLJ/Phil22J.html〉［ベンソン，P.（1995）「学習者トレーニングの批判的考察」，板倉ひろ子訳］
Bialystok, E.（1978）A theoretical model of second language learning, *Language Learning*, 28/1, 69-83.
———（1985）The Compatibility of Teaching and Learning Strategies, *Applied Linguistics*, 6/3, 255-262.
Brown, H.D.（1989）*A practical guide to language learning*, New York: McGraw-Hill.
———（1991）*Breaking the Language Barrier: Creating Your Own Pathway to Success*, Yarmouth: Intercultural Press.［ブラウン，H. ダグラス（1995）『アメリカ風外国語学習法——言葉の壁を破る』，斎藤誠毅・新里真男訳，研究社出版］
Canale, M.（1983）From Communicative competence to communicative language pedagogy, in Richards, J. & Schmidt, R.（eds.）*Language and communication*（pp.2-27）, London: Longman.
Canale, M. & Swain, M.（1980）Theoretical bases of communicative approaches

to second language teaching and testing, *Applied Linguistics*, 1/1, 1-47.
Chamot, A. U. & Rubin, J. (1994) Comments on Jenie Rees-Miller's 'A critical appraisal of learner training: theoretical bases and teaching implications': Two readers react, *TESOL Quarterly*, 28/4, 771-776.
Cohen, A. U. & Aphek, E. (1981) Easifying second language learning, *Studies in Second Language Acquisitioin*, 3/2, 221-236.
Ellis, G. & Sinclair, B. (1989) *Learning to Learn English*, Cambridge: Cambridge University Press.
Ellis, R. (1994) *The Study of Second Language Acquisition*, Oxford: Oxford University Press.
Legutke, M. & Thomas, H. (1991) *Process and experience in the language classroom*, Harlow: Longman.
Little, D. (1997) Strategies, counselling and cultural difference: Why we need an anthropological understanding of learner autonomy, Keynote paper presented at the 6th Conference on Autonomous Learning, 1-18.
McDonough, S. H. (1995) *Strategies and skill in learning a foreign language*, London: Edward Arnold.
O'Malley, J. & Chamot, A. (1990) *Learning Strategies in Second Language Acquisition*, Cambridge: Cambridge University Press.
Oxford, R. (1990) *Language Learning Strategies*, New York: Newbury House. [オックスフォード, R. (1994)『言語学習ストラテジー——外国語教師が知っておかなければならないこと』, 宍戸通庸・伴紀子訳, 凡人社]
Politzer, R. & McGroarty, M. (1985) An explanatory study of learning behaviors and their relationship to gains in linguistic and communicative competence, *TESOL Quarterly*, 19/1, 103-123.
Rees-Miller, J. (1993) A Critical Appraisal of Learner Training: Theoretical Bases and Teaching Implications, *TESOL Quarterly*, 23/4, 679-689.
Reid, J. (1987) The learning style preferences of ESL students, *TESOL Quarterly*, 21/1, 87-111.
Rubin, J. (1975) What the "good language learner" can teach us, *TESOL Quarterly*, 9/1, 41-51.
——— (1981) Study of cognitive processes in second language learning, *Applied Linguistics*, 11/2, 117-131.
Rubin, J. & Thompson, I. (1982) *How to be a more successful language learner*, Boston: Heinle & Heinle. [ルービン, J.・トンプソン, I. (1994)『外国語の

上手な学び方』, 西島久雄訳, 大修館書店]

Scardamalia, M., Bereiter, C. & Steinbach, R. (1984), Teachability of reflective processes in written composition, *Cognitive Science* 8, 173-190.

Stern, H. (1975) What can we learn from the good language learner? *The Canadian Modern Language Review*, 34, 304-318.

Wenden, A. (1986) What do second-language learners know about their language learning? A second look at retrospective accounts, *Applied Linguistics*, 7/2, 186-201.

Wenden, A. & Rubin, J. (eds.) (1987) *Learner Strategies in Language Learning*, Englewood Cliffs, NJ: Prentice-Hall International.

[参考文献]

鈴木宏昭・鈴木高士・村山功・杉本卓 (1989)『教科理解の認知心理学』, 新曜社.

ブラウン, H. ダグラス・吉田研作 (1990)『英語上達15のメニュー』, ジャパンタイムズ出版部.

Brown, H. D. (1994) *Principles of Language Learning and Teaching* (Third edition), Englewood Cliffs, NJ: Prentice-Hall.

Byalystok, E. (1990) *Communication Strategies*, Oxford: Basil Blackwell.

Cohen, A.D. (1990) *Language Learning*, New York: Newbury House.

》第Ⅱ部《
学習はどのように起こるのか

第Ⅱ部について

　第Ⅰ部では，第二言語を学ぶとは何を学ぶことなのかについて，現在，第二言語教育に携わる教師および研究者によってかなり広範囲に共有されている理論が，著者である谷口すみ子氏独自の見解とともに，紹介されていました。人が第二言語を学ぶとき，具体的に何を学ぶのかがわかれば，第二言語の学習を支援するのに大きな助けになります。しかし，第二言語は「どのように」学ばれるのか，そして，そもそもあなたの前にいる学習者は「なぜ」特定の第二言語を学んでいるのかを理解しなければ，本当に役にたつ助力はできません。元来，第二言語教育は，言語学の応用であると考えられていて（だから，言語教育を研究する学問を「応用言語学」ともいいます），この「どのように」と「なぜ」の側面は，どちらかと言うと軽んじられる傾向がありました。

　人の学習がどのように起きるのかを研究してきたのは心理学です。第二言語教育で初めて本格的に心理学の研究成果をとりいれたのは，行動主義心理学を教授法の根拠としたオーディオ・リンガル・メソッドですが，その後，心理学の世界で行動主義心理学が否定されていく過程と，オーディオ・リンガル・メソッドの行きづまりの解決策が考えられていく過程とを直接結びつけて考えていた教師・研究者は，一部の例外を除いて，きわめて少なかったように思われます。旧来の第二言語教育の対案として1970年代の前半に生まれたコミュニカティブ・アプローチも，初期の頃には，言語哲学や社会言語学などの理論を教授内容にどのように反映させるかが焦点でした。第二言語習得研究も，オーディオ・リンガル・メソッドが学習の困難度の予測に用いた，学習者の第一言語と目標言語の言語学的対照分析を疑うことから始まり，学習者の誤用の（言語学的）分析，学習者言語の言語学的記述へと進んでいきました。

　1980年代に入る頃にやっと，第二言語教育・第二言語習得研究は，習得・学習のプロセスに目を向けるようになります。いろいろ批判はあります

が，クラッシェンが第二言語習得に関する五つの仮説を発表したのもこの頃ですし，ハワイ大学などで行われていた授業研究の成果が出版されるようになったのもこの頃です。コミュニカティブ・アプローチも，シラバス（教授項目一覧）をいかに作るかに加えて，学習活動をどのように組み立てるかを考え始めました。しかしこれらも，研究の枠組みが応用言語学の外へ広がることはまれでした。第二言語教育関係の論文が心理学の文献に言及するようになったのは，せいぜいここ10年ほどのことです。

　第二言語教育の「なぜ」を考える教育学的視点をもった研究は，さらに少なかったと言えます。例えば，なぜ学習者は「母語話者」と呼ばれる人たちの言葉の使い方に従わなければならないのか，母語話者と同じになれない／ならないのは悪いことか，というような議論がなされることはめったになく，無条件に母語話者と同じになることが到達目標であると考えられてきました。第二言語教育を，第二言語を使って生きる人たちの人権やアイデンティティの問題として捉え，「なぜ？」という問いを発する人たちの仕事が多くの教師や研究者が目にするメディアで発表されるようになったのは，この数年のことだと言っても過言ではありません。

　これにはいくつかの理由が考えられます。一つには，第二言語教育に携わる人たちの多くが言語学的トレーニングを受けていて，心理学や教育学についての知識をあまりもたず，そして，きわめて当然のことながら，この人たちが後進を育てるときも，教師教育は言語学に重点をおくことになる，という悪循環のせいだったかもしれません。また，人は生まれながらにして脳の中に言語習得装置をもっているというチョムスキーの主張があまりに影響力があったために，言語の習得は，運動や数学など，他の能力の習得とは別のものだと考えられがちだったからかもしれません。いずれにしても，教育学や心理学を本格的に勉強した上で論を組み立てる研究者が出てきたのは，ごく最近のことです。

　日本語教育においても，日本語教員養成課程の文部省ガイドラインを見ると，「日本語教師に必要な知識は何か」という問いに対する公式見解は，まだまだ言語についての知識をメインとしていることがわかります。このガイドラインは近々大幅に改定されるそうですが，それに対する教師教育の現

場の抵抗は大きいと聞きます。しかし，既存の学問領域の境界を越えて，より広い視野で日本語教育を捉えようという動きはすでに始まっています。

　第Ⅱ部では，まず，このような教育実践や研究を五つ紹介します。小林由子氏は，人の学習の認知心理学的モデルに基づいた教授方法を解説しています。学習は，究極のところ，脳がなんらかの仕事をすることで起きるのですから，人に何かを教えるのなら，人の脳がどのように機能しているのかを考慮することは，とても大切です。特に，小林氏の提案する漢字指導の段取りは，心理学的根拠をもつという点で画期的なものです。縫部義憲氏は，ヒューマニスティック心理学を背景とした，学習者を全人的に捉える日本語教育を提案しています。縫部氏の論の背景にある合流教育は，行動主義心理学に基づく教育へのアンチテーゼとして1960年代に提唱されたもので，決して「新しい」理論ではありませんが，60年代の問題が今日の第二言語教育で完全に解決されているわけではなく，学習における感情の役割を再認識しようという動きもある中で，貴重な知見であると言えます。野元弘幸氏は，ブラジルの教育学者パウロ・フレイレに学んだ識字教育の理念をもとに，社会的問題意識を出発点とする，学習者がより人間的な生活・人生を送れるようになるための日本語教育の必要性を主張しています。日本国内にも，働いたり家庭をもったりして定住する外国人が増え，日本語教育を在日外国人の人権の問題として捉える必要性が出てきた今日，野元氏の実践には大きな価値があると思われます。西口光一氏は，1920年代から30年代にかけてのロシアで発達心理学の理論を構築したヴィゴツキーに端を発する状況的学習論の観点から，日常生活でのもろもろの活動の中での学びに注目し，この理論の日本語教育への応用の方法を探っています。具体的な実践方法の有効性を検証するには，もう少し時間がかかりそうですが，他の分野の教育では伝統的な授業の形態が落ちこぼしがちだったタイプの学習者が，ヴィゴツキー的理論に基づく教育環境の中で学習に成功した例も報告されており，今後の展開が期待されます。白畑知彦氏は，人は生まれながらにして普遍的な文法を頭の中にもっており，個別の言語に触れることで，この文法が個別言語の文法に発達していくという普遍文法の立場から，日本語習得の過程で起きる現象を説明しようとしています。日本語に関する研究はまだ多くはないよう

ですが，研究が進めば，普遍文法が働いて教えられなくても習得できるから教えなくてよいことと，教えたほうがよいことの見極めがつくようになる，文法よりは語彙として扱ったほうがよい項目は何かがわかるなど，よいことがたくさんありそうです。

　これらの章は，一見，無関係のように，ときには相反するようにも見えるかもしれません。しかし，これらのうちでどれが正しいのかという疑問は，あまり建設的ではないだろうと思います。人の第二言語習得は非常に複雑なプロセスであり，多くの要因がからみあっているために，視点を変えれば違うものが見えてくるというだけのことであって，この5人の著者たちは，おそらく一つの現象を見ているのです。

　第Ⅱ部の最後として，応用言語学の枠組みで行われてきた第二言語習得研究を紹介する章を二つ設けました。坂本正氏による1980年代半ばにいたるまでの歴史の概観は，現在の第二言語教育に関する議論に参加するために必要な基礎知識を提供してくれています。吉岡薫氏による現状の解説は，第二言語習得の研究者たちが関心の幅を広げているのを反映して，非常に多岐にわたっています。なかでも注目すべきは，タスクに基づく教授法（task-based instruction）で，これは，30年余りにわたる第二言語習得研究の成果が結実したという感のあるものです。この教授法の心理言語学的検証も試みられており，ジグソー・パズルのピースがまた一つはまった，という気がします。

　今後，第二言語教育に関する研究は，ますますハイブリッド化するであろうと考えられます。本書で紹介することはできませんでしたが，一つには，第二言語教育を社会システムの一つであると考える社会学的アプローチが増えてくるでしょう。また，第二言語の学習が起きるとは脳の中で物理的に何が起きることなのかを神経生物学的に解明しようとする努力も始まっています。さらに，日本国内に関して言えば，日本で育つ外国籍の子どもたちの教育を考える上で，日本語教育からバイリンガル教育への発想の転換も迫られるようになるでしょう。こうした視点が加わることで，日本語教師は，日本語を学ぶ人たちを今よりもよく理解することができるようになるはずです。

（青木直子）

第1章 認知心理学的視点

小林由子

　読者の皆さんは外国語が得意だろうか。筆者は学生時代，英語が苦手だった。何をどのように勉強すればよいかがわからなかったからである。適当な助けがあれば，もう少し早く英語と仲良くなれたのではないかと思う。

　外国語として日本語を学ぶ学習者は，日本での多くの英語の学習者とは異なり，日本語が使えるようにならなければならない場合が多い。日本語教師の役割は，彼らが日本語を使えるようになるための手助けをすることである。本章では，どのように手助けをすればよいかを「認知心理学的」な面から考える。

1 「認知心理学」とは

　1950年代後半までは，学習心理学の主流は「行動主義的心理学」だった。

　「行動主義的心理学」では，学習を，外部からの刺激と学習する主体の反応の連合が形成されること，と考えた。たとえば，T字型の迷路の横棒の左側に行けばえさがあり，右側に行けば電気ショックにあうような仕掛けを作る。ねずみをこの迷路の「T」の一番下の部分に入れると，ねずみは，最初はやみくもに右に行ったり左に行ったりするが，何度も繰り返すうちに，電気ショックにあう右側ではなく，えさのある左側にばかり曲がるようになる。行動心理学的に言えば，ねずみは，「えさ」

と「電気ショック」という刺激と練習を繰り返すことにより「左へ曲がる」という反応を学習したのである。学習は、こうした「どのような刺激を与えれば、どのような反応が学習されるか」という外から観察可能なことがらでのみ説明され、観察不可能な学習主体の「頭の中」には言及されなかった。また、行動主義心理学では、学習を「習慣の獲得」として考えていた。

　行動主義的な立場では、人間の言語学習もねずみの迷路学習も基本的には同じであるとみなす。外国語教授法の一つにオーディオ・リンガル・メソッドという方法がある。学習者は、最初に学習者と同じ母語の教師から言語の構造についての（主に文法的な）説明を受け、次にその学習事項についての大量のパターン・ドリルをするというものである。このパターン・ドリルは、日本語教育でも文型の定着のためによく使われる。指示に従って、〈繰り返す〉・〈一部を入れ替える〉・〈文の形を変える〉・〈質問に答える〉などの練習をし、答えた直後に正しい答えが示される、というもので、行動主義的心理学の影響を受けている。すなわち、学習者は、ねずみが迷路を曲がることを学習するように、大量の練習問題と直後に与えられるフィードバックという刺激により、学習すべき言語の形を正しく瞬時に発話するという反応を「習慣」として獲得するのである。

　しかし、学習を刺激と反応のみで解釈する行動主義的な方法は、人間の思考や問題解決過程を考えるには限界があった。また、コンピューターの発達という技術的な背景もあり、1950年代後半から、学習は「認知主義」的な立場から考えられるようになった。

　「認知心理学」では、人間を一種の情報処理システムとみなすという考え方が基本にある（市川 1995）。別の言い方をすれば、行動主義は、学習を刺激による行動の変化で説明しようとしたのに対し、認知主義では、刺激と反応の間で起こることを詳述しようとする（アイゼンク 1998）。すなわち、人間の「頭の中」で起こっていることを研究の対象にするのである。認知主義的な立場では学習を知識のふるまいとして扱う。

学習は，刺激をやみくもに与えたり，何度も繰り返したりすることによってのみ成立するのではない。また，学習とは，学習者の知識構造が変化することであり，白紙にものを書き込むように教師の与える情報がそのまま蓄積されていくことではない（市川 1995）。

それでは，その知識構造の変化はどのようにして起こるのだろうか。「認知心理的」な面から日本語学習を眺めてみよう。

2 「何を」「どのように」学習するのか
――宣言的知識と手続き的知識

学習者が日本語を学ぶときには，どのような知識が獲得されるのだろうか。

認知心理学では，人間の知識はさまざまな形をとると考えられている。その代表的なものが「宣言的知識」と「手続き的知識」である。

「宣言的知識」は「ことがら」すなわち事物や概念に関する知識で，言語的または他の方法で意識的にアクセスすることができる。一方「手続き的知識」は，「やり方」に関する知識で，意識的にアクセスすることができず，なんらかの行動の一環として間接的に存在を示すことができる知識である（市川 1995; アイゼンク 1998）。

この例として，自転車の乗り方やタイプライティングがよくあげられる。たとえば，「自転車を止めるときにはハンドルのそばにあるブレーキを使う」「タイプライターのFのところに左の人差し指を置く」といった容易に言語化できるような知識は宣言的知識である。しかし，自転車の乗り方やタイプライティングについて言葉を使って詳細に描写できるからといって，実際に上手に自転車に乗れたりタイプを打てたりするとは限らない。むしろ，熟練者が実際の自転車の乗り方やタイプライティングを言葉で説明するときは，表面的な描写にとどまってしまい，言語的な説明は難しいことが多い。「やり方」に関する知識は，言語的な形ではなく「やり方」として貯蔵されており，意識的に思い出し言語で描写することは難しいのである。

同じことが外国語の学習についても言える。英語を勉強するとき，「"book" は「本」である」「三人称現在形の動詞には s をつける」というような言語的に記述された規則を覚えても，英語がうまく使えるようになるとは限らない。言語的に記述された規則を覚えることと実際にそれを行うこととは，別ものなのである。日本語の学習も同様である。

アンダーソン（1982），Anderson（1981, 1982）は，ACT（アクト＝Adoptive Control of Thought）という技能の学習モデルを考えた。技能の学習において，学習者は最初は宣言的知識に依存しているが，この宣言的知識は経験を積むに従って手続き的知識に移行する。この過程では，コンピューター・プログラムのようなルールの形で表現された知識が，フィードバックを受けながら整理され，書き換えられていくと考えられている。たとえば，タイプを打つ場合，最初は姿勢，キーの位置，指の動かし方などの宣言的知識によって行動がなされるが，成功と失敗を繰り返しながら練習を重ねるにつれて，行動のコントロールに使われる知識が書き換えられ，「自動的に」指が動くようになり，ついには宣言的知識にもとづいて意識的に体を動かす必要はなくなる。熟練したタイピストにキーの位置を聞くと，指を動かしてから答えることが多く，動作を言語化させながら行わせると能率が落ちることが知られている。読者の皆さんは，日本語の言葉の使い方のルールを尋ねられて例文をいくつか考えてから答えたり，どのように日本語を使っているのかを尋ねられ返答につまったりしたことはないだろうか。これは，熟練した言葉の使い手の知識が手続き的になっているためである。

認知心理学では，人間が意識的に払うことのできる「注意」の容量は有限であると考えられている。宣言的知識から手続き的知識への移行の際に重要なことは，移行につれて必要な意識的注意の量が減少し，自動的にその技能を遂行できるようになるということである。たとえば，自動車の運転は習い始めの頃は一つ一つの動作に大変な注意を払わなければならないが，慣れてくると話をしながらでも半ば無意識的にできるようになる。また，外国語の文章を読むとき，最初は個々の単語の発音や

意味をとること，あるいは個々の文の文法などに注意がいってしまうが，慣れるにつれてその過程は自動化され，そこに意識的に注意を向けなくても，文全体の意味や自分の考えに注意を向けることができるようになる。

学習者が日本語を使えるようになるということは，日本語を使う手続き的知識を獲得するということである。日本語を使えるようになるために，学習者は，練習によって，日本語の宣言的知識を手続き的知識に移行させなければならない。教師はその学習を手助けすることになるが，やみくもに学習項目を与えたり機械的な練習を繰り返すばかりでは，学習者の手助けをすることはできない。先に述べた「注意の容量」の点から言えば，学習者の注意資源の配分が適切にできるように，学習項目を絞ったり，学習を段階的に組み立てたりすることが必要になる。そして，学習段階に応じた練習を行い，適切なフィードバックを与えていくことも，教師の重要な仕事になる。

学習にあたっては，知識がどのように記憶されるか，ということも重要である。次節では，認知心理学における記憶についての知見を眺めてみよう。

3　よりよく学習するために──知識の構造

3.1　記憶のシステム

メモがないとき，どのようにして買い物のリストを覚えたらよいだろうか。ある人はスーパーマーケットの棚の位置にあてはめて買う物を覚え，ある人は作る料理に結びつけて覚え，またある人はその頭文字を覚えて文を作る。これらは記憶術として古くから行われている方法だが，共通点がある。それは，すでに自分が持っている知識に新しい情報を結びつけて記憶するということである。

近年の理論では，記憶は「符号化」「貯蔵」「検索」という三つの連続した段階を経ると考えられている（図1）。新しい物を倉庫に貯蔵すると

```
新しい情報 → 符号化 → 貯 蔵 → 検 索 → 情報の利用
           しまう   とっておく  さがす
```
〈図1〉 記憶の流れ

考えるとわかりやすいだろう。「符号化」は外部からの新しい情報が記憶システムに貯蔵できるような形に変えられる段階,「検索」は貯蔵した知識をふたたび記憶システムから取り出して使う段階である。「よく覚える」ということは,貯蔵した情報を必要なときにすばやく取り出して使うことができるということである。「よく記憶する」ためには,どのように「符号化」するか,どのように「検索」するかが問題となる。

3.2 記憶の二重貯蔵モデル

認知心理学の分野では,過去数十年にわたって記憶に関するさまざまな研究がなされており,多くのモデルが考え出された。

その一つが Atkinson & Shiffrin (1971) の二重貯蔵モデルである。彼らのモデルによると,外から入ってきた情報は,目,耳,皮膚などの感覚登録器に入り,注意を向けられたものだけが短期貯蔵庫に入る。短期貯蔵庫内の情報は,貯えられる量に限りがあり,何もしなければ数十秒で消失する。しかし,その情報が長期貯蔵庫に転送されれば,半永久的に貯蔵される。読者の中には,「短期記憶」「長期記憶」という言葉を聞いたことがある方もいるかもしれない。この「短期記憶」は短期貯蔵庫での記憶,「長期記憶」は長期貯蔵庫での記憶を指す。図2は二重貯蔵モデルの模式図である。

この短期貯蔵庫は最近では「ワーキングメモリー(作動記憶)」と呼ばれている。それは,短期貯蔵庫のみが意識的に情報の流れをコントロールすることができるためである。このワーキングメモリー内では,入ってきた情報を長期貯蔵庫に送るためのさまざまな処理や,長期記憶に貯えた情報の出力のコントロールが行われる。つまり,学習者が「意識

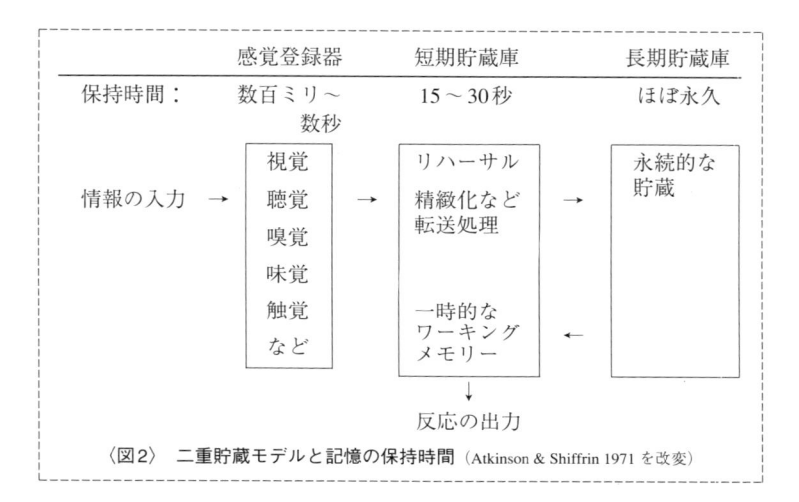

	感覚登録器	短期貯蔵庫	長期貯蔵庫
保持時間：	数百ミリ〜数秒	15〜30秒	ほぼ永久
情報の入力 →	視覚 聴覚 嗅覚 味覚 触覚 など	リハーサル 精緻化など 転送処理 → 一時的なワーキングメモリー ↓ 反応の出力	→ 永続的な貯蔵 ←

〈図2〉 二重貯蔵モデルと記憶の保持時間（Atkinson & Shiffrin 1971 を改変）

的に記憶する」舞台は短期貯蔵庫なのである。

　この短期貯蔵庫に入った情報は、ほうっておくとすぐに消滅してしまう。消滅させないためには、その情報を何度も繰り返すリハーサルなどの処理が行われるが、何度も繰り返して短期貯蔵庫内に情報をとどめておくだけでは、あとで思い出すことは難しいといわれる。買い物リストを頭の中で繰り返しながら店に行って買い物をしても、そのリストをあとで思い出すことは難しいのがその例である。Miller（1956）は、新しい情報を保持できる容量の限界は7プラスマイナス2チャンクであるとした。「チャンク」とは情報のひとかたまりをいう。たとえば、7桁の電話番号は一息で覚えられるが、10桁になるとやや難しい。この場合は一つの数字が1チャンクとなる。しかし、歯科医の電話番号を「白い歯になろう（461-8276）」「なれなれよい歯（707-0418）」のようにひとかたまりにしてしまうと、7桁のかたまりが1チャンクとなり、七つ程度の電話番号（49桁）なら覚えられる。

　情報を長く記憶にとどめるために行う認知活動を「記銘方略」という。森（1995）は代表的な記銘方略として、体制化、精緻化、生成効果をあ

げている。体制化は，関連する情報をまとめ整理して覚える方略である。たとえば，単語を覚えるとき，一つ一つの単語をばらばらに覚えるよりも，意味の関連があるもの，品詞などに分けて覚えたほうが記憶しやすいのはこのためである。精緻化は，覚える情報に，自分がすでに持っている知識（既有知識）から情報をつけ加えて覚えやすくする方法である。たとえば，単語を覚えるとき，その単語で例文を作ったり対になる言葉と結びつけたりすると，より忘れにくくなる。生成効果は，覚える材料を自分で生成した場合に記憶成績が向上することをいう。たとえば，「短い」という単語を提示されてそのまま覚えるのではなく，「長い⇔み……」という文に続けて「みじかい」という言葉を自分で考え出すような方法で覚えたほうが，記憶成績がよくなる（Slamecka & Graf 1978）。また，文を覚えるときにその内容について理由を考えたり，記憶する情報を自ら選択することも記憶を促進させることが知られている（Stein & Bransford 1979）。

　これらの研究成果から言えることは，一度に大量の新しい情報を与えられても記憶するのが難しいこと，ただし，覚えやすいかたまりにすると記憶できる量は増えること，学習者がすでに持っている知識と新しい情報の結合が大切であること，情報が一方的に与えられるのではなく，学習者が自分で作り出すほうが記憶成績がよいこと，などである。教師は，これらの記憶の性質を考慮しながら，学習項目の質・量を吟味し，学習活動を考えていかなければならないのである。

3.3　記憶の処理水準モデル

　記憶システムの別の有名なモデルに，Craik & Lockhart（1972）の「処理水準モデル」がある。このモデルは，二重貯蔵説のように記憶を段階的に考えるのではなく，処理される情報の質と量から考えるものである。このモデルでは，「深い」処理がなされるほど強く記憶されるとする。彼らの実験では，単語を記憶するとき，「その文字の色は？」のような知覚的な分析をするよりも，「その単語がはじまる音は？」のよう

な音韻的な分析をするほうが、また音韻的な分析よりも「その単語の反対語は？」のような意味的な分析をするほうが成績がよかった。精緻化の量、つまり新しい情報に結びつけられる学習者の既有知識の量は、知覚的な分析＜音韻的な分析＜意味的な分析の順で増え、その量が増えるにしたがって、記憶成績はよくなる。このように、既有知識とより多く結びつけることを「深い」処理と呼ぶ。

ただし、記憶した知識を実際に思い出して使うときには、「検索」の際に用いられる手がかりが重要になる。Morris et al.（1977）の実験では、記憶した単語の音韻を尋ねるようなテストの場合は、意味的な処理をするよりも音韻的な処理をした単語のほうが成績がよかった。処理水準モデルの立場では、深い処理をしたほうが記憶成績がよくなるとするが、実際に使う（検索する・思い出す）知識が音韻・字形などの場合は、それに合った符号化（音韻手がかりなら音韻、字形手がかりなら字形）をしたほうが成績がよい。これを「転移適切性」と呼ぶ。日本語学習で考えると、実際に日本語使用場面で学習者がどのような知識を使うのかを考慮し、実際に学習者に「頭を使わせるよう」授業を組み立てることが望ましい。たとえば、会話を学びたい学習者に文法を教える場合、ただ文の型を教え例文を暗記させるのではなく、実際に学習者が会話で使いそうな状況で、学習した文型を学習者自身が考えて使うような練習をするほうが効果的だということになる。他の技能についても同様である。

3.4　知識の構造化

新しい知識を頭の中にしまい、再び使う、すなわち「符号化」「検索」の際には、学習者の既有知識を活用することが重要である。先にあげた生成効果についても、Martin & Pressley（1991）は、既有知識の活性化がこれらの効果をもたらすとしている。

また、既有知識と新しい情報を構造化していくことも必要である。

学習者には、情報を自ら構造化して学習しようとする自発的な傾向がある（市川 1995）。単語のリストを覚えさせる実験をするとき、単語が

ばらばらに提示されても，被験者は意味的にまとまった順番で単語を再生する。こうした構造化は新しい情報を記憶し使うことを容易にする。ただし，学習者がいつも自分で知識の構造化が行えるとは限らない。

　学習者の知識の構造化を手助けし，その知識をより強固に記憶にとどめ，かつ使いやすくすることは，教師の重要な仕事である。

3.5　言語理解における既有知識

　既有知識の活性化は，「読む」「聞く」という言語理解の際にも重要である。読解や聞き取りでは，学習者に何も指示をしないで読ませたり聞かせたりするよりも，その内容について学習者が知っていることを思い出させるような質問を事前にするほうが，内容がよりよく理解される。これは，事前質問によって学習者の既有知識が活性化されたためである。

　読解や聴解のときには，〈文字・音→単語→文→文章〉のように，言語の細かい部分から出発して理解していく過程と，その内容に関する概念から推論して内容を理解していく過程とがある。前者は「ボトムアップ（データ駆動型）処理」，後者は「トップダウン（概念駆動型）処理」と呼ばれる。

　読解・聴解にはこの両方の処理が欠かせない。たとえば，「彼は中に入るとカウンターにお金を置いた。しかし戸をきちんと閉めなかったので，番台のおじさんに怒られた。それから靴を箱に入れ服を脱ごうとしたが，かごが見つからずしばらく探した。湯船に入る前にかけ湯をしなかったので，また怒られた。湯につかり壁の富士山を見て，やっと彼は安堵の溜息をついた」という文は，すべての単語の意味や文法がわかったとしても，日本の銭湯を知らない読者には理解できないだろう。あるいは，銭湯を知っていても，システムの違う銭湯を利用している者にはわからないかもしれない。単語の意味，文法の知識のほかに，「銭湯では，番台にお金を払い，靴を脱いで上がり，脱衣所で服を脱ぎ，脱衣かごに入れ，浴場に入り，かけ湯をして，それから湯船に入る」というよ

うな銭湯を利用するときの典型的な「台本」のような知識や,「銭湯は有料の公衆浴場である」「番台はお金を払うところである」「番台には人がいる」「外から脱衣所が見えてはいけない」「日本の風呂では浴槽につかる」「銭湯には湯船がある」「湯船の後ろに富士山の絵がある」というような銭湯に関する「体系的」な知識を持っていてこそ,そこの文章の理解が可能になるのである。

　前者のような,一連のものごとの典型的な進み方についての知識を「スクリプト」,後者のような特定の概念を表すための構造化された知識を「スキーマ」という。言語理解では,スクリプトやスキーマのような概念的な知識からのトップダウン処理が重要な役割を果たす。

　読解や聴解の際,単語の意味や文法を調べたり覚えたりするようなボトムアップ型の活動ばかりを中心にすると,学習者が単語一つの意味がわからないために先へ進めなくなることがある。ある程度わからないことがあっても,その内容についての概念的な知識から推測して理解していくことも,指導には不可欠である。

　日本語を学習するとき,どのようにして学習者の既有知識を活性化させていくか,また知識を補っていくかは,教師の腕の見せどころの一つであろう。

4　まとめ──認知心理学的視点から見た教師の役割

　日本語教師の役割は,学習者の日本語学習を支援することである。認知心理学的な視点から見た教師の役割は,以下のようになるだろう。

(1) 学習者の学習目標を,学習者が意識的に注意を払うことができる範囲に設定する。
(2) 学習者が新しい学習項目に段階的に注意配分ができるよう,学習内容を設定する。
(3) 新しい学習項目が,学習者の既有知識とうまく結びつけられるよ

(4) 新しい学習項目が「手続き的」知識となるよう，段階的に学習活動を設計する。

　例として，非漢字圏学習者の漢字学習について考えてみよう（小林 1998）。日本語を読んだり書いたりするためには，多くの漢字を覚えなければならない。漢字教育では，漢字の意味・読み方・熟語例・例文などを教師が与え，漢字を見て読み方を書いたり，読み方から漢字を書くような練習を多く行う，という授業がしばしば行われる。しかし，このような方法では，学習者が受け身になり，漢字の形や音という「深くない」情報処理しか行われないため，漢字をすぐに忘れてしまい，漢字嫌いを生み出すこともある。しかし，学習者の認知的な過程を考慮すると，効果的な漢字学習の設計が可能になる。

　非漢字圏学習者が漢字を覚えるときは，まず漢字の字形認識をし，それから漢字の意味を覚え，最後に読み方を覚える（加納 1996）が，初めて漢字を勉強する者にとっては，字形の認識すら難しい。そこで，入門段階では，漢字の形が見分けられ意味がわかることに重点をおく。そして，日本語自体の学習が進み，ある程度，語彙や文法的な知識が増えてきたところで，単語レベル・文レベルで漢字を読んで意味を理解する活動を取り入れていく。

　学習者が漢字を学習する目的は，何かを「読む」ためである。「読む」ときには，文字の知識，語彙の知識，一つの文を解釈するための文法的知識，いくつかのまとまった文のかたまりを解釈するための談話的知識，文章の内容についての知識など，さまざまな知識が必要になる。「読む」ための漢字の知識は，これらの多くの知識と結びつけられ「深い」処理をすることによって忘れにくくなると考えられるが，日本語の学習を始めたばかりのときは，文字・語彙・文法などすべてに注意を払わなければならないため，漢字に意識的に向けることのできる注意の量は少ないということになる。そこで，日本語の学習が進み，語彙的・文法的な知

識がある程度手続き的知識になるのを待って，それらの知識と関連づけながら漢字に注意を向けるようにするのである。

　また，練習するときも，実際に何かを「読む」場合と近い形で学習者が漢字の知識を使うようにすることが大切である。たとえば，まだ十分に文法知識が手続き化されていない段階では，文法知識を使わず語彙レベルで意味の把握ができるような読解練習（地図を読む，単語と単語・絵を一致させる練習など）を行う。そして，日本語の学習が進み，単文の処理，複数の文の談話的な処理がある程度自動的にできるようになった段階になってからは，まとまった文章の読解過程で習得した漢字の知識を使うような学習活動を行う。まとまった文章の中で言語的知識や内容の知識と関係づけながら漢字知識を使っていくことは，実際の使用場面での活動に近い「深い」処理をすることになり，効果的に漢字を覚えていくことができる。また，教師が一方的に漢字知識を与えるのではなく，学習者自身に問題解決をさせるような学習活動を考えていくことも重要である。

　このように，認知心理学の研究成果は，個々の学習者の学習過程を視野に入れて日本語学習を考えることを可能にした。記憶，学習，言語理解など言語教育と関わりの深い分野では，現在も新しい研究が進められている。教育についてより深い知見を得るためには，これらの分野との協同が不可欠であろう。日本語教育のフィールドは，心理学的に見ても興味深い点が多い。今後，日本語教育と心理学を結びつけた，面白く役に立つ研究が多数生まれることが期待される。

5　読　書　案　内

　本章では，認知心理学と日本語教育を関係づけながら解説することをめざしたため，積み残してしまったことが多々ある。特に，言語についての認知心理学的な知見にはまったく触れることができなかった。学習者の「やる気」を引き出す動機づけや，メタ認知（自分の認知について

の認知)についても同様である。興味を持たれた方は,良質の参考書が多数出版されているので,そちらを読み,関心を深めていただきたい。その手がかりとして,何冊かを紹介する。

(1) 市川伸一・伊東裕司(編著)(1996)『認知心理学を知る』(第3版),ブレーン出版.
……入門者のための入門書。認知心理学のポイントとなる研究を紹介しながら,研究の流れがわかりやすく書かれている。読み始めの一冊目として好適。

(2) 若き認知心理学者の会 (1993)『認知心理学者 教育を語る』,北大路書房.
……若手の認知心理学者が自分の研究と教育の関わりについて随想風に書いており,心理学の予備知識がなくても,気楽に読むことができる。

(3) 市川伸一(1995)『学習と教育の心理学』,岩波書店.
……「学習」「教育」について興味を持った方にまず勧めたい本である。教育心理学と教育実践を結びつけながら解説している。認知心理学的な面からの解説が中心だが,行動主義,状況論,実際の授業・評価にも目配りがなされている。

(4) ブルーアー, J. T. (1997)『授業が変わる——認知心理学と教育実践が手を結ぶとき』,松田文子・森敏昭監訳,北大路書房.
……認知心理学と実際の教育,特に教育との関わりについて,わかりやすく書かれている。特に,読解・作文教育についての章は参考になる。

(5) 幹 敏郎・高野陽太郎・大津田由紀夫・市川伸一・波多野誼余夫(編)(1996)シリーズ「認知心理学」第1〜5巻,東京大学出版会.
……入門者を対象にしているが,分野別に全5巻となっており,現在の認知心理学の研究成果について詳しく知ることができる。入門書を読んだあと,より詳しく勉強するのに好適である。

特に第2巻「記憶」,第3巻「言語」,第5巻「学習と発達」が参考になる。

[引用文献]
アイゼンク, M.W.（編）(1998)『認知心理学事典』, 野島久雄他訳, 新曜社．[Eysenck, M.W. (ed.) (1990) *The Blackwell Dictionary of Cognitive Psychology*, Cambridge, MA: Basil Blackwell]
アンダーソン, J. R.（1982)『認知心理学概論』, 富田達彦他訳, 誠信書房．[Anderson, J. R. (1980) *Cognitive Psychology and Its Implications*, San Francisco: W.H. Freeman and Company]
市川伸一（1995)『学習と教育の心理学』, 岩波書店．
加納千恵子（1996)「非漢字圏学習者の漢字力の発達過程を評価する試み」,『日本語教育方法研究会誌』3巻1号, 24-25頁．
小林由子（1998)「漢字授業における学習活動——認知心理学的モデルによる検討」,『北海道大学留学生センター紀要』2号, 88-102頁．
森　敏昭（1995)「記憶のしくみ」, 森敏昭・井上毅・松井孝雄『グラフィック認知心理学』（13-34頁), サイエンス社．
Anderson, J.R. (ed.) (1981) *Cognitive Skills and Their Acquisition*, Hillsdale, NJ: Erlbaum.
――― (1982) Aquisition of cognitive skills. *Psychological Review*, 89, 369-406.
Atkinson, R.C. & Shiffrin, R. M. (1971) The control of short-term memory, *Scientific American*, 225, 82-90.
Craik, F.I.M. & Lockhart, R. S. (1972) Levels of processing: A framework for memory research, *Journal of Verbal Learning and Verbal Behavior*, 11, 671-684.
Martin, V. L. & Pressley, M. (1991) Elaborative-interrogation effect depends on the nature of question, *Journal of Educational Psychology*, 83, 113-119.
Miller, G. A. (1956) The magical number seven, plus or minus 2: Some limits on our capacity for processing information, *Psychological Review*, 63, 81-97.
Morris, C.D., Bransford, J.D. & Franks, J. J. (1977) Levels of processing versus tansfer appropriate processing, *Journal of Verbal Learning and Verbal Behavior*, 16, 519-533.
Slamecka, N. J. & Graf, P. (1978) The generation effect: Delineation of a phenomenon, *Journal of Experimental Psychology: Human Learning and*

Memory, 4, 592-614.
Stein, B.S. & Bransford, J. D. (1979) Constraints on effective elaboration: Effects of precision and subject generation, *Journal of Verbal Learning and Verbal Behavior*, 18, 769-777.

[参考文献]
市川伸一・伊東裕司（編著）(1996)『認知心理学を知る』(第3版)，ブレーン出版．
大浦容子（1996）「熟達化」，波多野誼余夫編『学習と発達』(11-36頁)，東京大学出版会．
太田信夫（1992）「手続記憶」，箱田裕司編『認知科学のフロンティアⅡ』(92-119頁)，サイエンス社．
高野陽太郎（編）(1995)『記憶』，東京大学出版会．
森敏昭・井上毅・松井孝雄（1995）『グラフィック認知心理学』，サイエンス社．
山下利之・山下清美（編）(1991)『教育への認知マップ』，垣内出版．
吉田甫・栗山和広（編著）(1992)『教室でどう教えるかどう学ぶか――認知心理学からの教育方法論』，北大路書房．

第2章　ヒューマニスティック・サイコロジーの視点

縫部義憲

　日本語教育に対する心理学の貢献は学習成立のメカニズムの解明にある。外国語教授法と心理学との関連については，1920年代に提唱されたオーラル・メソッドは連合心理学，1940年代のオーラル・アプローチは行動主義心理学，1960年代のコグニティブ・アプローチは認知心理学，1970年代に注目された精神力学系教授法グループは人間性心理学（Humanistic Psychology，以下，HPと略す）に影響を受けている。代表的なヒューマニスティック・サイコロジストはA. Maslow (1970), C. Rogers (1975), A. Combs (1962), F. Perls (1970), 伊東博 (1983), 河津雄介 (1982) などである。

　本章は，HPが第二言語教育にどのような影響を与え，どのような貢献をなしうるのかについて考察する。そのために，HPと最も関係の深いヒューマニスティック・アプローチ（Humanistic Approach，以下，HAと略す）と合流的アプローチ（Confluent Approach，以下，CAと略す）を取り上げる。

1　死んだ教室と生き生きした教室

　ある日本語教室をのぞいてみる。「文型練習」と呼ばれる機械的言語練習を用いて，日本語教師が生き生きとして教えている。

　先生：　これは　本　です。いっしょに。

生徒：　これは 本 です。
先生：　机
生徒：　これは 机 です。
先生：　あれは
生徒：　これは あれは です。
先生：　ノー，ノー！
生徒：　これは ノーノー です。

　以上は冗談として読み流していただくとして，教師が出すキューに従って，学習者は意味を考えないでひたすら受身的に応答するだけである。これは構文の発音練習になり，構文理解につながる言語練習ではあるが，言語運用能力を発達させるのには，このやり方ではあきらかに限界がある。この練習の問題点としては，第一に意味を排除していること，第二に場面から遊離していること，第三に話者と聞き手の間に欠如した情報があるわけではないこと，第四に何かを達成することが目的ではないこと，第五に表現していることが自己とは直接関わっていないこと，第六に自他の間のインターアクションがないこと，などが挙げられる。

　これらの問題点は，オウムのような動物の学習（？）の仕方と人間の学習の仕方の根本的な違いに言及している。すなわち，人間は，意味を考えながら，言語入力したり，言語出力したりする。実際に手に本を持っていないのに，「これは本です」と言うのは不自然である。「これは何ですか」という問いに対して答えるのであれば，「それは本です」が正しいのであり，「これは本です」とは通例言わない。相手が本だと知っているのに，「これは本です」と言うのはオウム返しである。オウムは覚えた文を何度も意味が分からないまま繰り返す。他者が不在だから，「これは本です」が独立して発話（独話）として成り立つだけのことである。

　自己に目覚め，人間性回復を願う現代人は，このような第二言語学習

に疑問を覚えるようになった。これが1960年代後半における状況であり，第二言語教育からのドロップアウトと学習不振が大きな教育課題となってきた。そのような状況の中で，新しい心理学が登場した。それがHP，人間性心理学であった。HPは，1960年代に米国西海岸から始まった人間性開発運動に影響を受け，動物実験の結果を重視した行動主義心理学に対して，人間を解明する心理学への脱皮を図った。人間性の回復，自己の探求，個の確立という現代的ルネッサンスの時代が始まった。HPの影響を受けた教育においては，教師主導で教材を「教える教育」から人間を中心とした「学ぶ教育」への転換が試みられた。例えば，A. コムズは，この新しい教育観について次のように述べている。

> 教師は長い間，知識を伝達することが得意であった。われわれの大きな失敗は，知識［伝達］の欠如から来るのではなく，われわれが与える<u>知識の個人的意味</u>を学習者が発見するのを教師が援助することができなかったことにある。
>
> （Combs 1970: 235-6．筆者訳。下線と［　］内は筆者）

知識の個人的意味とは，教材と学習者の生活との関わりを実感することである。本来，教育とは生活の構造化のことである。学習者は自分の生活と自己の周囲の世界を理解するのに役立つ教育を求め，「なぜ外国語を学習するのか」という問いを教師に発する。学習者は目標言語で自分が望んでいることや興味を持っていることを語り，自分と関わりがあることを話すことによって学習に注意を向けるようになるのである。

第二言語教育において，Pimsleur et al.（1966）は，学習不振の主因が学習動機の種類（統合的か道具的か）にあるのではなく，実用的な目的であれ楽しみのためであれ，外国語学習と自己の生活との関わりを実感していないことにあると報告した。教育とは，学習者が自己と教材との間のシステムを構築するのを援助することであると言うことができる。それに失敗した学習者は，第二言語学習に興味を失ったり，学習の継続を中止したり，中途で脱落したりする。

知育偏重の教育や学習の知的な側面の強調について，HPの代表的提唱者であるC. ロジャーズは次のように批判した。

> 教師は熱心に知的なものに集中し，「首から上の教育」に限ってきた。……認知面に対する偏重とそれに結び付いている感情面の排除の結果として，わくわくした気持ちが教育から消えてしまった。
>
> （Rogers 1975: 40-41．筆者訳）

学習者は，「首から上の教育」である教材の知的学習に対して，教材と自己の生活との関わりが実感できなくなる。この結果，学習不振や興味減退を招き，情意面の発達を遅らせてしまう。こうして，学習者は学習に興味と情熱を失い，あちこちに「死んだ教室」が生み出されたのである。ブラウンらは，死んだ教室と生きている教室の特徴について次のように述べている。

> 死んだ教室においては，学習は機械的で決まりきったことを行い，退屈で，つまらない。教師はロボット化されており，生徒は教材の受容器と貯蔵庫であると考えられている。生き生きした教室は，生徒が熱心に，しかも本音で主体的に関わる学習活動に満ちている。生徒は，教師から一人の人間として尊重され，扱われる。学習は生きることを組み込んでいるのである。
>
> （Brown et al. 1975: 1-2．筆者訳）

HPの観点から言えば，死んだ日本語教室とは，模倣・反復練習や代入，変形などの文型練習といった機械的言語練習が支配し，知識をひたすら詰め込むだけの人間不在の教室ということになる。逆に，生き生きした日本語教室においては，自他の間で心の交流があり，日本語でリアルなコミュニケーションを行っている。リアルなコミュニケーションとは，自己にとってリアルな情報を日本語で交換することである。リアルとは，自己にとって意味があり，重要であり，関わりがあるということである。換言すれば，「今ここ」という現実に生きることである。この

意味において,生き生きした授業とは,学ぶことの意味を悟り,それが自己(の生活)と関わり合っていると実感させるような授業のことである(縫部 1994)。

2 外国語教育と自己実現の教育

2.1 外国語教育におけるヒューマニズム

ルネッサンス期のヒューマニストは,古代ギリシャとローマの古典文学・哲学・歴史などを再発見することに熱中し,それを通して人間の価値と現実生活の重要性を探求した。これに対して,現代のヒューマニストは,モノやコトよりヒトに興味を持ち,自己に関心を抱いた。こうして,第二言語教育のヒューマニスト(例えば,HAとCAの提唱者)は,自己を学習することに強い意欲を持つようになったのである。

HAとCAに共通して流れる哲学はヒューマニズムの思想である。その形容詞であるヒューマニスティックという用語は,現代においてはHPが初めて使ったものである。これは「自己理解と相互理解の深化という目標を持った人間全体の研究に対する科学的アプローチ」(Eysenck et al. 1972: 89)という意味で用いられる。第二言語教育において,ヒューマニスティックという用語が登場したのは1973年である(Galyean 1976: 201)。

第二言語教育においてヒューマニズムという概念を本格的に研究したStevick(1990: 23)によれば,ヒューマニズムは「驚くほど多様な意味で使われている」が,その中心的意味は動物に相対するものとしての人間に備わった性質や行動を指すと言え,人間固有の性質は以下の5つの構成要素の一つあるいは複数に現れている。その構成要素は(H1)感情,(H2)社会的関係,(H3)責任,(H4)知性,(H5)自己実現の五つである。H1は個人の感情や美的感性のこと,H2は友情や協力関係を形成すること,H3は相互の吟味・批判・訂正の必要性を受け入れること,H4は知識・理性・理解という知的活動,H5は個人の独自性を最大限に

伸ばすこと，を意味する。

HAとCAは，方法論は異なるが類似した教育理論に基づいており，自己実現（self-actualization）を究極的な教育目標としている。そこで，自己実現という概念が第二言語教育においてどのように位置づけられているかを次に考察する。

2.2 外国語教育と自己実現

Moskowitz（1978）によれば，自己実現とは自己の潜在的可能性を最大限に発達させることを意味する。換言すれば，自分の多様な側面を発見し，それを受け入れ，さらに良い点はできるだけ伸ばすということである。自己実現は人間的成長（personal development）と言い換えることができるが，人間的成長とは今まで気づかなかったか，気づいていても表現できなかった自分をオープンにしてゆくプロセスである。

A. マズローは次のように述べている。

> 自己実現しつつある人間の特徴は，第一に自己と他者を受け入れる，第二にあるがままで自発的である，第三に使命と強い責任感を持っている，第四に自立しており，他者には頼らない，第五に肯定的・否定的両方の感情を体験する，第六に人に対して強い共感と愛を持っている，第七に偏見を持っていない，第八にアプローチの仕方が創造的である，という八項目に分けられる。
>
> (Maslow 1956: 160-94．筆者訳)

さて，第二言語教育と自己実現の関係をおそらく最初に論じたChastain（1971, 1976）によれば，自己実現は自己概念（self-concept）から始まるという。自己概念とは，自分が自己をどう捉え，どう考えているかという自己評価のことである。次に挙げるのは「自己概念文」と呼ばれるものである。

（例）「私は（ まじめ ）な人間，（ 平和 ）が好きな人間，（ 愛 ）を

信じている人間,(　正義感　)を持っている人間,(　マザー・テレサ　)を尊敬している人間です。

　この文の下線部に自己概念が反映される。上の例は肯定的自己概念を示している文であるが,「自分は記憶力が悪い人間である」「自分は日本人に好かれない人間である」というのは否定的自己概念である。おそらく,周囲の重要な人(significant others)から自己に関する否定的フィードバックを相当蓄積したために,否定的自己概念を形成したのであろう。自己概念は後天的に学習されるものである。自己概念の形成について,Combs (1973: 42) は次のように述べている。

　　人は自分についてどう考えているかが,自己の成長と発達にとって重要である。人は,自分の生活における周囲の重要な人たちにどのように扱われるかによって,この自己概念を形成する。人はどこへ行くのにもこの自己概念を携えてゆくのである。ラテン語のクラス,算数のクラス,そして体育のクラスにも持ってゆき,そして家にもそれを持ち帰ることになる。自分の身の上に降りかかることすべてが自分の自己概念に影響を与えるのである。　　　　(筆者訳)

　教室内における教師と学習者,学習者相互の間のインターアクションの質によって,自己概念は肯定的にも否定的にもなりうる。インターアクションは自他の関係の質に規定される。さらに,自他の関係は自己概念の中身に影響される。否定的自己概念を持ち合わせている学習者は,とかく他者も否定的に捉えたり,受け入れなかったりすることが多い。自己を受け入れていないために,他者を受け入れることもできないのである。自己受容と他者受容は非常に相関が高いからである。

　自己概念は思い込みの自分であり,思い込まされた自分でもある。それは通例,現実の自分(あるがままの自己)とはズレが生じている。HPにおいては,この両者の重なりが大きいほど,心理的に健康であると考える。自己概念を知る一つの方法は自己を客体視することである。ある

がままの自己を知る方法は，常に「今ここ」に生きることである。自己にとって真実（リアル）なのは，永遠の時間の流れにおける1点である「今」と，無限に広がる空間における1点である「ここ」においてだけである。これはすでに道元が「現成公案」において看破した生の哲学であるが，これが説かれた数百年後に，西洋のHPが "here and now" に立脚したカウンセリング理論を提唱したにすぎないのである。

3 第二言語教室経営

A. マズローの「人間の動機づけの基本的欲求階層説」（Maslow 1970）によれば，人間は次の五つの基本的欲求を生来備えているという。これらの欲求はピラミッドのごとく，階層を成している。一番下には最も優勢な生理的欲求があり，その上に安全の欲求，所属と愛の欲求，承認の欲求が位置づいており，最上段には自己実現の欲求が存在している。低次になるほど優勢であり，優先して充足されなければならない。

自己実現の欲求
承認の欲求
所属と愛の欲求
安全の欲求
生理的欲求

〈図1〉　欲求の階層（Maslow 1970）

コミュニケーション（所属と愛の欲求の充足）が促進されるための前提条件は，安全の欲求の充足である。安全の欲求を充足するためには，教室内に自由で安全な雰囲気，何を言っても，何をしても安心だという雰囲気を醸成しなければならない。第二言語学習と教室雰囲気の関係を表す次の公式がある。

$$L = f(S)$$

「L」はLearning,「f」はfunction（関数）,「S」は Situation（教室風土）を表す。この公式は，LがS次第で分かりやすくも分かりにくくもなることを示している。要するに，教室風土は第二言語学習の成否と直接的な関係がある本質的な教育問題である。

　教室内にリラックスした，支持的で承認的な雰囲気を作るために，ウォームアップ活動を行う。ウォームアップ（warm-up）というのは，教室の雰囲気をリラックスした，温かいものにすることを言う。第二言語授業の第1分節は挨拶・ウォームアップから始まる。ウォームアップ活動として，構成的グループ・エンカウンターのエクササイズがいろいろと開発されている（その実践記録は縫部（1985b）ほかを参照）。これは，ことばによらないエクササイズとことばによるエクササイズに分けられる。ことばによらないエクササイズの例を四つ紹介する。

(1) 肩に手を置く……右手を前の人の肩にそっと置いて，目を閉じる。リラックスする。自分の手の先，肩はどんな感じがするか。
(2) マッサージ………卵を握ったような手の形にして，手首に力を入れないでポンポンとリズミカルに肩，首，背筋を叩く。
(3) 後ろに倒れる……ペアになって，同じ方向を向く。前の人が5〜10°倒れたら，後ろの人がすぐに支えて元に戻す。
(4) 鏡になる…………ペアになって，同じ方向を向く。最初は，前の人が上半身を使って大きな動作をする。後ろの人はそれを模倣する。

　このようなウォームアップ活動は，言語活動を実施する前の助走としても重要である。CAにおいては自己開示を求める教室活動が多いために，教室経営の問題がいっそう重要性を帯びてくる。自己開示とは，自分を開いて，自分の考え，感情，価値観，成育歴などを語ることである。

自分自身を語る際には，他者に自己を開いても安心だと感じない限り，差し支えのない非個人的情報しか出そうとしない。時には，自己を偽ってでも都合のよい情報を開示しようとすることもある。つまり，仮面をかぶってしまうのである。

仮面を脱ぐことを自己開示という。自己開示によって，自己概念と現実の自己とのギャップを埋める機会が得られるのである。つまり，自己の情報に対する正しいフィードバックを他者から受け取ることによって，そのズレを修正することができるのである。ただし，自己，すなわち遺伝に規定されたその人らしさは，緊張した雰囲気の中では出現しにくい（上武 1971; 縫部 1985a）。もちろん，自己開示の仕方には個人差が出現する。神経質なタイプや内向的なタイプの学習者は，自己を開くことにいっそう抵抗を感じる。また，文化差もある。例えば，肩に手を置くというエクササイズは，通例，米国の学校では親と本人の了承をとらなければ実施できない。それは，身体的接触を伴うので，セクハラの対象とみなされる可能性があるからである。

教室雰囲気の基本は対人関係である。HPの代表的な提唱者C.ロジャーズによれば，人間はある条件が与えられれば，学習と成長に対する衝動がおのずから発する（縫部 1991: 67）。その条件とは，①真実（realness），②共感（empathy），③尊重（prizing）である。

第一は真実，つまり本音を語るということである。第二は共感，つまり相手の気持ちを相手のために相手の立場に立って理解することである。第三は尊重，つまり相手を批判したり，非難したりしないことである。他者をあるがまま認め，受け入れることである。このような三つの条件を備えた教師の行動は成長と学習を「促進する行動」（facilitative behavior）と呼ばれるが，教師と生徒という役割の前に一人の人間としての触れ合いを基本とすることを重視するものである。このような教師の行動が支持的風土を醸成し，学習者の心を徐々に開かせ，自己表現の欲求を高めてゆくことが期待されている。学習者は教師の行動を模倣し（モデリング），学習者相互間でもお互いを受け入れ，尊重する支持的行

動が徐々にとれるようになってゆく。

4 ヒューマニスティック第二言語教育

4.1 合流と統合的学習

　知識の取り入れを中心とする知的概念的学習であれ，感情や価値観を形成する情意的学習であれ，学習は感情や価値が入り込まない真空地帯で生じることはなく，また人間的成長は知識がない真空地帯で達成されることもない（Hawley & Hawley 1972: 115）。このような認知（教材）と情意（感情）を統合する指導モデルとして，次に，合流的モデルを紹介する。

　「合流」とは，二つの川が交わって一つになり，その二つの川が判別できないほどに融合するという意味である。二つの川とは，基本的には思考（知性）と感情（情意）のことである。思考と感情は不可分の関係にある。合流教育の提唱者G.ブラウン（当時，カリフォルニア大学サンタバーバラ校）が指導した大学院生T.イエオマンズは「パーソナリティ層構造理論」の原形を提案した（縫部 1991）。それによれば，パーソナリティは表層・内層・中間層から成る同心円構造をなしているという。一番外側には，環境からの働きかけ（教育活動）を取り入れやすい表層（理解や暗記に関わる知的機能）が位置づけられ，一番内側には，環境からの働きかけを取り入れにくく，遺伝的に規定された内層（自分独自の感じ方・考え方・欲求パターンに関わる情意的機能）が位置づけられた。この両層を結びつけ統合調整する機能として中間層が位置づけられ，この中間層の働きによって，教材に自己（の生活）を関わらせる統合的学習が可能となる。そのような統合的学習の成果は中間層に貯えられる。

　例えば，教師がデシタ／マシタの形について，例文を板書して説明する。学習者は，知的機能によってデシタ／マシタの形の文法的知識を取り入れ，理解する。その言語知識は一時的に丸暗記の知識として表層に貯えられる。このようにして取り入れられた知識はどの学習者にも共通

したものであるから、表層の学習は一般性を特徴とする。教師が、「今あなたの友達は誰ですか。小学校1年生のときには誰が友達でしたか」と尋ねる。現在と過去を対比して、デシタ／マシタの形を使って自己表現させる。表現される内容は自己にとって真実な内的独自性である。

中間層を中心にして、表層だけでなく内層をも含めた全人格層で学習に取り組むとき、パーソナリティの三層間にダイナミックな往復運動が成立し、その結果、「一般的」言語知識に学習者の「独自性」を反映させ、感性に裏づけられた生きた知識、つまり認識が得られる。このような合流的な学習の成果は、認識として中間層に貯えられ、中間層がいっそう強化増大される。豊かな中間層の形成が学習意欲を増大する、と合流教育は考える。

さて、この中間層に貯えられる学習成果は次の五つの範疇に分類される（河津 1982 を修正）。

(1) 情報処理・コミュニケーション能力
(2) 身体感覚運動技能
(3) 自然・社会・文化についての認識
(4) 自己・美意識・価値観・情操・感受性
(5) 他者・関係・人間についての認識

日本語学習の目標は(1)の範疇が中心となるが、(2)～(5)までの範疇にも関わっている。(1)～(3)の範疇は認知的領域、(4)は情意的領域、(5)は相互作用的領域、に属する。基本的には、これらの三つの学習領域を統合することが、合流という言葉の意味なのである。このようにして、認知（教材）と情意（感情）の統合的学習が誕生したわけである。日本語教科書にある言語練習は、構造シラバスであれ概念機能シラバスであれ、認知的領域に属するものばかりである。縫部（1998）は、認知と情意を統合する指導法を具体的に提示し、教材化している。

4.2 合流的アプローチ

教材に感情的次元のものを付加する手立てを「感情技法」(affective techniques) と呼ぶが, 感情技法は学習者の内層を掘り起こす手立てである。投射技法, 想像と空想, 価値の明確化技法などの感情技法を媒介として, 認知と情意を統合する学習を目指す合流的指導モデルを次に図示する (図2)。

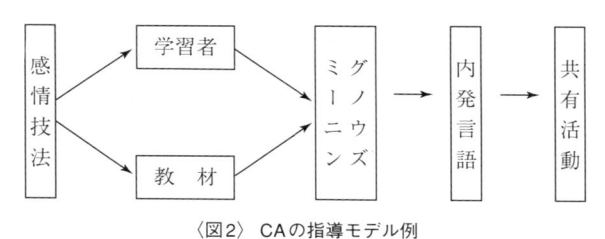

```
感情技法 → 学習者 ↘
              ミーニングノウズ → 内発言語 → 共有活動
         → 教材  ↗
```

〈図2〉 CAの指導モデル例

教材との関わりで適切な感情技法を用いて内層が開発され, 学習者の内的世界に潜在するミーニングノウズ (meaning nodes) が掘り起こされる。ミーニングノウズは, 意味の原形として自己の内的世界に生起する感情・関心・意欲・価値・夢・欲求などである。学習者が自己の内的世界に潜むミーニングノウズに気づき, それを目標言語で他者と交換し合うとき, 学習に対するエネルギーがおのずから発してくる (Galyean 1976)。このミーニングノウズが反映された言語を「内発 (化された) 言語」と呼ぶ。学習者が小集団の形態で日本語でお互いが内発言語を交換し合うことが共有活動である。

図2の指導モデルから二つのアプローチが導かれる。第一は「言語—情意—相互作用アプローチ」(言語アプローチ), 第二は「情意—言語—相互作用アプローチ」(情意アプローチ) である。言語アプローチでは, 指導すべき日本語教材が事前に与えられ, それに学習者の内的独自性を反映させる言語活動を行う方式で, CAが主として採用している。情意アプローチは,「他者との触れ合い」「自己発見」「感覚覚醒」「想像と空想」「私の価値」など, 情意教育における情意的範疇が設定され, 各範

疇に適当な教材が配置される方式で，HAが採用しているが，CAでも採用されることがある。言語材料を易から難へ配列することが意図的にできるのは前者であるが，後者では情意的範疇の配列を意図的に行うために，言語材料の配列は情意的範疇次第で自動的に決まる。

言語材料の配列に関して，易から難への配列が常識だと思われているが，何が易で何が難かの根拠は必ずしもはっきりしていない。例えば，テ形は難しいので初級段階でも後半で導入する教科書が多いが，豊かな情意性を備えるテ形は，入門期に「立って！来て！開いて！読んで！」という教室日本語においてよく使われる。テ形がデシタ／マシタの形より難しいのは，単なる教師の直感や経験主義によるものなのか，学習者の判断によるものなのか。第二言語習得過程の研究成果からそう言われるのであろうか。つまり，日本語教育における「常識」とやらをまず疑い，その妥当性を確認する作業を怠ってはならないのである。

さて，認知と情意の統合的学習を実施する際には，まず学習目的の設定から始める。学習目的は言語的・情意的・相互作用的の三つに分けられる。例えば，言語的目的はテ形を使う練習をすること，情意的目的は相手に依頼を述べること，相互作用的目的は二人一組となり，テ形を使って相手に依頼する活動を行うこと，のように記述する。次に，時間，準備物，指導手順を考えてゆく。合流的の指導法の工夫をするときには，依頼するときの気持ち，依頼されるときの気持ちを比べるために「依頼すること」「感情を述べること」などの感情技法を使用してみる。

4.3 合流的アプローチの特徴

HAとCAに共通した指導の原型的特徴は，次の4点にまとめられる。

(1) 学習対象について，学習者一人一人の独自な感じ方，考え方，欲求を掘り起こす。
(2) 自分は何者か（自己像の明確化）という問いを指導の基本に据える。
(3) 知的機能だけでなく，情意的機能，精神運動的機能など，全機能

を動員する。
(4) 集団での共有活動を通して言語運用能力を向上し，自他の対人関係を改善する。

　第一の特徴は，自己開示である。「今ここで」どう感じているか，何を考えているか，何を欲しているか，を問題にする。

　第二の特徴は，セルフ・アイデンティティに関するもので，自己理解，自己発見，自己像の明確化，自分は何者か，という意識のことである。

　第三の特徴は，パーソナリティの諸機能を総動員して学習することである。人間に生来備わっている知的機能，感情的機能，精神運動的機能，社会的機能をすべて使って日本語を学習することである。

　第四の特徴は，自己開示を促進するような対人関係を形成することである。本来のコミュニケーションは対人関係を改善し，自尊感情（あるがままの自己を受け入れること）が向上すると仮定されている。

　これらの原型的特徴を一言で表現すれば，「今ここ」に生きるということである。われわれは認知の世界に生きている。認知とは，自己の周囲からの働きかけをどう受け止めるか，どう解釈するか，どう意味づけるか，ということである。それを「今ここ」と表現したのである。自分が今ここで感受していることを歪めないであるがままに受け入れることが，望ましい学習の基礎となり，心理的健康の維持と増進に欠かせないことである。

5　日本語指導の人間化の工夫

　HPを活かした日本語指導法について説明する。**4.3**で述べた原型的特徴から，次の指導原則が抽出される（縫部 1991: 140-147）。

(1) **伝達内容の源としての感情に対する気づき**……日本語で表現する内容は自己にとって意味のある，真実な，重要なものである。
　　（例）　先生：　あなたはこのクラスで今何を勉強したいですか。

(2) **「私―あなた」の直接的コミュニケーション**……私とあなたについて直接話し合う。第三者や物について話し合うのではない。
 （例）　A：　泥棒を見ました。あなたはどうしますか。
 　　　　B：　私は逃げます。あなたはどうしますか。
(3) **ノンバーバル・コミュニケーションの使用**……動作，ジェスチャー，表情などを用いて自分の感情や考えなどを相手に伝える。
 （例）　先生：　悲しい。悲しいとき，どんな顔をしますか。どうしますか。悲しい顔をして，教室を歩いてください。
(4) **教室で「今ここ」の現実に生きること**……本音を語ることである。自己にとってリアルなことを「今ここ」と表現している。
 （例）　先生：　小学校1年生のとき，あなたは誰が友達でしたか。今は誰が友達ですか。同じ人が友達ですか。
(5) **肯定的リレーションの形成**……自他の関係を改善する。教室風土を肯定的にする。
 （例）　A：　テストが〈悪かった？〉。だから悲しいです。
 　　　　B：　あなたはテストが悪かったので，悲しいと思っています。私は旅行するのが楽しみです。
 　　　　C：　あなたは旅行するのが楽しみですね。私は……
(6) **イマジネーション（空想の旅）の使用**……想像・空想の内容を日本語で表現する。
 （例）　先生：　息を吸ってください。1，2，3，4。……目を閉じてください。あなたは今サッカー場にいます。何が聞こえますか。何が見えますか。
(7) **自分で選択し，その結果を受け入れることに対する責任**……自己決定感と自己有能感を育成する。価値の明確化技法を用いる。
 （例）　先生：　あなたは台風に遭いました。船が無人島に着きました。あなたは次の物を持っています。大切な順に順位をつけてください。

(8) **投射技法の使用**……自己を物になぞらえて表現する。自己と物との共通性を捉え,それを日本語で表現する。
　　（例）　先生：　動物になることができたら,あなたは何になりたいですか。なぜですか。
　　　　　　A：　私はライオンになりたいです。もっと強くなりたいからです。
(9) **傾　聴**……お互いの発言をよく聴く。支持と尊重の気持ちを相手に伝える。
　　（例）　A：　私はライオンになりたいです。
　　　　　　B：　ライオンになりたいんですね。
(10) **表現の手段としての芸術の利用**……写真,絵,書道,詩,音楽などを使って創作活動を行う。
　　（例）　先生：　自分が好きな絵,写真,イラスト,広告などで,あなたを表現してください。コラージュをつくってください。

　最後に,このようなHPが志向する認知と情意の統合的学習の元型的特徴を整理する。第一の特徴は学習対象に自己の独自性を反映させること,第二は自己像の明確化に関連した学習活動を仕組むこと,第三はパーソナリティの全機能を働かせて学習に取り組むこと,第四は協同的学習（集団で学習すること）を重視すること,である。認知（思考）と情意（感情）を分離して捉えるという誤った二元論が生み出す人間疎外・自己疎外を解消するには,思考と感情が同時に流れていることを認識する必要がある。そうすることによって,学習者を分断して捉えるのではなく,有機的全体として,つまり whole person として捉える姿勢（ホーリズム,holism）が生まれてくるのである。こうした観点から,共通点をもつCAとHAを総称して,「ホーリスティック・アプローチ」(Holistic Approach) と呼ぶことができる。

[引用文献]

伊東 博（1983）『ニューカウンセリング』，誠信書房.
上武正二（1971）『精神機能における遺伝と環境――双生児法による実証的研究』，誠文堂新光社.
河津雄介（1982）『合流教育の考え方とその実際』，学事出版.
縫部義憲（1985a）『人間中心の英語教育』，ニューベリーハウス出版社.
――――（1985b）『教師と生徒のための人間づくり――グループ・エンカウンターを中心に』，瀝々社.
――――（1991）『日本語教育学入門』，創拓社.
――――（1994）『日本語授業学入門』，瀝々社.
――――（1998）『心と心が触れ合う日本語授業の創造』，瀝々社.
Brown, G. et al. (eds.) (1975) *The Live Classroom*, New York: The Viking Press.
Chastain, K. (1971, 1976) *Developing Second-Language Skills: Theory to Practice* (2nd ed.), Chicago, IL: Rand McNally College Publishing Company.
Combs, A. (1962) *Perceiving, Behaving, Becoming: Yearbook of the Association for Supervision and Curriculum Development*, Washington, D.C.: Education.
―――― (1970) Sensitivity education: Problems and promises, *Educational Leadership*, 28, 235-236.
―――― (1973) The human side of learning, *The National Elementary Principal*, 52, 42.
Eysenck, H.H. et al. (1972) *Encyclopedia of Psychology*, New York: Herder and Herder.
Galyean, B. (1976) *Language from Within*, CA: Ken Zel Consultant Service.
Hawley, R.C. & Hawley, I. (1972) *A Handbook of Personal Growth Activities for Classroom Use*, Amherst, MA: Education Research Associates.
Maslow, A. (1956) Self-actualizing people: A study of psychological health, in C.E. Moustakas (ed.) *The Self: Explorations in Personal Growth* (pp.160-194), New York: Harper & Row.
―――― (1970) *Motivation and Personality*, 2nd ed., New York: Harper and Row.
Moskowitz, G. (1978) *Caring and Sharing in the Foreign Language Class: A Sourcebook on Humanistic Techniques*, Rowley, MA: Newbury House.
Perls, F. (1970) *The Gestalt Approach and Eye Witness to Therapy*, Ben Lomond, CA: Science and Behavior Books.
Pimsleur, P. et al. (1966) *Underachievement in Foreign Language Learning*, New

York: Modern Language Association.
Rogers, C.R. (1975) The interpersonal relationship in the facilitation of learning, in D.Rogers & S. Simon (eds.) *Humanistic Education Sourcebook* (pp.89-103), Englewood Cliff, NJ: Prentice Hall.
Stevick, E.W. (1990) *Humanism in Foreign Language Teaching*, Oxford: Oxford University Press.
――――(1996) *Memory, Meaning, & Method: A View of Language Teaching*, 2nd ed., Boston, MA: Heinle and Heinle.

[参考文献]
伊東　博 (1995, 1996)『新訂ニューカウンセリング』, 誠信書房.
国分康孝 (1984)『カウンセリングを生かした [人間関係] 教師の自学自習法』, 瀝々社.
ステヴィック, E.W. (1979)『新しい外国語教育――サイレント・ウェイのすすめ』, 石田敏子訳, アルク. [Stevick, E.W. (1976) *Memory, Meaning & Method: Some Psychological Perspectives on Language Learning*, Rowley, MA: Newbury House]

第3章　フレイレ的教育学の視点

野元弘幸

　教育は，人がより人間らしく生きようとするときに求められる学習活動を支えることに，その本来的な使命がある。今日の日本語教育，とりわけ地域で就労外国人を対象に行われる日本語教育は，そうした教育本来の使命を果たしているであろうか。確かに，日本語学習の支援を通じて，外国人住民の日本語習得はすすみ，コミュニケーション手段の確保という点では一定の成果を上げていると言える。しかし，外国人住民に対する日本語学習支援が活発に行われているにもかかわらず，彼らの生活・労働環境はいっこうに改善されず，人間らしいくらしが実現できているとは言いがたい。外国人差別は深刻化し，職場での労働災害も多発している。こうした中で，あらためて教育の営みとしての日本語教育のあり方が問われているように思われるのである。

　本章は，以上のような問題意識に基づいて，日本語を学ぶことが学習者である外国人住民の真に人間らしいくらしの実現に結びつく日本語教育のあり方を模索しようとするものである。その際に，現代を代表する教育者・教育思想家として知られるパウロ・フレイレの教育理論とその方法論に注目する。フレイレの教育理論とその実践は，マイノリティや被差別者，社会的不利益層の人間的な解放を目指す教育実践に世界規模で影響を与えており，新しい日本語教育のあり方を模索する際にも，きわめて多くの示唆を得ることができるからである。

1 フレイレの教育学

1.1 フレイレとは

『被抑圧者の教育学』(Freire 1974) の著者として世界的に知られるパウロ・フレイレは，1997年5月，75歳でこの世を去った。同年7月にドイツのハンブルクで開かれた第5回国際成人教育会議（ユネスコが戦後約10年ごとに開いている世界規模での成人教育会議）は，彼の功績をたたえる追悼会を急遽プログラムに追加し，同大会が採択した「ハンブルク宣言」と「未来へのアジェンダ（行動計画）」（社会教育推進全国協議会 1998）で，1998年からの10年間を「パウロ・フレイレ―すべての人に識字を―アフリカの10年」とすることを提起した。

彼がこれほどまでに，現代世界の教育とりわけ成人教育の分野で高い評価を受け，各国の成人教育に大きな影響を与えているのは，彼の提起した「被抑圧者の教育学」が，非人間的な状況にある人々の解放を目指す教育実践および教育学の発展という，現代世界の教育の大きな課題に応えようとするものであったからにほかならない。彼は，現代世界に抑圧―被抑圧，支配―被支配の構造が依然として存在し，その中で多くの人が人間らしく生きる権利を奪われている現実を前に，教育は人間の解放のためにこそあると主張し，虐げられている者・抑圧されている者こそが批判的意識を獲得し，社会変革の主体として自己形成する教育学を展開した。

ブラジル東北部の貧困地帯で生まれ，飢餓を経験した彼は，多くの国民が貧困状態にあるブラジル社会で，教育が貧困で苦しむ人々の解放に寄与するのではなく，むしろそうした貧困や階層格差を再生産している現実を批判する。そして，教育や学校は人間の解放のためにあるのであり，人々がより豊かで人間らしいくらしを実現する力にならなければならないと考えた。そして，そうした考えを『被抑圧者の教育学』にまとめたのである。この『被抑圧者の教育学』は，第三世界諸国を中心に多

くの人々に読まれ，いわゆる先進国でも，人間性の回復を目指す社会運動にかかわる人々を中心に今日でも読み親しまれている。

1.2 識字教育実践

彼は，成人教育分野の中でも，とりわけ識字教育においてすぐれた実践を行ったことで知られる。それは，彼がブラジルのきびしい現実の中で，人間性の回復を目指すことを重視しつつ，きわめて短期間に識字力を獲得できる新しい識字教育方法を生み出したからである。

彼の方法の特徴を簡潔に言うと，「文字を読むこと」と「世界を読むこと」を統一的に捉えようとするものであった（Freire & Macedo 1987）。すなわち，アルファベットを覚え，読み書きができるようになることと，きびしい生活現実や社会状況を批判的に捉える力を獲得して，世界の人間化と自らの人間化のための社会変革の実践を行う力をつけること（=「意識化」）を同時に行おうとしたのである。

当時フレイレが疑問に感じていたのは，労働に疲れ果て，貧困にあえぎ，衛生状態も悪い地区（スラム）に住む識字学習者に，「エバ［女性の名前］はぶどうを見た。鳥はイヴォ［男性の名前］のものだ。ぶどうはイヴォのものだ」(Eva viu uva. Ave é de Ivo. Uve é de Ivo.) というような，学習者の生活から切り離されたテキストを使って行われる識字教育のあり方であった（ガドッチ 1993）。疲れ果てた身体を引きずり，いつ失業するのかと不安を抱えながら通ってくる学習者に，「誰々がぶどうを見た」というようなテキストで識字を学ぶことに何の意味があるのか，と疑問を抱いたのである。

こうした識字教育に対して，フレイレは，識字教室の学習者の多くが抱えている課題や困難，とりわけ，学習者の労働や生活，地域にかかわる課題をテーマとして教材をつくり，それらの教材を使いながら，識字力を身に付けるととともに，具体的な問題解決の実践に踏み出していく識字教育を提起した（フレイレ 1981）。彼の方法は，一般の成人であれば，40時間程度（連続ではない）でアルファベットが読み書きできるよ

うになることを証明した。

彼の新しい方法による識字教育実践は，1960年代はじめブラジル国内で注目され，全国識字教育計画の方法として採用されたが，識字教育の重要な柱である「意識化」，すなわち社会変革を促すような実践が持つ政治性ゆえに，1964年に起きた軍事クーデターで投獄され，釈放後，ブラジルからの亡命を余儀なくされる。

1.3 課題提起型教育

彼の識字教育の基本原理であり，また『被抑圧者の教育学』で学校教育を含む教育の基本原理として提起されたのが，課題提起型教育 (Problem-posing Education) である。フレイレは，教師と生徒（あるいは教育者と被教育者）の垂直な上下関係の中で，教師が一方的に知識を注入し，生徒は求められたときにそのまま提示するといった教育を，銀行預金の出し入れに似ていることから「銀行型教育」(Banking Education) と呼び，生徒の客体化と非人間化をすすめるものとして否定した。これに対して，教師と生徒が水平的な関係の中で，課題を共有化し，その課題をめぐる対話を深め，新たな知見を獲得し，現実変革の実践をともにすすめていくという「課題提起型」の教育が本来の教育のあり方であると主張した。

課題提起型教育はしたがって，まず「何を教えるか」「何が教えられるべきか」について教育者が決定することから始まるのではなく，学習者がどのような課題を抱えているのかを明らかにする作業から始まる。学習者の労働やくらし，地域が抱える問題に注目し，学習者と教育者が共同で調査・研究を行い，課題を抽出する。そして，それらの課題をテーマにして，学習を深め課題解決に必要な力や知識を習得することとなる。

例えば，フレイレは，最低限の生活さえ困難な低賃金で重労働に従事させられているサトウキビ農園の農民に，次のようなテーマと内容で人間化のための識字教育実践を行った（ガドッチ 1993: 49-51）。

テーマ：「賃金」
○討論の手がかり
　労働を評価する。貰っているのはいくらか。／賃金の目的――労働者と家族の扶養／労働時間，法ではどうなっているか。／最低賃金と公正な賃金／週休，休日，一カ月有給休暇
○会話の目的
　農民の賃金の状態について議論をするよう導く。／なぜそうした状況にあるのかを議論する。／自分自身の場合にひきつけて，労働の時間と報酬について議論する。／公正な賃金を要求する義務が一人ひとりにあると気づくようにグループを導く。
○会話の誘導
　この絵を見て何に気づくか。／農民の賃金の状態はどうか。／なぜそうなのか。／賃金とはいったい何か。／賃金はどうあるべきか。それはなぜか。／わたしたちは賃金に関する法律について何を知っているか。／公正な賃金を得るためにわれわれは何ができるか。

　このように，低賃金で重労働に従事する農民にとってきわめて身近な問題である「賃金」をテーマにして議論し，認識を深めながら，識字教育がすすめられる。課題提起型の識字教育の一例である。

2　人間化のための日本語教育

2.1　何のための日本語教育か

　今日の日本語教育のあり方を考える際，フレイレの教育学から多くの示唆を得ることができる。とりわけ，多くの困難を抱える就労外国人を主たる対象として地域で行われる日本語教育にとって学ぶところが多い。
　まず，第一に，フレイレが「教育は人間の解放のためにあるのか，抑

圧のためにあるのか」とその本質を問い続けるように,日本語教育は何のために行われるのかを問う必要があろう。かつて筆者は次のような事例に直面したことがある。筆者が講師を務めていたある日本語教室のパーティで,学習者である外国人青年の指が3本欠けていることに気づいた。尋ねてみると,日本に来てから工場で切り落としたということであったが,3本の指を切り落としたにもかかわらず,雇用主に「残業中の事故には労災保険はおりない」と言われて,労災保険の認定を受けずに,雇用主に念書のようなものにサインをさせられた上,「治療中の給与補償」と称して100万円を受け取ったにすぎないという事実を知った。驚いたことに,彼は,労働基準法や労働基準監督署の存在,残業中であっても就労中の事故であれば労災保険が適用されるという事実を知らなかったのである。

こうしたことがあってから,筆者は,日本語教育は,単に日本語運用能力を習得すれば良しとするのではなく,学習者の真に人間らしいくらしの実現と結びつかなければならないと考えるようになった。すなわち,「日本語を学ぶこと」が「人間らしく生きること」につながる人間化のための日本語教育でなければならないと考えるようになったのである。

実際に,地域で開かれる日本語教室の学習者である外国人住民の多くは,非常に大きな困難を抱えながらくらしている。また,その上に,日本人がやりたがらない3K職場で不安定な労働条件で働くなど,日本の底辺労働を支えている。これらの外国人住民が真に人間らしいくらしができるような日本語教育のあり方を求める必要がある。

2.2 「日本語を学ぶこと」と「人間らしく生きること」の統合

第二に,フレイレは,「文字の読み書きを学ぶこと」と「人間らしく生きること」を二分しない識字教育実践に取り組んだが,日本語教育においても,言葉の学習と人間的なくらしの実現を二分しない取り組みは可能ではなかろうか。

今日の日本語教育,とりわけ地域で就労外国人を対象として行われる

日本語教育をみると,「日本語を学ぶこと」が「人間らしく生きること」につながることを意識した実践は必ずしも多くない。むろん,最終的な目的は,習得した日本語運用能力を活用して,社会で自立した人間らしい生活を送ることができるようになることであるとしても,日々の具体的な日本語教室の場面では,必ずしも,学習者が抱える具体的な課題の解決を意識していない実践が多い。

例えば,地域に住む外国人住民にとってきわめて切実な問題である「差別」や,彼らが支える「日本の底辺労働 (3K)」,「労働災害」や「健康不安」などをテーマにしたシラバスや教材はあまり見あたらない。

こうした実践に対して,学習者である外国人住民が抱える生活の課題や外国人住民のくらす地域の課題を日本語教育の具体的な内容として位置づけることはできないであろうか。

例えば,工場で働く外国人の学習者がひらがなの「あ」を学ぶ際に,「「あひる」の「あ」」や「「あか」の「あ」」というように,彼らの日本における生活や労働と深くかかわることの少ない文脈の中から「あ」を使ったいくつかの単語を例示するのではなく,「あぶない」の「あ」の字であると示した上で,彼らが工場でどれくらい「あぶない」状況におかれているのか,工場で事故にあわないようにより安全な労働環境にしていくためには何が必要なのかについて話し合いながら,文字を習得することが可能であろう。

こうした方法によれば,教室で学ぶ一つ一つがより人間らしい労働や生活の実現へと結びつき,学習者の学習意欲もよりいっそう高まるであろう。

2.3 「ともに学ぶ」ということ

さらに,フレイレの共同学習の思想,すなわち「教育者もまた教育される」という視点から日本語教育のあり方を分析することも有効である。すなわち,人間の解放と人間的な社会の実現が個人では不可能で集団の作業とならざるをえないのと同様に,それに向けての学習もまた,

共同の学習とならざるをえない。その際，忘れがちなのが，教育者もまたこの共同学習にかかわる重要な一人であり，学習者の一人となるということである。

日本語教室において，「ともに学ぶ」ことの重要性が言われて久しい。日本語教室が単に日本語を一方的に「教え込む―教え込まれる」場ではなく，日本語学習を支援する日本語講師やボランティアにとっても学びの場になるという意味合いで，「ともに学ぶ」ことの重要性が強調されることは多いが，必ずしもそうした共同学習の方法が理論化され，具体化されているわけではない。

これに対して，課題提起型の方法は，教育者と学習者が「ともに学ぶ」契機を内在させている。提起する課題を明らかにする過程で，教育者は学習者とともに，生活や労働をめぐって学習者や地域が抱えている課題に目を向けざるをえず，そこで共同学習が行われる。例えば，どのような「外国人差別」が学習者の身辺で起きているか，そうした問題を外国人がどのように考え，どう対応しているかなどを教育者が知ることができる。それは日本語教育にかかわる者にとってきわめて重要な学習の場となる。

また，教室でそれらの課題をめぐって交わされる対話の中で「ともに学ぶ」ことができる。提起された課題についての議論や対話が，教育者のコーディネートのもとですすめられるが，その過程で教育者は自分自身の認識を深めることができるからである。このように，学習者の人間化だけではなく，教育者もまた日本語学習支援に関わる中で学び，人間的な解放がすすむ日本語教育のあり方を課題提起型の方法を通じて実現することが可能であろう。

3 課題提起型のESL
―第二言語としての英語教育

3.1 アメリカにおける課題提起型ESL

ところで，フレイレの課題提起型教育に注目し，その思想と方法を

「第二言語としての英語」（ESL: English as a Second Language）教育に応用する興味深い実践がアメリカ合衆国で行われている。ニーナ・ウォーラーステイン（Nina Wallerstein），エルザ・オーエルバッハ（Elza Auerbach）などの実践である。

フレイレの教育実践とその思想が世界の教育実践に大きな影響を与えたことは先に述べたが，アメリカでも，マイノリティの成人教育や識字教育，学校教育でのマイノリティ文化に注目した実践などに影響を与えている。その中のユニークな試みの一つとして，「第二言語としての英語」教育での課題提起型の実践がある。最初に理論化を試みたのがウォーラーステインで，著書『対立の中の言語と文化』（Wallerstein 1983）は，課題提起型のESLの試みをまとめたものである。そして，ウォーラーステインとともに課題提起型のESLを発展させてきているのがオーエルバッハであり，『行動のためのESL——職場における課題提起』（Wallerstein & Auerbach 1986）や『コミュニティからコミュニティへ』（Auerbach 1996）などの著書がある。残念ながら，日本ではこれまで必ずしもこうした課題提起型ESLの実践は注目されてきていない。

3.2 ウォーラーステインの試み

ウォーラーステインは，1973年から，ヒスパニック系住民の多いカリフォルニア州サン・ジョゼでの地域教育プログラムにかかわりながら，フレイレの方法をESL教育に応用することを模索し始める。当時の伝統的なESL教育は，学習者である移民や難民を「アメリカ人にすること」（アメリカナイゼーション）を目指し，カリキュラムも彼らが生活の中で直面する諸問題とは無関係な内容となっていた。それに疑問を感じた彼女は，フレイレの課題提起型の方法に学びながら，課題提起型のアプローチによるESLのプログラム開発に取り組む。

彼女はまず，以下の三つの対立・矛盾をカリキュラムの柱として位置づける。

(1) 学習者がアメリカの生活で直面する困難
(2) 学習者の傷つきやすい感情
(3) 彼ら自身の文化を維持しつつ英語を学びたいという欲求

そしてこれらをテーマに,「聞く」(Listening),「対話」(Dialogue),「行動」(Action) という三つのプロセスを重視しながらESLプログラムをデザインする。まず,ESLのカリキュラムをデザインする前に,学習者やコミュニティを注意深く観察し,学習者がどのような課題や関心を持っているかを知る。これが「聞く」ことの第一歩である。そして,「聞く」ことはプログラムが始まっても継続して行われる。「対話」は,「聞く」ことを通じて明らかとなったテーマをめぐる話し合いや討論を通じて,批判的思考と行動へと学習者を導くこととなる。そして,ESLのクラスでの学習が情報の入手や技術習得のみに終わらずに,クラスを越えた具体的な行動へと発展していくことが,「行動」のプロセスで求められる。

3.3 カリキュラムの実際

こうした課題提起型ESLのカリキュラムは,実際にはどのようになっているのであろうか。ウォーラーステインとオーエルバッハの2人の取り組みから生まれた事例を一部紹介したい。以下は,ウォーラーステインとオーエルバッハが1987年に作成した外国人労働者用のESLのシラバスの一例である。

第1課 自己紹介
  はじめに「お名前は?」／生い立ち「どこからいらっしゃいましたか?」／英語教室「なんとおっしゃった?」
第2課 仕事に就く
  母国での仕事とアメリカでの仕事／仕事さがし／面接
第3課 仕事を始める
  毎日の仕事／同僚と話す／上司と話す

第4課　お金を稼ぐ
　　　　支払い／給付金／残業
第5課　くらし
　　　　規則と責任／恐怖の国外退去／ストレス
第6課　健康と安全のための行動
　　　　安全な職場／職場での事故／健康と安全のための行動／事故や病気が発生したら／在職中の妊娠
第7課　平等に向けて
　　　　差別とは／男性の仕事と女性の仕事／仕事の後の仕事／セクシャル・ハラスメント
第8課　労働組合への参加
　　　　組合に加入する／組合活動に参加する／変革のための組織
第9課　未来を見つめて
　　　　アメリカ人と働く／すべてと運命をともに／未来像—私たちはどこへ行くのか

　各課のテーマは，単に日常生活をめぐる話題や機能ではなく，生活に密接に関連した「課題」となっている。男女平等や労働組合への参加，国外退去問題など，日本での日本語教育実践ではほとんど見ることのないテーマが入っている。学習内容の文脈化が明確に打ち出され，学習を通じて英語運用能力を習得するだけではなく，差別や不利益を受けている現実をしっかりと見据え，それらに抗して生活を切り開いていくという，主体的な力量形成が目指されていることがわかる。

4　課題提起型日本語教育の創造

4.1　日本における課題提起型日本語教育の可能性

　以上，フレイレの教育学とその根幹をなす課題提起型教育を紹介し，それがアメリカで外国人住民に対するESL教育の中で応用されている

ことを示した。筆者は，こうした課題提起型の教育を，地域に住む外国人住民を対象にした日本語教育で，「課題提起型日本語教育」として体系化できないかと考えている。

課題提起型の日本語教育の実践がこれまでなかったわけではない。例えば，部落解放運動の中から生まれ，今日，外国人住民の日本語習得の場ともなっている識字学級では，単に日本語を学ぶだけではなく，差別や偏見，社会的な不利益に向き合いながら，自らに自信と誇りを取り戻し，生活を切り開いていく力を付けることが大切にされてきている。

例えば，神奈川県川崎市では，市民館などの社会教育施設で主に外国人住民を対象に行われている日本語学習支援の場を「識字学級」と呼んでいるが，そこには単なる日本語教授の場ではなく，「在日外国人と市民（日本語学習支援ボランティア）が学習を通して，お互いの文化や立場を尊重・理解し，共に生きる地域住民として，いきいきと暮らし合える基礎を築くこと」（教育文化会館「識字学級「にほんごひろば」の基本的な考え方」より）を目指している。

また，東京都国分寺市の光公民館で行われている生活日本語教室では，日本語学習を基本的人権として位置づけることをスタッフと職員で確認しつつ，文型学習だけではなく，生活に根ざしたテーマでの話し合いやお互いが抱えている問題・状況を出し合うといった学習が展開されている。そして，さらに興味深いのは，女性問題に関する学習会へのスタッフの参加を契機に，日本語教育に無意識に織り込まれているジェンダー問題を自覚化し，日本語教育を通じて差別や人権の問題に取り組むという，きわめて先駆的な実践も行われている（国分寺市立光公民館『こもれび21（活動の記録1996年）』より）。これらの実践は，必ずしも体系化されたものではなく，またそうした自覚に基づいて行われているわけではないが，課題提起型の先駆的な事例としてみることができる。

4.2 課題提起型日本語教育の試み

最後に，課題提起型日本語教育の試みを一つ紹介したい。愛知県内の

ある団地で開かれている日本語教室での試みである。この団地では，団地に集住する外国人（主に日系ブラジル人）と日本人との間での摩擦やトラブルが深刻化し，外国人排斥運動にも発展しかねない動きが生まれるなど，外国人と日本人がいかに共生していくかが問われている地域である。この団地内の日本語教室で課題提起型のテキストづくりが試みられた。

まず，学習者に「〇〇でのくらしと困難」（〇〇には団地名が入る）というテーマで，困難に感じることを写真にとってきてもらう。そして，それらを現像した上で，その中からテーマがよく表現されていると思われる写真を選び，それに母語または日本語でコメントを加えてもらい，それをそのままテキストにする，という簡単な手法によるものである。

学習者が撮影した写真に加えられた説明のいくつかを示す。

【写真1】「団地内路上には駐車しないでください」と書かれた看板
〈コメント〉 看板を読むのがむずかしいです。ひらがなと漢字が一緒になっているからです。学校や病院は漢字ばかりでわかりません。ポルトガル語の看板があるとうれしいです。

【写真2】 粗大ゴミが放置されているゴミ集積所
〈コメント〉 〇〇団地のゴミ問題はたいへん深刻です。多くの人が指定された日，指定された場所に捨てないからです。しかし，〇〇団地以外の人が冷蔵庫や洗濯機，棚などを捨てにくるという問題もあります。そのため，私たちの棟のゴミ問題は，棟の人が規則を守ってもどうしようもありません。いつもゴミがあります。

【写真3】 居間に置かれたテレビ
〈コメント〉 テレビはコミュニケーションの手段ですが，まったく理解できません。私がここで日本語を勉強するのは，地震や台風などの重要なニュースを理解できるようになるためです。

学習者から提示されたこれらの課題を整理してつくられたテキストは，「紅葉」「看板」「ゴミ」「車」「家族」「市役所や銀行で」「テレビのニュース」「ルールを守る」「健康」「買い物」の10のテーマで構成され，教室で実際に使用された。

課題提起型日本語教育の可能性を追求するささやかな試みではあるが，学習者から提示された課題に，それまで学習支援ボランティアが気づかなかった外国人住民のくらしぶりを知ることができるなど，課題提起型ならではの共同学習を経験することができた。また，学習者が思いがけず意欲的・積極的に自らの課題を語る姿も見られた。真に人間らしいくらしの実現に結びつく日本語教育の一つの試みとして，課題提起型日本語教育の可能性を追求することは重要である。

[引用文献]
ガドッチ, M.（1993）『パウロ・フレイレを読む』，里美実・野元弘幸訳，亜紀書房. ［Gadotti, M.（1989）*Convite a Leitura de Paulo Freire*, São Paulo: Editora Seipione］
第5回国際成人教育会議（1997）「ハンブルク宣言」「未来へのアジェンダ」，社会教育推進全国協議会編（1998）『21世紀への鍵としての成人学習——社会教育の国際的動向〈住民の学習と資料28号〉』（18-39頁）所収.
フレイレ, P.（1981）『伝達か対話か』，里美実他訳，亜紀書房. ［Freire, P.（1971）*Extensão ou Comunicação*, Rio de Janeiro: Paz e Terra］
Auerbach, E.（1996）*Adult ESL/Literacy from the Community to the Community: A Guidebook for Participatory Literacy Training*, Mahwah, NJ.: Lawrence Erlbaum Associates.
Freire, P.（1974）*Pedagogia do Oprimido*, Rio de Janeiro: Paz e Terra. ［フレイレ, P.（1979）『被抑圧者の教育学』，小沢有作他訳，亜紀書房］
Freire, P. & Macedo, D.（1987）*Literacy: Read the Word and the World*, South Hadley, MA.: Bergin & Garvey.
Wallerstein, N.（1983）*Lauguage and Culture in Conflict*, Reading, MA: Addison Wesley Publishing Company.
Wallerstein N. & Auerbach, E.（1986）*ESL for Action*, Reading, MA: Addison Wesley Publishing Company.

第4章　状況的学習論の視点

西口光一

　現代社会に生きるわれわれは，ややもすると，学びというものは学校という制度あるいは授業という活動の中にこそあり，それこそが学びを提供するための代表的な形態であると考えがちである。あるいは，有効な学びを提供するために学校的な学びの経験の編成方法を採ることを，当然のことと考えている。Lave & Wenger（1991）は，徒弟制を含む生産様式における実践共同体で行われる学びのあり方を研究し，その成果を踏まえて，学校という形態に代表される現代社会における学びの見方をも見直し，学びというものの根本的な再概念化を行っている。本章では，これまでの学習についての考え方に根本的な見直しを迫る，Lave & Wenger（1991）の正統的周辺参加論に代表される状況的学習論を紹介し，その学習論の日本語教育への応用に向けての議論を展開する。

1　正統的周辺参加論

1.1　物語の始まり

　1973年から78年の5年間の間に，ジーン・レイブは，ヴァイ族とゴラ族の仕立て屋の徒弟を対象とした学習研究のため，5回にわたり西アフリカのリベリアを訪れた。当時の研究の趨勢を反映して，レイブの研究も，当初は，徒弟制という「正規でない教育」（informal education）にある仕立て屋の徒弟がどのようにして数学を学び，そして使うかに焦点をあてたものであった。しかし，研究者レイブの周りにあった社会人類

学,理論社会学,批判社会学,科学の社会学等の研究者たちからなるコミュニティの影響と,彼女が西アフリカでのフィールドワークを通して得た経験が相互作用を起こして,やがて彼女の研究の姿勢や視点が変わっていったという(Lave 1997)。その変化は次の3点にまとめられる。

(1) 学校という形態のほうがそれ以外の教育形態よりも教育力があるという,当時一般に(暗黙のうちに)想定されていた考え方がレイブの中で転倒し,目の前の仕立て屋の徒弟制のほうがはるかに教育力があるように見え始めた。
(2) 学習研究の根本的な焦点が,知識の伝達者や教え手や保育者などから学び手のほうに移行するというように,視点が転換した。
(3) 学習というものを社会的実践に埋め込まれた活動であると見るようになった。

レイブのこうした姿勢と視点の変化が,正統的周辺参加論を生むそもそものきっかけとなった。

1.2 正統的周辺参加論とは何か

学習に関する従来の説明では,学習とは,知識が「発見される」にせよ,他人から「伝達される」にせよ,あるいは他人との「相互作用の中で経験される」にせよ,そのような知識を主体が内化する過程であるとみなしていた。このように内化に焦点をあてることは,学習者,世界,およびその両者の関係の本質を検討されないままに放置するだけではない。内化に焦点をあてること自体が,これらの問題に関する,絶大な影響力のあるいくつかの仮定を反映しているのである。すなわち,内化に焦点をあてることで「内側」と「外側」についての明瞭な二分法を確立し,知識とはおおむね頭の中(大脳)にあるものとし,個人を分析の単位とすることを自明のこととする。さらに,学習を内化としてみると,学習は与えられたものを吸

収すること，つまりは伝達と同化の問題であるときわめて容易に解釈されてしまう。　　　　　　　　　　（Lave & Wenger 1991: 47，筆者訳）

　従来の学習についての見解の問題点をこのように指摘した上で，Lave & Wenger（1991）は学習というものを新鮮な目で見，これまでの学習理論とは独立した新しい学習理論の構築を試みた。彼女らが採った手法は，従来の個人主義的で主知主義的な観点ではなく，マルクス主義的な関係論的観点から，社会的実践の一側面として学習理論を定式化するという方法である。こうして生まれたのが正統的周辺参加論である。

　正統的周辺参加論は，徒弟制を理論モデル化したものではないし，新しい教育形態を提案するものでもない。それは，学校的な教育の実践を含むあらゆる社会的実践に伴って生じる学習を「分析的に見る一つの見方であり，学習がどういうものであるかを知る一つの方法」（ibid.: 40）である。そして，正統的周辺参加という分析的視座（analytic perspective）は，「学習過程に新しい光を当て，従来見過ごされてきた学習経験の鍵となる側面に注意を集めることで，教育を良くしようとする努力にある種の基礎を与えることができる潜在力を持つもの」（ibid.: 41）である。

1.3　正統的周辺参加

　正統的周辺参加（legitimate peripheral participation，略してLPP）という概念は，学習主体の行為の変化（熟達化），実践についての理解の変化，学習主体の自己認識の変化を，社会的実践の構造との関係から包括的に捉えるための枠組みである。LPPという概念によって捉えられる学習とは，学習主体が実践共同体（community of practice）の正式メンバーとして実際の活動に参加し（この要素を指して「正統的」という），参加の形態を徐々に変化させながら，より深く実践共同体の活動に関与するようになる過程全体を指す（学習の初期段階には共同体の中心的役割は果たさないので「周辺参加」という）。そしてLPP論では，こうした共同体の活動への参加形態の変化と連動して，学習主体の行為のあり方，学習主体

による実践共同体の活動の理解，そして学習主体の自己認識が同期的に変化していくと考えるのである。

　学習主体の行為の変化とは，具体的には実践的な活動（作業や役割等）に習熟していくことである。LPPでは，まず実践共同体の活動への参加があり，継続的に実践活動に従事するのに伴って，学習主体はさまざまな実践的活動がうまくできるようになる，と考えるのである。

　次に，実践共同体の活動の理解について言うと，例えば，ボタン付けやアイロンがけをしていた仕立て屋の徒弟が，縫製係になり，それまでとは違った道具を用い，異なった作業を行い，親方や仲間との新しい関係の中で活動するようになれば，ボタン付けやアイロンがけや縫製といった作業工程を含む洋服づくりという実践に対する彼の理解は，それ以前とは変化するはずである。また，このように制度的に規定された生産上の役割の移行だけではなく，日々の具体的な諸活動の中でも，親方や仲間との関係，作業の内容，自己の技能の習熟度などが細かく変化していけば，それに伴って徒弟は自分を取り巻く状況を少しずつ再解釈していくであろう。実践共同体への参加形態つまり状況と行為の関係は日々変化するものであり，そうした変化に伴う学習主体の視点の移行が，実践についての新たな理解を生み出していくのである。

　学習主体の自己認識の変化も，同様に，実践共同体の協働的活動への参加形態の変化と連動して展開する。人は，自分が実践共同体の中でどのような位置にいるのかということを理解することを通して，自分が何者であるのかということについての認識を形成し変化させる，と考えるのである。こうした自己認識の作業は，直接的には，仲間とのコミュニケーションや，自己の活動の成果についての評価的な反省に基づいて行われると考えられるが，実践共同体の構造の認識や自らを取り巻く具体的な人間関係の認識からも，自己認識の重要な部分が形成される。

1.4　正統的周辺参加論が示唆する適正な学習環境

　Hanks（1991: 19）が言うように，実践共同体の活動への参加といって

も，学習にうまく適合している参加形態と，そうでないものとがあるはずである。LPP論に沿って言うと，学習に適合している参加形態というのは，共同体の実践により深く参加する方向に順調に進んでいくことができるように，行為の熟達，実践についての理解，行為者のアイデンティティの三者が変化していくような参加形態である。LPP論の中でLave & Wenger（1991）は，引用した各種の徒弟制を比較・検討しながら，徒弟制的学習の潜在力とそれがはらむ問題について，複雑な議論を展開している。彼女らの議論から読みとれる適正な学習状況（参加形態）の主要な特徴は次のようなものである。

(1) 学習主体は実践共同体の正式なメンバーになっている。
(2) 学習主体は実践共同体の実際の活動に参加する。そして，そこで実践共同体の活動と分業の組織，そしてその文化およびそれを取り巻く社会を見ることができる。また，いろいろな意味での手本（exemplar）を見ることができる。つまり，学習のリソースへアクセスできる。
(3) 社会的実践と学習は融合していて明確に区別されていない。
(4) 何を学ぶかについては事前に明確に規定されないで，曖昧に知性的技能（knowledgeable skill）とか，より広く熟練のアイデンティティ（identity of mastery）とされる。
(5) 直接的な教授がほとんどない。あるいは非常に少ない。
(6) 親方を含めて，特定の「教える人」がいない。あるいは多くの場合，徒弟同士の関係性の中で最も多くを学ぶ。
(7) 知識の獲得や技能の習熟だけでなく，むしろ全人格的な変化を引き起こす。
(8) 学習が順調に進むように，人や道具などのリソースが巧みに配置され，組織されている。
(9) 学習が順調に進むように，諸作業が巧みに組織されている。
(10) いわゆる評価がない。

これらの特徴を見ればわかるように，LPP的学習状況の要は，学習主体が実践共同体の正式メンバーになっていることであり，実践共同体の実際の活動に参加することなのである。そこで問題は，LPP論を参考にして新しい学びの経験を創造したいと考えたときに，はたして正規の教育（formal education）の場面でこうした学習状況を編成することができるのか，ということである。次節では，こうした問題について検討する。

2 状況的学習論から日本語教育へ

2.1 実践共同体の問題

LPP論から導き出される教育的経験編成の基本原理は，学習者を実践共同体の正式メンバーとして実際の活動に参加させ，行為の熟達，実践共同体の活動の理解，自己認識の三者がうまく連動して変化していくように，活動への参加形態を徐々に変化させていくことである。ここで根本的に問題になるのは，第二言語の習得や教育では何が実践共同体になるのか，ということである。

第二言語の習得の場合は，まず第一に，第二言語状況で現実の社会的な言語使用場面や人的なリソースを活用しながら自律的に第二言語を習得しようとしている学習者を想像することができる。このような学習者の場合，すでに第二言語状況で生活の共同体や仕事の共同体あるいは趣味の共同体に属していて，その共同体の実際の活動を学習のリソースにしているのであれば，LPP的状況で第二言語を発達させていると言えるだろう。しかし，そうした共同体もなく，またそれを形成しようという意図もなく，単に利用可能な社会的および人的リソースを使って（例えば，目標言語のネイティブ・スピーカーを単なる会話練習のパートナーとして使う，など），新しい言語の習得を図ろうとしているのであれば，それは共同体の活動に参加している状況とは言えないであろう。

一方，第二言語教育の場合は，通常は，一定の数の学習者と一人あるいはそれ以上の数の教師の存在，および一定の接触の場と接触期間を想

定することができる。一定の数の人間が一定の期間継続して共通の場を共有するという状況は，共同体の形成と発展の土台となる。つまり，教育の場合には共同体形成の土台は，言ってみれば，事前に与えられているのである。そこで問題はどのような実践の共同体を形成するかである。最も手近に考えられるのは「日本語学習という実践の共同体」である。しかし，LPP論の観点から言うと，これは単なる言葉遊びであり，実践の共同体と言うに値しない。つまり，洋服の仕立て屋の例で言うと，「日本語学習という実践の共同体」は洋裁学校における「洋裁を学ぶという実践の共同体」に対応し，それは実践共同体と言えるものではない。

2.2 実践共同体成立の要件

本来の意味での実践共同体には，共同体として達成する目標や価値（洋服の仕立て屋の例で言うと，洋服を作って市場に出すこと）がなければならない。LPP論で言う実践共同体の要件について，Lave & Wenger (1991) は次のように述べている。

> 成員はさまざまな関心を持ち，いろいろな形で活動に貢献し，さまざまな考え方を持っていると考えられる。私たちの見解では，多層的レベルでの参加が実践共同体の成員性には必ず伴っていると見られる。また，共同体ということばは，必ずしも同じ場所にいることを意味しないし，明確に他とは区別される，これとはっきりわかる集団を指しているわけでもない。さらには社会的にはっきりとわかる境界があることを意味するわけでもない。しかし，共同体ということばには，自分たちが何をしているのか，またそれが自分たちの人生や共同体にとってどのような意味があるのかについて，参加者の共通理解があるような活動システムに成員が参加することは，確実に含まれている。

（Lave & Wenger 1991: 98，訳と後者の圏点は筆者）

LPP論の主要な論点の一つは, 学習主体が「何かを学習する」というのではなく, 学習を, 仕立て屋になるとか, 産婆になるとかいうように「何かになる」ことであると規定することである。このような観点から言うと, 第二言語として日本語を習得しようとしている学習者は,「日本語が主要なコミュニケーション言語であるコミュニティで生きる非母語日本語話者」になるのである。ここに言う「日本語が主要なコミュニケーション言語であるコミュニティ」とは, 多くの学習者の場合, 必ずしも日本社会一般ではなく, 限られた範囲の独自の特性を持ったコミュニティである。例えば, 筆者が関わっている大学院入学のための日本語予備教育や, 技術研修生のための日本語研修などの場合で言うと, 彼/彼女らは, 主として, それぞれの大学院や技術研修先の共同体に入っていくために日本語研修を受けるのである。それゆえ, 将来においてそれぞれの共同体の活動にそれぞれの形で参加できる者になることが, 当面の日本語学習経験の行き着くところということになる。しかしそうは言っても, 日本語教育において同じ専門の者や研修先が同じ者でクラスが編成されることはむしろまれで, 通常はクラスのメンバーの背景や行き先はさまざまである。日本語学習のクラスの集団は, 通常は, 国籍, 文化, 興味や関心, 専門等が多様なメンバーで構成されているのである。したがって, 日本語学習経験に関して, 単一で共通の経路を想定し, 設定することはできない。

　一方, 成人日本語学習者の場合は, それぞれの帰属社会の中ですでに成人としてそれぞれに一人前のアイデンティティを形成しており, また自己の外にある世界についての世界観もそれぞれ形成している。それらは, 彼/彼女らがそれぞれの文化社会で行為し, さまざまな経験をした経路の中で形成されたものである。しかし, 教室で初めて出会ったクラスのメンバーは, はじめはお互いのアイデンティティや世界観についてほとんど何も知らない。つまりお互いに無色透明なのである。そこで, 日本語学習の教室集団をなんらかの実践共同体にする一つの方略は, さまざまな社会文化的背景や興味と関心あるいは専門を持つ人々が, 日本

語でおのおののアイデンティティや世界観などを表明して，それを教室の仲間の間で共有することにより，教室の中におのおのの個人性を発現して，個性豊かな諸個人で構成される共同体を構築するという実践を行う，というものである。

2.3 共同体，成員，そして共通言語

こうした共同体はあらかじめ存在する共同体ではないので，そこには当初は歴史も文化も慣習もない。また，事前的に確立された共同体の実践というものもない。こうした共同体では，成員が行う具体的な活動やそのやり方が，共同体の歴史や文化や慣習となって，共同体を形成していくのである。つまり，教室の共同体の成員は，実際の活動を行いつつ，同時に共同体を形成するという実践に参加するのである。またその活動は，共同体の「物事のやり方」を生成し，そのやり方と協調関係を維持しながらも，それを再編しつつ展開されるのである。そして，そのようにして共同体が発展していくのと連動して，各成員も言語的・認知的・社会文化的により知性的で有能な非母語日本語話者になっていくのである。

また，共同体自体の場合と同じように，共同体で使われる言語も，共同体の成員にとっては決して事前に存在するものではない。共同体の言語は，共同体の目的を遂行するための活動の中で使われつつ，同時に，共同体の共通言語として相互の了解のもとに徐々に形成されていくのである。つまり，日本語という目標言語は，事前にあるのではなく，現実の裏づけ（具体的な個人の実情や行為，また個人に起こった出来事など）と具体的な状況の中で使用されることにより，語義（meaning）の力によって一般的な概念を生成しつつ，使用された具体的状況や共同体と共同体のメンバーの現実（sense）をそれに編入しながら，共同体の共通言語に成長していくのである。このように，実践的な活動の中で共同体が形成される一方で，共同体の言語も教師から与えられるのではなく，共同体の活動の相互作用の中で形成されていくのである。そして，このような

現実の裏づけのある，具体的な状況に埋め込まれた言語記号の使用は，子供の言語発達の場合だけでなく，成人の第二言語発達でも，意味合いは異なるが，きわめて重要な役割を果たすものと考えられるのである。

2.4 外の世界との接面

ところで，ここまで論じてきた教室の共同体は，非母語日本語話者を主なメンバーとする実践共同体であった。そこには日本語による言語活動の促進者としての教師がいるとしても，それは圧倒的に非母語話者が優勢な共同体である。こうした状況では，使用される共通言語の日本語は，ややもすると「架空のもの」のように感じられてしまう。このような状況は，教師以外の日本人を共同体の「友人」として教室に迎えることで改善することができる。そうすることで学習者は，その言語で日本語母語話者とコミュニケーション的相互活動を構築することができるという実感を得，意識と言語記号の融合を促進することができる。また，日本人の「友人」の参加で教室の共同体を言語文化的にいっそう豊かなものにすることができ，教室に迎えた日本人との相互行為を接面として，教室の共同体は教室外の日本社会への拡がりを得ることができるのである。一方，学習者が教室の外に出向いていって，日本社会の適当な個人や共同体と交流を持つことも，特定の社会的な状況の中で自らの行為の仕方と日本語母語話者の振る舞い方との協調関係を構築する活動の機会として，非常に有益であろう。

3 プログラム・コーディネーターと教師の役割

3.1 学校的な学びに対する反省

現代社会においては，教育の制度化ということが広く深く浸透している。それが最も顕著に表れているのは学校教育における教科内容の制度化であり，それに大きく起因する教育方法の画一化である。それゆえ，現代社会において学校の教師になるということは，決められたこと（教

科内容）を，決められた順序（教科の系統性）で，そしておおむね一般的に認められた慣習的なやり方（教授法あるいは教育法）で，教える人間になるということと，ほぼ同義に等しい。つまり，現代の学校の教師になるということの第一義的な意味は，現代の学校の制度を維持し再生産する主体になるということなのである。こうした傾向は日本語教育においても見られる。1980年頃までの日本語教育では，日本語教育と言えば，直接法による文型・文法積み上げ方式で，日本語教師というのは，そうした教育内容とその系統性（つまり，いわゆる提出順序）を承知しており，それぞれの学習言語事項を直接法によって教えることができる人，とほぼ同義であった。80年代中期以降，コミュニカティブ・アプローチの考え方が普及したおかげで，こうした状況は中級や上級段階ではほとんど見られなくなった。しかしながら，初級段階の教育はさほど大きな転換を見せていない。

> 学習のカリキュラムは，新しい実践を即興的に展開するための状況に埋め込まれた（それゆえ，「目標」とみなされるさまざまな手本が含まれる）機会からなっている。つまり，学習のカリキュラムは，学習者の視点から見た日常実践の中で学習の資源がおかれている場なのである。これに対し，教育のカリキュラムは，新参者を教育・指導するためにわざわざしつらえたものである。それゆえ，教育のカリキュラムが学習を構造化する資源を供給する——したがってそれに制限を加える——とき，学習される事柄の意味（そして，学習される事柄にアクセスする自由，[中略]）は，教え手の参加を通して，つまり知るとはどういうことかについての外側からの視点で，媒介されるのである。　　　　　　　　　　（Lave & Wenger 1991: 97，筆者訳）

上掲の引用は，教育のカリキュラムが本質的に持つ，危うさをはらんだ属性を指摘したものである。この引用からもわかるように，教育に携わる人間としてわれわれが常に反省しなければならないのは，われわれが維持し再生産している現行の制度とそのもとでの慣習的な実践が，実

は学習者を学習の資源から隔離する装置になってしまってはいないか，あるいは，そこでは利用可能な学習の資源を十分に活用して，それを巧みに組織して本当に有効な教育的環境を提供しているか，という点である。

3.2 プログラム・コーディネーターの役割

プログラム・コーディネーターの役割は大きく言って二つある。一つは，カリキュラムのデザインである。しかし，カリキュラム・デザインと言っても，これまでのように学習言語事項や教材の部分などを各時に配当することではない。そうではなく，学習者がすでに身につけている日本語力とコミュニケーション・ストラテジーを含む各種の認知的方略を最大限に駆使して，共同体の生成と発展のために寄与し，成員が相互に言語的・認知的・社会文化的に成長できる活動を授業担当教師が計画し構成できるようなテーマを，各時に設定しなければならない。

状況的学習論の中の一つの中心的な分析的視座に，最近接発達領域（zone of proximal development，略してZPD）というものがある。ZPDというのは，人が自分一人では遂行できないが，より有能な他者の介添えや他者との協働で遂行できるような，次段階の能力発達の潜在的な領域をいう（ヴィゴツキー 1962, 1970）。状況的学習論に従うならば，授業で行われる活動は，こうした精神発達の領域を開示するような相互活動でなければならない。先に述べたようなテーマに沿って教師が計画し構成する活動は，そうした活動でなければならないのである。系統的に組織された学習言語事項の系列は，状況的学習論が主張する全人格的な発達を促進する活動を構成するのに適当なリソースにはなりそうにない。

さて，プログラム・コーディネーターのいま一つの役割は，授業担当教師および学習者とも連絡を取りながら，教室内（および教室外）で行われる諸活動が前節で述べたような共同体構築の活動になるように導くことである。プログラム・コーディネーターがこうした役割を果たすことができなければ，教室内（および教室外）での活動はどうしても共同

体の活動として一貫性のない，単なる言語学習のための学習活動の系列に傾いてしまう。

3.3 教師の役割

授業担当教師の第一の役割は，テーマに沿って上に述べたような共同体の実践活動を教室という場に編成していくことである。そのためには，テーマの下に下位のテーマを設定して，それに対応する下位の活動を編成していかなければならないだろう。そして，最終的にはそうした活動は，多分に即興的に行われる主体間の協働的な相互活動となる。

教師はそうした相互活動を，介添え（scaffolding）という技法を駆使して行うことができる。この場合の介添えというのは，言語能力を含む認知的能力に非対称性がある二者あるいはそれ以上の人々の間で相互活動を行う際に，より有能な者が他者の行為や相互活動を支援するために駆使する認知的あるいは情意的な援助のことである（Scarcella & Oxford 1992）。こうした介添えは，実は教師だけではなく，学習者同士の間でもお互いに提供することができる。そして，教師のもう一つの役割は，必要に応じて自ら介添えをしたり，他の学習者の介添えを促したりしながら，しなやかにこうした協働的相互活動を進めていくことである。そして，共同体の実践として具体的な場面で行われる，こうした介添えされた協働的相互活動こそが，言語コミュニケーション能力の発達を含めて，人が全人格的に発達していくための母体を提供するのである。

4　結びに代えて

状況的学習論は，現在では，学びという事象を包括的に記述する新しい学習論として，教育心理学や教育方法学において大きく注目されている。日本語教育も教育の一分野である以上，こうした動きに無関心でいるわけにはいかない。一部の機関ではすでにこうした新しい視点による日本語教育の実践の試みがすでに始まっている（西口 1998）。

[引用文献]

ヴィゴツキー, L.S. (1962)『思考と言語』, 柴田義松訳, 明治図書出版. (原著出版：1930-31)

――― (1970)『精神発達の理論』, 柴田義松訳, 明治図書出版. (原著出版：1930-31)

西口光一 (1998)「自己表現中心の入門日本語教育」,『多文化社会と留学生交流』2号 (29-44頁), 大阪大学留学生センター.

Hanks, F. (1991) Foreward. In Lave and Wenger (1991).

Lave, J. (1997) Lecture delivered by J. Lave at a seminar sponsored by the SIG DEE of the Japanese Cognitive Science Society on March 23, 1997, at the National Language Research Institute.

Lave, J. & Wenger, E. (1991) *Situated Learning: Legitimate Peripheral Participation*, New York: Cambridge University Press. ［レイブ, J.・ウェンガー, E. (1993)『状況に埋め込まれた学習――正統的周辺参加』, 佐伯胖訳, 産業図書］

Scarcella, R. C. & Oxford, R. L. (1992) *The Tapestry of Language Learning: The Individual in the Communicative Classroom*, Boston, MA: Heinle and Heinle. ［スカーセラ, R. C.・オックスフォード, R. L. (1997)『第2言語習得の理論と実践――タペストリー・アプローチ』, 牧野高吉訳・監修, 菅原永一他訳, 松柏社］

[参考文献]

　高木 (1996) は学習に関する状況的アプローチを全般にわたって解説している。佐伯他編 (1998) には, 状況的アプローチを背景とした学習観の転換, 授業と教育の転換に向けての議論, また実際の授業改革の実践等をテーマとした論文が掲載されている。とりわけ第1章と第2章の論考は, 学びの見方の転換を理解するためによい。西口 (1999) は, 状況的学習論に至るまでの学習論の変遷と日本語教育の実践を対照しながら論じたものである。状況的学習論のモチーフを最初に提示したヴィゴツキーの発達論を, 社会文化理論を含めて包括的に理解するためには, Wertsch (1985) が最もよい。ワーチ (1995) でもよい。ヴィゴツキーについての理解をさらに深めたい方には茂呂 (1999) を薦める。非常に難解だが, ヴィゴツキーの思想を深く理解するためには必読の書である。

佐伯　胖他編 (1998)『岩波講座 現代の教育3　授業と学習の転換』, 岩波

書店.

高木光太郎（1996）「実践の認知的所産」，波多野誼余夫編『認知心理学5 発達と学習』（37-58頁），東京大学出版会.

西口光一（1999）「状況的学習論と新しい日本語教育の実践」，『日本語教育』100号, 7-18頁.

茂呂雄二（1999）『具体性のヴィゴツキー』，金子書房.

ワーチ, J. V.（1995）『心の声』，田島信元他訳，福村出版．[Wertsch, J. V. (1991) *Voices of the Mind: A Sociocultural Approach to Mediated Action*, Cambridge, MA: Harvard University Press]

Wertsch, J. V. (1985) *Vygotsky and the Social Formation of Mind*, Cambridge, MA: Harvard University Press.

第5章 普遍文法の視点

白畑知彦

　私たちは毎日の生活の中で言語をごく自然に使用している。ヨチヨチ歩きをしていた乳幼児も，いつの間にか親の言うことが理解できるようになる。泣くことだけを頼りに，自分の気持ちを伝えていたのが，やがて自らの感情を言葉で表現できるようになる。したがって，人間であれば言語を使用できるのが当たり前で，言語とは何であるかとか，どうして使用できるようになるかなどとは，あまり考えたりしないものである。そこで，あらためて「言語とは何か」「どのように習得するのか」と質問されても，答えに窮してしまう。

　本章では，言語（主として文法）はどのように学習されるかを，アメリカ人の言語学者チョムスキー（Noam Chomsky, 1928-）によって提唱された言語理論，生成文法（Generative Grammar）理論に基づく普遍文法（Universal Grammar, UG）の視点から解説したい。次節以降の構成は，まず幼児の言語習得の特性を概観する。引き続き，チョムスキーの言語理論，そして言語習得観について述べ，次に普遍文法と第二言語習得／外国語学習研究について解説する。なお，本章では，第二言語習得という場合，外国語学習をも含めたものであることを最初に申し上げておきたい。

1　幼児の母語習得

　幼児が母語を覚えていくのは，周囲の人たちの言葉を聞いて，それを

真似し，その積み重ねでしだいに言語を習得していくのだと信じている人たちが依然として少なからずいるようである。しかしこれは，100％間違っているとは言えないが，少なくとも文法習得に関して言えば，事実とはかなり異なった認識である。確かに，幼児を観察していると，周囲の大人たちの発した言葉を繰り返す行動が見られる。「バイバイ」とか「ブーブ」とかオウム返しに言う時がある。実際，こういった基礎的な語彙は，その意味と音声と物体／事象を一体化し，大人の言葉を真似し繰り返すことで覚えて（記憶して）いくのかもしれない。

　しかし，もう少し詳細に観察すると，幼児は聞いた発話を何でも真似しているわけではないことに気がつく。例えば，親が「あっ，アンパンマンの絵本があるよ」と言っても，1語期，2語期にいる幼児は，「アンパンマンの絵本がある」とは模倣できず，その発話の一部分の「パン」と言えるだけであったりする。そもそも，なんらかの制約で1語期の幼児は1語しか連続発話できないから1語期といい，2語期の幼児は2語しか連続発話できないから2語期というのである。したがって，2語期にいる幼児に長い文を模倣させようと試みても不可能なのは当然のことである。幼児が多語（発話）期の段階となっても，事情はいくぶん好転するものの，すべてをオウム返しできるわけではないことに変わりはない。それは大人でも同様で，情報量の多い長い文を正確に模倣／処理することは困難な仕事なのである。また，記憶容量の点から見ても，真似した語彙，句，文をすべて幼児が記憶できるとは考えにくい。

　別の観点から，もし周囲の大人の真似をして幼児が言語を習得していくのなら，幼児は言語発達段階で誤りをほとんどしないことになる。なぜなら，大人は幼児に向かって文法的に誤った発話をほとんどしないからである。本章で問題にしている「誤り」(error) とは，体系的におかす誤りのことをいい，疲労などで舌がうまく動かず，うっかりおかしてしまう類の「言い間違い」(mistake) のことではないことに注意されたい。大人も子供も言い間違いはするが，それはあくまで一過性のものである。

ここで、幼児の連帯修飾構造の発達過程を概略した**表1**を見てみよう。幼児は2語発話段階から多語発話段階にかけて、表1に記述されたような発達段階をたどる。「発達段階1」は、格助詞の「ノ」が発話されない段階である。その後、格助詞の「ノ」が発話されるようになり、文法的「名詞＋ノ＋名詞」が出現する（「発達段階2」）。ところが、この時期、「ノ」の出現に伴い、形容詞が名詞を修飾する構造にも過剰に「ノ」を挿入してしまう発話が、正用法と並行して、ある一定期間生じる。この「ノ」の過剰生成は、頻度が低く、またすべての幼児に起きる現象ではないことも付記しておきたい（東京学芸大学の伊藤友彦氏の教えによる）。その後、親に訂正されることなく、「ノ」の過剰生成は消失するのである（＊の付いた文は非文法的な文であることを示す）。

〈表1〉 幼児の連帯修飾構造の発達過程

発達段階1：
　「＊けんちゃん　わんわん（＝けんちゃんの犬）」
　「おっきい　わんわん」
発達段階2：
　「けんちゃん　ノ　わんわん」「おっきい　わんわん」
　「＊おっきい　ノ　わんわん」
発達段階3：
　「けんちゃん　ノ　わんわん」「おっきい　わんわん」

大人は幼児に向かって、「おっきいノわんわん」という非文法的インプット（入力）は与えないだろう。したがって、もし幼児が大人の真似だけで母語を習得するならば、このような「ノ」の過剰生成による誤りは出現しない。幼児が模倣によって学習する部分は、言語習得のごく一部に限られているようである。それは、おそらく挨拶などの定型表現や語彙習得の一部であり、文法習得に関しては模倣理論では説明がつかな

い部分が大部分を占めると言っても過言ではない。

また，両親が日本国籍を持った日本人であっても，幼児期を過ごす環境が日本以外であれば，現地で話される言語（例えば，フランスであればフランス語）がその子の最も得意とする言語になる。この事実から，人種とか国籍といった区別も言語習得とは関係のないことが分かる。

さらに，世界中のどの幼児も4，5歳くらいで自分の母語となる言語の文法のほとんどを習得してしまうことも明らかになっている。それは，例えば，動詞や名詞の人称・性・数の変化（いわゆる屈折）が多様であるとか，ないとかといった母語の特性に関係なく，ほぼ一定であることが確認されている。母語の文法習得に関して，それが難しいからできないということはないのである。健常児であれば誰にでもできることである。知能指数とか一般学力の程度も，母語の文法習得とは直接には関係がない。学校で算数ができようができまいが，みんな母語を話せるようになっている。

さらに，幼児は周囲の大人から，どれが文法的な文で，どれが非文法的な文であるかを直接に教えてもらったりはしない。子育てをする大人は，言語学者でもない限り，たいていが幼児の発話の文法性には無頓着である。親が幼児の発話を訂正することはあるが，それは発話内容の真偽についてである。例えば，幼児が自転車を見て「ブーブ」と言えば，「それはチリンチリンだよ」などと訂正するかもしれない。しかし，文法を訂正する親はほとんどいない。仮に，幼児の文法を訂正する親がいたとしても，たいていの場合，その試みは失敗に終わるようである。なぜなら，幼児は親の訂正の意味が理解できなかったり，または「うんうん」とはうなずくものの，しっかりと聞いていない場合がほとんどだからである。したがって，どのような文法構造が不適格かという「否定証拠」（negative evidence）は幼児には与えられないと考えられる。「こうは言わない」ではなく，「こう言う」という「肯定証拠」（positive evidence）を頼りに，幼児は母語を習得していくのである。この事実は，教室場面での外国語学習とかなり異なるかもしれない。ただし，教室場面で否定

証拠がどの程度有効かということは，別の問題として考察されなければならないだろう。

また私たちは，誰かに教えてもらったとは考えにくい文法内容も知っている。次の例を見てみよう。

(1) 健はおもちゃを買いたい。
(2) 健はおもちゃが買いたい。

(1)と(2)では，格助詞の「を」と「が」が入れ替わった形である。しかし，どちらも文法的な文である。それでは，いつでも「を」と「が」は入れ替え可能なのだろうか。今度は(3)と(4)を比べてみよう。

(3) 健は旅行の日程を決めている。
(4) *健は旅行の日程が決めている。

(3)と(4)とを比較すると，(3)の「を」の場合は問題ないが，(4)は明らかに非文法的な文であることが分かる。読者諸氏は，どのような場合に「を」と「が」が交換可能になり，どのような場合にそれが不可能になるのか，ご存じであろうか。たとえ日本語を母語としていようと，説明できる人は少ないように思われる。

次に，日本語の「自分」という語について，例文(5),(6)を題材にして考えてみたい。

(5) 健が花子に自分の写真を見せた。
(6) 健は[太郎が自分の写真を破った]と言った。

「自分」という語彙には，文中の他の名詞（これを「先行詞」という）を指すことができる照応的な用法がある。その例が(5)と(6)である。その際，一定の規則があり，他の名詞ならどれでも先行詞にとれるわけではない。(5)では，「自分」とは主語の位置にある「健」であって，決して目的語の位置にある「花子」ではない。また，(6)の「自分」は主節の主語の「健」にでも，埋め込み文の主語の「太郎」にでも，どちらともと

れることが分かる。[　]で囲んである部分が埋め込みされた文である。

それでは、「自分」を「自分自身」に代えると解釈はどうなるであろうか。例文(7), (8)をご覧いただきたい。

(7) 健が花子に自分自身の写真を見せた。
(8) 健は［太郎が自分自身の写真を破った］と言った。

(7)では「自分自身」の先行詞となれるものは「自分」の時と同様に、主語の「健」であって目的語の「花子」ではない。ところが、(8)では先行詞となれるものは埋め込み文の主語である「太郎」だけであり、「自分」の場合に許されていた主節の「健」の解釈はできなくなることが分かるだろう。

このように、私たちが無意識のうちに「を」と「が」を使い分け、「自分」「自分自身」が誰を指し、誰を指すことができないかを理解できるような知識とは、明示的に誰かに教えてもらったものではなさそうである。説明せよと言われても、うまく説明できないかもしれない。しかし、文が的確か不的確かは明言することができる。このような言語に関する独立した能力を「言語能力」(linguistic competence) とチョムスキーは呼んでいる。以下で、チョムスキーの言語理論、言語習得理論について概観したい。

2　チョムスキーの言語理論／言語習得理論

生成文法とは、チョムスキーによって1950年代後半に生み出された言語理論である。生成文法理論の研究目標は、すべての人間言語の文法を論理的に習得可能な形で記述することである。この目標達成のために普遍文法というものを仮定し、その構築を目指している。1990年代以降のチョムスキー理論は、「極小モデル」とか、原語をそのままカタカナ表記して、「ミニマリスト・プログラム」(the Minimalist Program) と呼ばれる。詳しくは、Chomsky (1995) にあたるか、その翻訳書を参照さ

れたい。また，Radford (1997) の翻訳本である外池他 (2000) は極小モデルの基礎を知る上で大変有効な参考書である。福井 (1998) も，チョムスキーの目指す方向性の基本を知る上で役に立つ。

前節でも触れたが，私たちの頭の中にある言語に関する知識は，「言語能力」(linguistic competence) とか「I-言語」(I-language) と呼ばれる。I-言語の「I」とは，「内在化された」(internalized) とか「内包的な」(intensional) という意味を含んでいる。また，生成文法理論では，知識としての言語能力と，実際に私たちがそれを使用する言語運用 (linguistic performance, または言語使用〔language use〕) を基本的に区別して考えている。言語運用は「E-言語」(E-language) とも呼ばれる。E-言語の「E」とは，現実の世界に存在するものということで，「外在化された」(externalized) と「外延的な」(extentional) の両方の意味を持つ。

チョムスキーは，「人間は文法を習得する機構を脳の中に備えて生まれてくる」という仮説を立てた。この言語習得機構は "Universal Grammar"（普遍文法），またはその頭文字を取って "UG" と呼ばれる。したがって，UGはどのような人間言語にも対応できるものでなければならないわけで，内容的に豊富さと抽象性の両方を兼ね備えたものであることが分かる。また，逆の見方をすれば，人間言語の多様性は普遍文法で処理することができる範囲内のものであり，限定された，ある一定範囲内での多様性であるとも言えよう。日本語もスワヒリ語もイヌイット語も，人間言語として，実はとてもよく似た特性を持っていると考えられる。

生成文法理論の1980年代のモデルを基礎に述べれば，普遍文法は人間言語に普遍的な文法の諸原理 (principles) からできていて，それぞれの原理には有限個のパラメータ（または媒介変数〔parameter〕）が付いていると仮定される。パラメータとは簡単に言えば，プラスとマイナスのついたスイッチのようなものである。子供が生まれた時には，すべてのパラメータは最も一般的な値（デフォルト値）になっているが，周囲で話される言語（すなわち母語となる言語）を聞くうちに，パラメータ

値を母語の言語用に設定し直していく。よって，言語経験に適合すれば，あるパラメータ値はデフォールト値のままでよいが，そうでない場合は，パラメータ値を母語に適するように変更しなければならない。こうして，すべてのパラメータがある一定の値に固定されると，幼児が習得しようとする母語の中核をなす文法が出来上がる。パラメータの固定により出来上がった文法を「核文法」(core grammar) と呼ぶ。設定されたパラメータの組み合わせは，順列組み合わせの規則から考えても非常に多くなる。チョムスキーは，このパラメータ値の多様な組み合わせが人間言語の多様性を説明しているのだと主張する。一言で言えば，個別言語の核文法の習得とは，日本語や英語，フランス語といった，幼児が接触する言語に合わせて普遍文法のパラメータ値を固定していくことなのである。

それでは，核文法とは現在のところ考えられていない周辺部分の文法項目には，どのようなものが候補としてあがっているのだろうか。核部分と周辺部とを区別することはかなり困難なことであるが，不規則動詞の活用形の習得などは周辺部分に属すると考えられている。例えば，come の過去形は comed ではなく came になるということは，生後，幼児が学習しなければならないことである。

ここで，パラメータの具体例として，「語順の決定に関与するパラメータ」すなわち「主要部先行／主要部後行パラメータ (head-initial / head final parameter)」について，日本語と英語を例に考えてみよう。主要部とは，文字どおり「中心をなす部分」という意味である。動詞句ならその中心は動詞であり，前置詞句なら前置詞が句の中心，すなわち主要部となる。習得の事実として，幼児は2語期の段階（2歳前後），すなわち幼児の語順が客観的に観察できる段階では，もうすでに母語の語順に適合した発話をしていることが，これまでに集められた習得データから明らかになっている（例えば，Radford (1990) などを参照されたい）。幼児は，例えば自分の父親の車を見て「とっと　ブーブ（＝お父さんの車）」と言い，決して「ブーブ　とっと」と連続しては言わない。幼児は非常

に早い段階で母語の語順を習得することができるのである。「主要部先行／主要部後行パラメータ」という仮説は，なぜそれほど早く幼児が語順を習得できるのか，という疑問に対する一つの有効な回答なのである。

表2は日本語と英語の主要部の位置を比較したものである。これから明らかなように，どのような句・節構造になろうとも，英語では首尾一貫して主要部が先頭に，残りの部分（これを「補部」という）が後ろに来ることが分かる。日本語ではこの順序がまったく逆になり，主要部が後行する構造を取る。

〈表2〉 日本語と英語の主要部の位置の比較

	（日本語）	（英　語）
動詞句	リンゴを<u>食べる</u>	*eat* an apple
前/後置詞句	太郎<u>から</u>	*from* Taro
名詞句	太郎への<u>プレゼント</u>	*presents* to Taro
関係節	太郎が知っている<u>先生</u>	*teachers* who(m) Taro knows
補文節	太郎が花子にキスした<u>と</u>	*that* Taro kissed Hanako

幼児は，あらゆるケース（動詞句，名詞句，関係節など）を聞いて，一つずつそれを記憶して語順を習得していくといった非生産的な作業をしているとは考えにくいのではないだろうか。前述したように，習得の事実として，幼児はめったに語順を間違えない。しかも，語順は言語の最も基本的な項目である。したがって，普遍文法理論では，次のような仮説を立てる。すなわち，幼児は普遍文法の一部として「主要部先行／主要部後行パラメータ」を生得的に備えて生まれてくる。生後，幼児が語順習得のためにすべきことは，自分の習得する言語では主要部が先行するか後行するかを理解し，パラメータ値を設定することである。その際，証拠となる資料として，最低なにか一つのケースだけを認識できれ

ばよい。なぜなら,残りはすべて同じパターンだからである。「動詞─目的語」/「目的語─動詞」などが最も頻繁に耳にするケースであるから,これを頼りに主要部が先行か後行かのパラメータ値を設定することになるかもしれない。いったん,「主要部先行/後行」のパラメータ値が設定できれば,語順に関してすべて習得が完了したことになる。このように,ごくわずかな言語資料から母語の語順のすべてが習得できるわけである。以上で概説したことを踏まえて,以下では,普遍文法理論と第二言語習得について考察していくことにしたい。

3 第二言語または外国語学習と普遍文法理論

本来は母語習得を説明するために提案されている普遍文法理論ではあるが,第二言語も人間がおこなう言語習得の一部門をなすものであり,母語習得と同様の枠組みで第二言語データを分析し,習得のメカニズムを探っていこうとするのが,普遍文法理論に基づく第二言語習得研究の基本的姿勢である。このようなアプローチを「普遍文法に基づく第二言語習得研究」(UG-based SLA)と言ったりする。人間の言語習得のメカニズムを解明するのに,第二言語習得研究から寄与できるものは多々あると思われる。実際,母語習得の場合には幼児の年齢の低さからうまく実験できないような項目も,第二言語の場合には首尾よく観察できる場合もある。第二言語習得研究の場合にも,言語データの単なる記述から一歩脱皮して,なぜそのような習得過程をたどるのかという習得メカニズムの説明的研究が必要である。その時に,普遍文法理論が大いに役立つ。

例えば,第二言語習得と臨界期仮説について考えてみよう。「思春期を過ぎてから第二言語を学習すると,母語話者並みのレベルにまで到達するのは困難である」という仮説が妥当性のあるものと仮定してみる。この時,最も興味深い点は,どのような部分がなぜ化石化するのか,ということである。核文法に属する部分が不十分にしか機能しないのか,

周辺部分なのか。それとも,文法以外の要因が原因なのか。それはなぜか。このような問いに分析的に答えられる有効な方法は普遍文法理論の利用だと思われる。第二言語習得過程で得られた言語習得データを普遍文法理論から得られた成果と照合することで,第二番目の言語を習得する際に,私たちの脳内に働く内的メカニズムを探ろうということである。普遍文法理論に基づく第二言語としての英語習得研究はかなり盛んになってきた。第二言語としての日本語習得研究もその途に着いたばかりではあるが,しだいに興味深い研究が出始めている(例えば,Thomas(1995),佐藤(1997,1998),そしてKanno(1999)に収められている諸論文など)。本章では,佐藤(1997)と白畑(2000)を取り上げ,その研究の概要を説明したい。

大人が第二言語を習得する際にも普遍文法が機能するか,という問題がある。もし母語の習得時と同様に機能するならば,少なくとも核文法の習得に関しては幼児と同様の到達度を期待することができる。もし機能しないならば,核文法の習得は不完全になることが予測される。佐藤(1997)はこのような問題意識に立ち,日本語を第二言語として学習する成人学習者14人(英語話者11人,フランス語話者2人,イタリア語話者1人)を対象に,次のような刺激文を与え,実験を試みた。被験者の母語はどれも「かきまぜ移動」(scrambling)がない言語である。

(9) a. 私は,北大(=北海道大学)で勉強するために,日本へ来ました。
　　b.*私は,勉強するために,北大で日本へ来ました。
(10) a. 私は,座布団を枕に寝てしまった。
　　b.*私は,枕に座布団を寝てしまった。

(佐藤 1997: 47 より引用。一部省略)

かきまぜ移動とは,日本語に見られるように,比較的自由な語順を説明するために提案された移動規則のことである。次の例文を見てみよう。

(11)　a.　健が　太郎を　海岸で　蹴飛ばした。
　　　b.　太郎を　健が　海岸で　蹴飛ばした。

　(11a)を日本語の規範的語順とするなら，(11b)は，かきまぜ移動を適用した結果と考えることができる。両方とも日本語として適格である。ところが，日本語ではどのような場合でもかきまぜ移動が可能かと言えば，必ずしもそうではないことが，(9b)，(10b)からも分かる。このようなかきまぜ移動に関わる制約を「適正束縛条件」(Proper Binding Condition, PBC) という。PBCは次のように定義される。

　　PBC：ある要素が移動した場合，その移動先を含む最小の構成要素（句や節等）は，その移動元（痕跡）を含まなければならない。
　　　　　　　　　　　　　　　　　　　　　　　　　　　　　　（佐藤 1997: 42）

　佐藤の実験結果は，被験者の正解率が93％であり，偶然以上の確率で，被験者は文の文法性を判断していることが分かる。すなわち，かきまぜ移動がない母語を持つ学習者でも，日本語におけるPBC違反を正しく判断できることが判明した，と佐藤は結論づけた。
　次に，白畑（2000）を取り上げる。白畑は，第二言語習得の初期段階での機能範疇（functional category）の出現時期について考察している。具体的には，第二言語として日本語を習得した学童年齢の英語母語話者2人を被験者に，彼らの日本語での発話を縦断的に収集した。その言語習得データを基に，機能範疇の出現時期とその習得について検討を加えた。ここでは，その一部を簡単に紹介したい。
　議論に入る前に，少々専門的な用語を説明する必要がある。まず，機能範疇の説明をしたい。名詞，動詞，形容詞，前置詞などを「語彙範疇」(lexical category) というのに対して，補文標識，時制，一致などを表す語彙を「機能範疇」と呼ぶ。機能範疇はいくつかの異なった種類から成り立っていて，それらが階層構造をなしていると仮定される。図1で使用されている，CP（= complementizer phrase）は「補文標識句」，IP（=

inflectional phrase) は「屈折辞句」, VP (= verb phrase) は「動詞句」, NP (= noun phrase) は「名詞句」, Spec (= specifier) は「指定部」のことである。

母語習得過程において, Radford (1990) によれば, 英語を母語として習得する幼児は, 習得の初期段階で機能範疇や格 (case) 関係が明確に現れない時期, すなわち語彙段階 (lexical stage) があるという (生後20カ月前後)。そして, その状態が3, 4カ月間続いた後, 限定詞, 屈折, 補文標識, 格といった要素が発話されるようになる機能語段階 (functional stage) へと発達が進む (生後24カ月前後) とのことである。

第二言語習得でも習得の初期状態についての研究が1990年代から盛んになり, その主張は, 大きく分ければ, 機能範疇は習得の初期状態では出現しないとする説と, 最初期から出現するとする説の二つに分かれる (これらのモデルについての詳細は White (2000) を参照されたい)。ただし, 機能範疇が初期から出現するとする説でも, その出現はIPまで

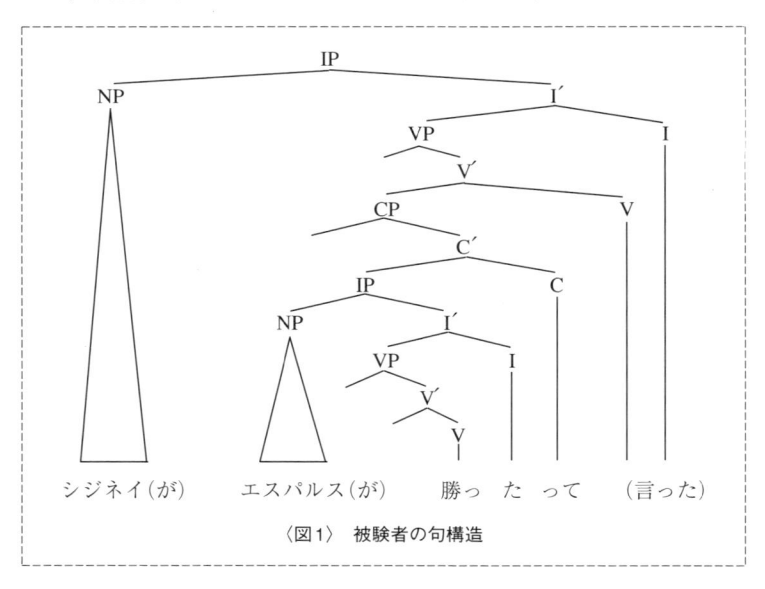

〈図1〉 被験者の句構造

であり，CPは出現しないとする説もある。白畑（2000）では，機能範疇は習得の初期，つまり3カ月目から4カ月目までにCPまで出現することを，具体的な習得データを提示して主張した。また，日本語に機能範疇Dが存在するかどうかは，不明確な点も多いので，本章では考慮外としておきたい。したがって，I/IPとC/CPの2種類を分析対象とする。

白畑（2000）での被験者は，ジョシュア（ニュージーランド出身，来日年齢11歳9カ月）とベン（オーストラリア出身，来日年齢8歳7カ月）の英語母語話者2人である。1週間に1度，被験者たちの通う小学校（静岡市内の公立小学校）に出向き，そこでの被験者たちと観察者たちの会話をカセットテープに録音し分析した。1回の録音時間は100分程度であった。滞在1カ月目から1カ月を1単位として区分した。

実験結果を簡単に紹介する。3カ月目までの観察データをまとめれば，次のようになろう。2人の英語母語話者の被験者は，第二言語としての日本語習得において，語彙範疇のみならず機能範疇も，習得の初期から発話した。すなわち，句構造は動詞句（VP）までにとどまらず，IP，CPまで使用可能である。下記の発話例(12)〜(17)と図1に示した句構造を参照されたい。それゆえ，本実験結果を基にすると，第二言語習得は，出発点から句構造はCPまで備わっており，そこにどれだけ正確に正しい音形を当てはめていくかという過程だという推測が成り立つ。機能範疇という統語体系を習得することと，機能範疇が必要な場所にどのような音形を持つ要素が入るべきかを習得することは，まったく別問題である。このような観察の事実から，第二言語習得過程では，語彙段階という中間段階は存在せず，1語期→2(3)語期→多語期という発達段階もたどらず，したがって，Radford（1990）などが主張する母語習得過程とは同一の過程をたどらないことを支持するものとなった。もちろん，この白畑（2000）の結果がより妥当性のある主張になるためには，さらに多くの研究結果の蓄積が必要なことは言うまでもない。

〔被験者の発話例〕 J＝ジョシュア，B＝ベン
　(注：( )の中は実際には発話されておらず，筆者が前後の文脈から推測して補ったものである)

〈滞在2カ月目〉
(12)　J：(僕は)体育(の)先生(が)なに先生(か)分からない
(13)　J：シジネイ(が)エスパルス(が)勝ったって(言った)
(14)　B：Professor, お母さん(が)いいって(言った)

〈滞在3カ月目〉
(15)　J：Professor, きのうエスパルス(が)勝ったか知ってる？
(16)　B：Redskin 知ってますか？
(17)　B：曽根先生ね，どうしたって言った

4　まとめとして

　以上，普遍文法理論に基づく言語習得観とその研究を概観してきた。すでに述べてきたところであるが，普遍文法理論は言語習得の文法習得のメカニズムを説明するための理論である。普遍文法理論を言語習得研究に応用することで得られる知見は枚挙にいとまがない。ややもすると記述レベルにとどまりがちな第二言語習得研究であるが，普遍文法理論を応用することにより，もっと奥深く言語習得のメカニズムについて議論できるものと確信している。

[引用文献]
佐藤　豊（1997）「中間言語における普遍文法の働き」,『北海道大学留学生センター紀要』創刊号, 39-53頁.
―――（1998）Traces of Movement in Interlanguage,『日本語を学問する』(「北海道大学言語文化部研究報告叢書」23), 41-62頁.
白畑知彦（2000）「第2言語習得での機能範疇の出現――第2言語としての日本語習得からの証拠」,『JCHAT言語科学研究会第二回大会予稿集』, 89-94頁.

外池滋生・泉谷双藏・森川正博(訳)(2000)『入門ミニマリスト統語論』,研究社出版.(原書は,Radford, A.(1997) *Syntax: a minimalist introduction*, CUP)

福井直樹(1998)「極小モデルの展開——言語の説明理論をめざして」,『岩波講座 言語の科学6 生成文法』,岩波書店, 161-217頁.

Chomsky, Noam (1995) *The Minimalist Program*, Cambridge, Mass.: MIT Press. [外池滋生・大石正幸(監訳)(1998)『ミニマリスト・プログラム』, 翔泳社]

Kanno, Kazue (ed.) (1999) *The Acquisition of Japanese as a Second Language*, Amsterdam: John Benjamins.

Radford, Andrew (1990) *Syntactic Theory and the Acquisition of English Syntax*, Oxford: Basil Blackwell.

Thomas, Margaret (1995) Acquisition of the Japanese Reflexive Zibun and Movement of Anaphors in Logical Form, *Second Language Research*, 11, 206-234.

White, Lydia (2000) Second Language Acquisition: From Initial to Final State, in John Archibald (ed.) *Second Language Acquisition and Linguistic Theory*, Oxford: Blackwell, 130-155.

第6章　第二言語習得研究の歴史

坂　本　　　正

1　第二言語習得研究とは

　第二言語習得研究，ちょっと耳慣れない言葉かと思いますが，どのような研究なのでしょうか。日本語教育の基礎研究の一つと言ってよいと思いますが，日本語教育の世界ではつい最近盛んになった大変新しい研究領域の一つです。ここでは第二言語習得研究の歴史を簡単に繙いてみましょう。

1.1　第一言語，第二言語，母語，外国語
　第二言語という用語があることから分かるように，第一言語という用語もあります。第一言語（first language）とは，ここでは生後最初に接触する言語のことで，その言語が十分獲得されると母語（native language）になります。ですから，日本に生まれ育った人の場合は，第一言語の日本語がそのまま母語になります。しかし，厳密には，第一言語と母語の学問的な定義は難しく，研究者によって異なる定義をしているようですが，ここでは，第一言語と母語をこのように定義することにします。
　第二言語（second language）は二番目に接触する言語のことで，第一言語がもうしっかりと獲得され，安定した母語になった成人の場合と，第一言語がまだ十分獲得されていない，まだ安定していない状態の幼児の場合とでは，ちょっと習得の様子が違います。成人の場合は，言語的に安定した母語のほかにもう一つ別の言語をモノにしようとすることに

なりますが、幼児の場合は、母語となるはずの第一言語が十分発達していない状態で、もう一つの第二言語に長期間触れると、第一言語が母語になりきれず、第二言語のほうが言語的に強くなってしまうこともあります。

また、日本で習う英語や中国で習う日本語などは外国語（foreign language）で、日本定住のために日本で習う日本語やアメリカに永住するためにアメリカで習う英語などを第二言語と言って区別することもありますが、ここでは広い意味で、どちらも二番目に獲得する言語ということで第二言語という言葉を使います。さらに、第三言語、第四言語という言葉もありますが、それらも一般的には、第一言語以外のすべての言語という意味で第二言語と言っています。

1.2 第二言語習得研究の目的

第二言語習得（Second Language Acquisition, SLAと略します）研究とは、いったい、どのような研究でしょうか。第二言語習得研究とは、簡単に言えば、第二言語学習者の言語能力とコミュニケーション能力を記述し、いかにしてそのような能力を身に付けていくかを説明する研究だと言えるでしょう（Ellis 1994）（コミュニケーション能力については、第Ⅰ部を参照してください）。第二言語としての日本語の習得研究の多くは、歴史が浅いためかまだ記述段階で、説明段階に入っている研究は少ないようです。

次に、第二言語習得研究の目的にはどのようなものがあるでしょうか。Ellis（1994）は、(1)学習者が何を習得するのか、(2)学習者が第二言語をどのように習得するのか、(3)学習者間で習得の仕方にどのような違いがあるのか、(4)言語教育は第二言語習得にどのような効果をもたらすのか、などを明らかにすることとしています。が、これに加えて、日本では最近、公立の小中学校に通う外国籍児童生徒の数も増えてきたので、児童生徒の第二言語習得と成人の第二言語習得でどのような類似点・相違点があるのかを明らかにすることなども、目的の一つに入れて

よいと思います。

Larsen-Freeman & Long (1991) は，第二言語習得のメカニズムを理解することで最も恩恵を受けるのはおそらく言語教育者ではないか，と言っていますが，日本語教育も例外ではありません。Corder (1981) も指摘しているように，言語教育は自然な習得プロセスに沿って行うことによって，学習者の言語学習を効率よく促進することができる，と考えられているからです。学習者が目標言語 (target language) をどのように習得していくかに関する理解と知識が，教師の言語指導，つまり教授法に大きく影響することになります。

2　第二言語習得研究誕生の背景

では，どうして第二言語習得研究という新しい研究分野が生まれたのでしょうか。これは語学教育と強いつながりがあります。どのような教え方で教えれば言語学習が進むのかということを模索して，これまでにいろいろな教授法が提案されてきましたが，多くの教授法は，その名が示すとおり，教師の視点に立った「教え方」に関するものでした。

1950年ごろから積極的に行われたのが，学習者の母語と学習目標の第二言語とをいろいろなレベル（音，語，句，文など）で体系的に比較して，その相違点を明らかにしようとする試みでした。これは「対照分析」(Contrastive Analysis) と呼ばれています。この対照分析は，Watson (1924)，Thorndike (1932)，Skinner (1957) らに代表される行動主義心理学（客観的に観察できる人間や動物の行動を研究対象とする心理学）と，この心理学の主張に影響を受けた Bloomfield (1933) の唱えるアメリカ構造言語学（全体は要素により構成されるという立場から，言語を一つの体系として捉え，音，語，文などの言語単位と言語全体との間に存在する規則的で体系的な関係を，言語資料から客観的に研究する言語学）に基づいています。また，応用言語学者 Fries (1945) の，最も効率的な教材は学習される言語と学習者の母語を科学的に記述して比較した結果に基づい

ているという主張，そしてさらに，その教え子 Lado (1957) の，母語と目標言語で似ているところは母語の知識を利用できる（正の転移，positive transfer）ので学習が容易であるが，異なるところは母語の知識を利用すると間違える（負の転移，negative transfer）ので学習が困難である，という主張もあり，この対照分析は大変盛んになりました。言語教育者は，二つの言語を体系的に比較することによって学習者の学習困難な点が予想できるということで，対照分析の結果を積極的に教材に取り入れました。

3 第二言語習得研究の誕生

しかし，1960年代に入ると，対照分析の結果，学習困難だと予想されるところが実際はそうではなかったり，反対に学習が容易だと予想されるところがなかなか難しかったり，また，どうも母語からの影響とは考えにくい，といった例が多くの言語教育者によって指摘されました。それで，学習困難点が完全に予想できるわけではないということが分かり，対照分析は，特に構文面において，その効力をしだいに失っていきました。

しかし，対照分析の効力がまったく否定されたというわけではありません。また，対照分析は学習困難点を完全には予想できないのだから，言語教育者は学習者の母語は知らなくてもいいのだ，ということでもありません。音声面では対照分析の有効性が実証され，現在も大いに音声教育，発音矯正などに活用されています。また，社会言語学や語用論の分野でも対照分析はその力を発揮して，今なお多くの研究が進められています。学習者の母語の体系を知っておくことは，学習者の母語の視点に立って日本語を客観的に見る際にも，また学習者の母語が影響を及ぼしていると思われる学習困難点を見つけだす際にも役に立ちますから，これから日本語教育を目指す人には大いに外国語力の研鑽も勧めたいと思います。

3.1 誤用分析

　言語教育者が対照分析の予測力に期待しすぎた感もありますが，学習者の母語と目標言語をバイアスのない，ある一定の普遍的な尺度で比較するということ自体，実は大変なことなのです。例えば，語順を例にとってみましょう。英語は基本的には主語―動詞―目的語の順ですからSVOで，日本語は主語―目的語―動詞の順ですからSOVの語順だと言われています。英語話者から日本語を見ると，どうしても母語である英語のSVOの語順を基にして，つまり，SVOの語順を尺度にして他の言語を見て（測って）しまいます。逆も同じことが言えます。そうすると，どちらかに偏った視点（母語の視点）でしか見られなくなってしまいます。どの言語にも使える，バイアスのない，二つの言語を平等に比べる普遍的な尺度というものは存在しないことが分かるでしょう。

　ちょっと横道にそれそうになりましたが，Corder (1967) は，学習困難点をすべて予想するのは不可能なので，学習者の誤り（error）に特に焦点を当て，その誤用を分類し，その原因を突き止めようとする誤用分析（Error Analysis）を提唱しました。学習者の誤りを分析することは，(1)教師にとって，学習者がどのくらい学んだかの情報が得られる，(2)研究者にとって，言語がどのような過程で学習されるかの証拠が得られる，(3)学習者にとって，それが誤用であることを周囲から教えてもらうことにより目標言語での正しい言い方が提供される，の3点で大変意味があると言っています。また，Corder (1967) は学習者の誤りはその時点で学習過程にある学習者言語に，あるシステムが存在することを示していると述べ，さらに，Corder (1971) では，第二言語学習者の自然な発話は言語であり，体系的な文法を有するという仮説を唱えました。一連の誤用分析によって明らかになったことは，学習者の母語に影響を受けていると思われる誤りもあるが，学習者の母語の違いに関係なく第二言語学習者が共通に犯す系統的な誤り（systematic errors）が存在するということでした。ここから，第二言語学習者は，同じような誤りを生じさせる，ある共通した言語体系を持っているということ，また，逆に考え

ると，その共通した言語体系が母語の異なる学習者に同じような誤りを生じさせる，ということが分かりました。このCorder（1967, 1971）の研究が第二言語習得研究の誕生につながったと言われています。

Richards（1971）は，誤用の原因を学習者の母語の干渉（interference），つまり，負の転移による言語間誤用（interlingual errors）と，学習者の母語とは無関係に現れる誤用，つまり，異なる母語を持つ学習者間に共通に現れる言語内誤用（intralingual errors）の2種類に分けています。

日本語を例にして，言語内誤用の主なものを以下に紹介しましょう。

(1) **過剰般化（overgeneralization）による誤り**（Richards 1971）
　〈例〉大きいの本――「彼の本」「私の本」などから「XのY」という規則を作った結果，形容詞の「大きい」に対しても同じように使った誤り。

(2) **単純化（simplification）による誤り**（George 1972）
　〈例〉食べれる，見れる――「行く」の可能形が「行ける」，「話す」の可能形が「話せる」となることから，「-u」の可能形は「-eru」に変えればよいと思い，「食べる」を「食べれる」に，「見る」を「見れる」にした誤り。「食べる」「見る」の可能形は正しくは，「食べられる」「見られる」ですが，会話ではこちらの短い言い方のほうが使われることが多くなってきているようです。

(3) **教師誘導（induced）による誤り**（Stenson 1974）
　教師の教え方に不備や問題があって起こる誤りで，例えば「助詞の「と」は英語の and と同じです」と教えた場合，学習者は「やわらかいと美味しいステーキ」などと言ってしまいます。

日本語に関しても，長友・迫田（1987, 1988, 1989），長友（1991）などに見られるように，日本語学習者が犯した誤用を分析した研究が数多く出ています。

学習者の誤用はいろいろなことを教えてくれますが，それだけでは十分ではなく，正しく使われた正用も誤用と同じように大事です。学習者

の誤用だけでなく正用も同時に分析することによって,より総合的に学習者言語の姿を見ることができます。また,学習者が目標言語のある項目を難しいと感じて使わず,回避 (avoidance) することも知られています (Schachter 1974)。みなさんは,英語を書いたり話したりするときに,that, which, who などの関係代名詞を含む長い文を使っていますか。使っていないとすれば,自分にとって難しいものやよく分からないものは使わないという「回避」を行っている可能性があります。回避すれば誤りは出ませんが,誤りが出ないからといって,英語の関係代名詞が正しく使える,つまり習得している,ということではありません。

3.2 中間言語仮説

Corder (1967, 1971) らの誤用分析研究をさらに進めて,Selinker (1969, 1972) は中間言語 (Interlanguage) という概念を提唱しました。これは学習者が第二言語を学んでいく際に生み出した言語体系のことで,学習者の誤りはこの体系と目標言語の母語話者 (native speaker) が有する言語体系との相違,ギャップから発生すると考えられています。この中間言語は学習者の母語とも目標言語とも異なり,言語学習,言語接触を続けていくことによって目標言語に向かって発達していく学習者特有の言語体系であると仮定されています (中間言語仮説, Interlanguage Hypothesis)。このような Corder (1967, 1971) や Selinker (1969, 1972) らの研究が今日の第二言語習得研究の基礎を築いたと言ってもよいでしょう。

3.1 で誤用の原因について述べましたが,Dulay, Burt & Krashen (1982) は,幼児の母語習得過程で見られる誤用と第二言語学習者が犯す誤用の両方を観察して,おもしろいことに,同じような誤用がたくさんあることを発見しました。このような誤用を「発達上の誤用」(developmental errors) と言っています。人間がある言語を習得するとき,母語であれ第二言語であれ,また第二言語学習者の母語に関係なく,共通の誤用を産出するという事実から,第二言語習得も母語習得と同様の過程をたどっているのではないかという主張も出ています。

では，なぜ第二言語の学習に成功する人もいれば失敗する人もいるのでしょうか。Selinker（1972）は，ほとんどの学習者の中間言語は，十分には発達しないで目標言語と多少異なる部分が残る現象（化石化，fossilization）があると言っていますが，この化石化も中間言語に見られる特徴だと言われています。何歳のときにどういう言語環境で第二言語に触れ始めたかによって化石化の程度は違うでしょうが，一般的には，発音は5, 6歳，文法は12, 3歳ごろまでに第二言語に触れ始めないと，個人差・程度差はあれ，どこかに化石化は起こるようです。誕生後，十分な言語インプットを長期間受け取り，その言語の母語話者になる，つまり完全習得する母語習得には，普通見られない現象です。しかし，第二言語学習者の目標が，その言語が話される社会で一成人として十分機能できるレベルの第二言語運用能力をつけることだとすれば，少しぐらい母語の影響が残っても，大した問題ではなく，それどころかそれはその人の魅力の一つになることでしょう（私事で恐縮ですが，私は共通語を話しているつもりでも，周りの人の話では，今なお時々，九州方言の訛り，アクセントやイントネーションが出ているらしいのです。私の場合は，九州方言が母語で共通語が第二言語とみればよいのでしょうね!?）。

　思春期を過ぎて第二言語の勉強を始めた人たちの中には，ものすごい努力をして，本当にその言語の母語話者ではないかと思われるくらい上手になった人がいることも事実ですから，目標をそのレベルにおいている人は大いに努力してみてください。

3.3　形態素習得研究

　第二言語習得研究は，習得研究の先輩格にあたる第一言語習得研究に大きな影響を受けています。ここでは，特に形態素（morpheme，言語においてある一定の意味を持った，語を形成する最小の単位。英語で言えば，過去形の -ed，進行形の -ing，複数形の -s，三人称単数現在形の -s，など）の習得に関する研究をいくつか紹介します。

　形態素習得研究が行われる少し前に，Klima & Bellugi（1966），Slobin

(1970), Brown (1973) らは, 世界中のさまざまな言語を第一言語として学ぶ幼児を観察して, 言語習得過程の驚くべき共通性を発見しました。それは, どの幼児も,

(1) 誕生直後からの泣き声（crying）
(2) 6週目ごろから始まるのど鳴らし（cooing）
(3) 6カ月ごろからのアーアーとかウーウーとかいう喃語（babbling）
(4) 喃語が複雑になり, 音調が大人の話しぶりに近づいた, 意味不明の発話（intonation pattern）
(5) 1年ほど経ってからの1語文（one-word utterances）
(6) 18カ月ぐらいからの2語文（two-word utterances）
(7) 2歳前後から始まる語形変化（word inflections）
(8) 2歳3カ月前後からの疑問文や否定文（questions, negatives）
(9) 文の複雑化（complex constructions）
(10) 10歳ごろにはほとんど成人と同じような文を生成する（mature speech）

という習得過程を示すということでした。これらの研究に触発されて, 第一言語における形態素の習得順序（order of acquisition）に関する研究（morpheme studies）が次々に出てきました。

　Brown (1973) は, 英語を第一言語として習得中の3人の幼児の発話を長期間観察（縦断研究, longitudinal study）し, 14の形態素（前置詞の in と on, 所有格の 's, 複数形の s, 冠詞の a と the, 過去形, 三人称単数現在形の s, 進行形の ing, など）を観察した結果, 出てくる時期には個人差はあるものの, どの児童にもある一定の習得順序（a fixed order）が見られたと報告しています。また, De Villiers & De Villiers (1973) も, 21人の幼児を横断研究（cross-sectional study, 複数の被験者から同時に言語データを収集する方法）によって調べましたが, Brown (1973) の結果を支持する結論を得ています。これらの研究から, 英語を第一言語として習得する場合, 14の形態素に関してですが, 子供はある一定の順序で

形態素を習得しているということが明らかにされました。

　ほぼ同じころ，第二言語習得研究者も同じように形態素の習得順序を調べていました。Dulay & Burt（1973, 1974, 1975）は，英語を第二言語として習得中の子供（スペイン語と中国語が第一言語）を被験者にして横断研究を行いましたが，子供の第一言語に関係なく形態素の習得順序が似ていることが判明し，その習得段階を大きく四つに分けています。また，Bailey, Madden & Krashen（1974）は，教室環境で英語を学ぶ73人の成人（スペイン語話者とその他の話者）の話し言葉を調べましたが，その結果も，形態素の習得順序が類似していることが分かり，また Dulay & Burt（1973, 1974, 1975）の結果とも似ていたと報告しています。しかし，これら英語の形態素習得順序は，Brown（1973）と De Villiers & De Villiers（1973）の第一言語習得におけるそれと同じではありませんでした。

　Larsen-Freeman（1975a, 1975b）は，母語が異なる（アラビア語，スペイン語，ペルシャ語，日本語）成人24人を対象に，5種類（読解，聴解，模倣，作文，会話）のテストで形態素の習得順序を調査しました。その結果，模倣と会話テストでの形態素の習得順序は，母語の違いに関係なく，Dulay & Burt（1973, 1974, 1975）の習得順序の結果と同じであったが，読解，聴解，作文のテストでは同じとは言えないという結果が出たと報告しています。

　第二言語としての日本語の習得研究では，Banno & Komori（1989）が国内の大学の集中コースで3カ月間日本語を習った22人の初級日本語学習者（母語はタガログ語，ポルトガル語，ノルウェー語，イタリア語，英語，その他）を対象にインタビュー調査を行い，日本語の形態素（15項目）の習得順序を調べました。日本語の形態素にもある程度固定した習得順序があることを示し，それらを三つの習得階層に分けています。また，この研究が日本語教育者にとって興味深いと思われる点は，この調査で得られた形態素の習得順序と，その集中コースで使われた教科書に出てくる形態素の導入順序との間に，相関が見られなかったことです。初級の日本語教材を開発する人たちにとっては，大いに参考になる研究

と言えるでしょう。

3.4 発達順序研究

前節で述べたような形態素の習得順序研究が行われる一方で,ある文法項目がどのように発達していくかを調べる発達順序(developmental sequence)の研究も数多く行われました。紙数の関係で一つだけ紹介しますと,Cazden, Cancino, Rosansky & Schumann (1975) は,自然環境で英語を習得している6人のスペイン語話者(幼児2人,思春期の学習者2人,成人2人)を被験者にして,10カ月にわたる発話資料を調べ,疑問構文の発達順序が同じであることを発見しました。他の主な発達順序研究については,次章をご参照ください。

日本語の発達順序研究ですが,この10年ほどの間に数多く行われています。代表的なものを挙げると,助詞「は」と「が」の習得研究(Russell 1985; Doi & Yoshioka 1990; 長友 1991; Yagi 1992; Sakamoto 1993; 井内 1995; 富田 1997),受身・ヴォイスの習得研究(田中 1996, 1997),指示詞コソアの習得研究(迫田 1996, 1997),テンス・アスペクトの習得研究(黒野 1995; Shirai & Kurono 1998),条件節の習得研究(稲葉 1990, 1991),「テ形(日本語教育の用語で,言ッテ,書イテ,食ベテ,などの形のことです)」の習得研究(坂本 1993; 魚住 1996; 長友 1997),授受構文の習得研究(坂本・岡田 1996; 岡田 1997),モノ・コト・ノなどの形式名詞の習得研究(坪根 1997)などがあり,現在も活発に行われています。

3.5 クラッシェンのモニター理論

第二言語習得研究という分野が語学教育の世界で一躍脚光を浴びるようになったのは,クラッシェンがモニター理論(Monitor Model)を唱えてからでしょう。それまでの形態素習得順序研究を一般化しようとしたKrashen (1977a, 1977b, 1978, 1981, 1983, 1985) は,一連の発表で次のような五つの仮説を提唱し,言語教育者に大きな影響を与えました。以下,簡単に説明しましょう。

(1) **習得・学習仮説**（Acquisition-Learning Hypothesis）
　意味に焦点をおいた自然なコミュニケーションの結果として無意識に起こる習得（acquisition）と，文法形式に焦点をおいて意識的に学んだ結果として起こる学習（learning）とは，成人においては別々に蓄積され，学習した知識は習得した知識につながらない。
(2) **自然習得順序仮説**（Natural Order Hypothesis）
　目標言語の構造・文法規則はある一定の予測可能な順序で習得される。
(3) **モニター仮説**（Monitor Hypothesis）
　第二言語学習者は，発話を習得された知識を使って行うのに対し，学習された知識はその発話を修正・調整，モニター（monitor）するときに用いられる。モニター使用は，十分な時間があり，意味ではなく形式に焦点がおかれ，学習者がその規則を意識的に知っている場合に起こる。
(4) **インプット仮説**（Input Hypothesis）
　学習者の現在の言語能力をiとすると，iより一つ上の段階の言語要素を含む，まだ習得していない（i+1）の言語要素が発話に含まれていても，文脈や状況から（i+1）を含む発話を理解することは可能であり，そこから（i+1）の言語要素が習得される。（i+1）の理解可能な言語インプット（comprehensible input）が言語習得には必要かつ十分な条件である。
(5) **情意フィルター仮説**（Affective Filter Hypothesis）
　学習者の動機，自信，不安などのいろいろな情意要因が関わって作られるフィルター（心的障壁）が，学習者が接触する言語インプットの量と，吸収される言語インプット（特にこれを「インテイク」と呼びます）の量を左右する。これらの仮説を要約すると，高い学習意欲を持った学習者が，リラックスした状況で，意味に焦点をおいた活動を行い，（i+1）の理解可能な言語インプットを得ていくと，ある定まった順序で目標言語の文法体系が身に付いていくというこ

とでしょうか。

　クラッシェンのモニター理論はインパクトも大きかったのですが，批判も少なくありませんでした。クラッシェンは学習した知識は習得した知識につながらないという立場（non-interface position）を取っていましたが，それに反して，学習した知識は，練習や訓練によって自動化すると習得した知識につながるという立場（interface position）を主張する人たち（Rivers 1980; Stevick 1980; Sharwood-Smith 1981; Gregg 1984; McLaughlin 1987）もいます。また，学習された知識によるモニターが発話時に調整役として働くという点に関して，Morrison & Low（1983）は，クラッシェンのモニターを大文字のMとし，それをも含む直感，批判能力（小文字のm）が意識的か否かにかかわらず発話時に働くのではないかと言っています。クラッシェンのモニター理論はこれら多くの批判を受けましたが，第二言語習得研究の歴史上，大きな功績を残しました。

3.6　アウトプット仮説

　クラッシェンは，第二言語習得が起こる必要かつ十分な条件は（i+1）の理解可能なインプットを得ることであるとインプット仮説を提唱しましたが，これに対して，Swain（1985）は，インプット仮説は理解可能なアウトプット（comprehensible output）の重要性を過小評価していると述べています。Swain（1985）は，カナダにおけるイマージョン・プログラム（immersion programmes，バイリンガル教育の一つで，ここでは英語を母語とする児童に第二言語のフランス語で，算数，理科，歴史などの科目を教えるプログラム）の実態を調査したところ，児童たちは，意味を重視したコミュニケーション中心の言語環境で，十分な量の理解可能なインプットを受けているにもかかわらず，フランス語の文法が十分に発達していないということが分かりました。このことから，言語インプットを理解するだけでは十分ではなく，学習者が話す際に言語形式にも焦点をおき，目標言語に関する学習者の仮説が発話（アウトプット）するこ

とによって正しいかどうかを検証する必要性があると述べています（理解可能なアウトプットの仮説, Comprehensible Output Hypothesis）。

言語理解は文法形式が十分に認識できなくても文脈・状況の助けがあり意味に焦点をおいていれば可能ですが，言語産出は文法形式にも意識を払わなければ正しい発話が期待できないことから，理解可能なインプットだけでなく，理解可能なアウトプットも第二言語習得には重要である（Swain 1985）ことが分かります。ここで誤解のないようにしておきたいのですが，どちらの仮説も「理解可能な」という言葉を使っていますが，「理解可能なインプット」の場合は，「学習者が理解できるインプット」のことで，「理解可能なアウトプット」の場合は，「学習者の発話が相手に理解できるようなアウトプット」という意味です。

3.7 インターアクション仮説

クラッシェンが第二言語学習へのインプットの重要性を説く以前から，学習者が実際にどのようなインプットを受けているかの記述的な研究は行われていましたが，クラッシェンのインプット仮説の登場により，1970年から80年にかけてますます盛んになりました。Ferguson（1975）は，母語話者が非母語話者の学習者に話しかけるとき，話す速度を落としたり，声高になったり，誇張したり，語彙や形式を簡略化したり，トピックを繰り返したりして，母語話者同士で話すときとちょっと異なる外国人向けの話し方（フォリナートーク, foreigner talk）をしていることを観察しました。最初は，フォリナートークは文法的ではないのでは，と思われていましたが，実際はちょっと簡略化されてはいるものの，その言語の基本的な語順が用いられ，文法的にも正しい発話が大変多いことが分かりました。Long（1981, 1983a, 1983b）は，言語の簡略化という点に注目し，母語話者と非母語話者の間の会話に見られるフォリナートーク談話（foreigner talk discourse）の特徴を調べ，さらに母語話者から非母語話者への単なるインプットの簡略化により，母語話者と非母語話者の間のコミュニケーションがうまくいかないとき，つまり，コミュニケ

ーション上の問題（breakdown）が起きたときに行われる会話調整（conversational adjustments）と意味交渉（negotiation of meaning）のほうが第二言語習得においては重要であると主張し，インターアクション仮説（Interaction Hypothesis）を唱えました。第二言語学習者が関わるコミュニケーションで大切なことは，学習者である非母語話者だけでなく，母語話者側もコミュニケーションの困難さを克服しようと努めることです。どうすれば相手に自分の意図が正しく伝わるか（ストラテジー, strategies），話しているうちに問題が起こったらどう修復しようか（修復手段, tactics），といったことなどがうまく処理できれば，コミュニケーションは成功するでしょう。

また，Long（1985）は，これまでのフォリナートーク談話の特徴を記述するだけの研究を批判し，会話調整と習得の関係について，次のような検証すべき三つのステップを示しました。(1)言語形式と会話面での調整が理解可能なインプットを増やしている，つまり，理解（comprehension）を促進していること，(2)理解可能なインプットが習得（acquisition）促進していること，(1)と(2)が検証されれば，推論上，(3)言語形式と会話面での調整が習得を促進している，と言えることになります。しかし，現在のところ(1)はいくつかの研究（Pica, Young & Doughty 1987など）で検証されていますが，(2)は今後の研究を待たなければならないようです。

4 おわりに

これまで，第二言語習得研究の歴史を大急ぎで見てきましたが，第二言語習得研究とはどのような研究か，少しお分かりいただけたでしょうか。実は，まだまだ触れていないことがたくさんありますが，紙数の関係で割愛します。この十数年にまた新しい動きが出てきていますが，それに関しては次章をご覧いただきたいと思います。

第二言語習得研究は，日本語教育の一基礎研究分野としての役割を持

っており，今後，日本語教育の分野でもますます活発に研究されていくだろうと思います。第二言語習得研究の認知度はまだまだ高いとは言えませんが，ぜひとも皆さんにお勧めしたい研究分野の一つです。

[引用文献]

稲葉みどり（1990）「順接・仮定条件文成立のためのモダリティー制約——日本人調査を通じて」，『ことばの科学』3号，名古屋大学総合言語センター，67-88頁．

———（1991）「日本語条件文の意味領域と中間言語構造」，『日本語教育』75号，87-99頁．

井内麻矢子（1995）「初級日本語学習者による助詞「は」・「が」・「を」の習得過程」，『言語文化と日本語教育』9号，お茶の水女子大学日本言語文化研究会，246-256頁．

魚住友子（1996）「追跡調査に見る動詞の「て形」の習得状況」，『日本語研修コース修了生　追跡調査報告書2』，文部省科学研究費基盤研究(B)課題番号07458049，名古屋大学留学生センター，118-128頁．

岡田久美（1997）「授受動詞の使用状況の分析——視点表現における問題点の考察」，『平成9年度日本語教育学会春季大会予稿集』，日本語教育学会，81-86頁．

黒野敦子（1995）「初級日本語学習者における「—テイル」の習得について」，『日本語教育』87号，153-164頁．

坂本　正（1993）「英語話者における「て形」の形成規則の習得について」，『日本語教育』80号，125-135頁．

坂本正・岡田久美（1996）「日本語の授受動詞の習得について」，『アカデミア（文学語学編）』61号，南山大学，157-202頁．

迫田久美子（1996）「指示詞コ・ソ・アに関する中間言語の形成過程——対話調査による縦断的研究に基づいて」，『日本語教育』89号，64-75頁．

———（1997）「日本語学習者における指示語ソとアの使い分けに関する研究」，『第二言語としての日本語の習得研究』創刊号，第二言語習得研究会，57-70頁．

田中真理（1996）「視点・ヴォイスの習得——文生成テストにおける横断的及び縦断的研究」，『日本語教育』88号，104-116頁．

———（1997）「視点・ヴォイス・複文の習得要因」，『日本語教育』92号，107-118頁．

坪根由香里（1997）「「もの」「ことだ」「のだ」の理解難易度調査」,『第二言語としての日本語の習得研究』創刊号, 第二言語習得研究会, 137-156頁.

富田英夫（1997）「L2日本語学習者における「は」と「が」の習得——キューの対立が引き起こす難しさ」,『世界の日本語教育』7号, 国際交流基金日本語国際センター, 157-174頁.

長友和彦（1991）「談話における「が」「は」とその習得について——Systematic Variation Model」,『日本語シンポジウム：言語理論と日本語教育の相互活性化予稿集』, 津田日本語教育センター, 10-24頁.

——（1997）「動詞テ形に関わる音韻規則の習得と言語の普遍性」,『第二言語としての日本語の習得研究』創刊号, 第二言語習得研究会, 1-8頁.

長友和彦・迫田久美子（1987）「誤用分析の基礎研究(1)」,『教育学研究紀要』, 中国四国教育学会, 144-149頁.

——（1988）「誤用分析の基礎研究(2)」,『教育学研究紀要』, 中国四国教育学会, 147-158頁.

——（1989）「誤用分析の基礎研究(3)」,『教育学研究紀要』, 中国四国教育学会, 173-183頁.

Bailey, N., Madden, C. & Krashen, S. (1974) Is there a "natural sequence" in adult second language learning, *Language Learning*, 24(2), 235-243.

Banno, E. & Komori, S. (1989) A study of Japanese acquisition order,『白馬夏期言語学会論文集』4, 60-73.

Bloomfield, L. (1933) *Language*, New York: Holt, Rinehart and Winston.

Brown, R. (1973) *A First Language: The Early Stages*, Cambridge, MA: Harvard University Press.

Cazden, C., Cancino, E., Rosansky, E. & Schumann, J. (1975) *Second Language Acquisition Sequences in Children, Adolescent, and Adults: Final report*, Washington, D. C.: National Institute of Education.

Corder, S. P. (1967) The significance of learners' errors, *International Review of Applied Linguistics*, 5, 161-169.

——(1971) Idiosyncratic dialects and error analysis, *International Review of Applied Linguistics*, 9, 147-159.

——(1981) *Error Analysis and Interlanguage*, Oxford: Oxford University Press.

De Villiers, J. & De Villiers, P. (1973) A cross-sectional study of the acquisition of grammatical morphemes, *Journal of Psycholinguistic Research*, 2, 267-278.

Doi, T. & Yoshioka, K. (1990) Speech processing constraints on the acquisition of Japanese particles: Applying the Pienemann-Johnston Model to Japanese as a second language, in Hayes T. & Yoshioka, K. (eds.) *Proceedings of the Conference on Second Language Acquisition and Teaching*, 1, 23-33, Tokyo: International University of Japan.

Dulay, H. & Burt, M. (1973) Should we teach children syntax? *Language Learning*, 23, 245-258.

——— (1974) Natural sequences in child second language acquisition, *Language Learning*, 24, 37-53.

——— (1975) Creative construction in second language learning and teaching, in Burt, M. & Dulay H. (eds.) *New Directions in Second Language Learning, Teaching, and Bilingual Education* (pp. 21-32), Washington, D.C.: TESOL.

Dulay, H., Burt, M. & Krashen, S. (1982) *Language Two*, New York: Oxford University Press.

Ellis, E. (1994) *The Study of Second Language Acquisition*, Oxford: Oxford University Press.

Ferguson, C. (1975) Towards a characterization of English foreigner talk, *Anthropological Linguistics*, 17, 1-14.

Fries, C. (1945) *Teaching and Learning English as a Foreign Language*, Ann Arbor: University of Michigan Press.

George, H. M. (1972) *Common Errors in Language Learning*, Roelwy, MA: Newbury House.

Gregg, K. (1984) Krashen's monitor and Occam's razor, *Applied Linguistics*, 5, 79-100.

Klima, E. & Bellugi, V. (1966) Syntactic regularities in the speech of children, in Lyons, J. & Wales, R. (eds.) *Psycholinguistic Papers* (pp. 183-219), Edinburgh: Edinburgh University Press.

Krashen, S. (ed.) (1977a) *Some Issues Relating to the Monitor Model*, Washington D.C.: TESOL.

——— (1977b) The monitor model of adult second language performance, in Burt, M., Dulay, H. & Finocchiaro, M. (eds.) *Viewpoints on English as a Second Language* (pp. 152-161), New York: Regents.

——— (1978) Individual variation in the use of the monitor, in Richie, W. (ed.) *Second Language Acquisition Research: Issues and Implications* (pp. 175-183), New York: Academic Press.

―――(1981) *Second Language Acquisition and Second Language Learning*, Oxford: Pergamon.

―――(1983) Newmark's ignorance hypothesis and current second language acquisition theory, in Gass, S. & Selinker, L. (eds.) *Language Transfer in Language Learning* (pp. 135-153), Rowley, MA: Newbury House.

―――(1985) *The Input Hypothesis: Issues and Implications*, New York: Longman.

Lado, R. (1957) *Linguistics across Cultures*, Ann Arbor: University of Michigan Press.

Larsen-Freeman, D. (1975a) The acquisition of grammatical morphemes by adult learners of English as a second language, PhD dissertation, University of Michigan.

―――(1975b) The acquisition of grammatical morphemes by adult ESL students, *TESOL Quarterly*, 9, 409-430.

Larsen-Freeman, D. & Long, M. (1991) *An Introduction to Second Language Acquisiton Research*, London: Longman.

Long, M. (1981) Input, interaction and second language acquisition, in Winitz, H. (ed.) *Native Language and Foreign Language Acquisition, Annals of the New York Academy of Sciences*, 379, 259-278.

―――(1983a) Linguistics and conversational adjustments to non-native speakers, *Studies in Second Language Acquisition*, 5, 177-193.

―――(1983b) Native speaker/non-native speaker conversation and the negotiation of comprehensible input, *Applied Linguistics*, 4, 126-141.

―――(1985) Input and second language acquisition theory, in Gass, S.M. & Madden, C.G. (eds.) *Input and Second Language Acquisition* (pp. 377-393), Rowley, MA: Newbury House.

McLaughlin, B. (1987) *Theories of Second Language Learning*, London: Edward Arnold.

Morrison, D. & Low, G. (1983) Monitoring and the second language learner, in Richards, J. & Schmidt, R. (eds.) *Language and Communication* (pp.228-249), London: Longman.

Pica, T., Young, R. & Doughty, C. (1987) The impact of interaction on comprehension, *TESOL Quarterly*, 21, 737-758.

Richards, J. (1971) A non-contrastive approach to error analysis, *English Language Teaching Journal*, 25, 204-219.

Rivers, W. M. (1980) Foreign language acquisition: Where the real problems lie, *Applied Linguistics*, 1, 48-59.

Russell, R. A. (1985) An analysis of student errors in the use of Japanese -WA and -GA, *Papers in Linguistics*, 18(2), 197-221.

Sakamoto, T. (1993) On acquisition order: Japanese particles WA and GA, in Yoshioka, K. et al. (eds.) *Proceedings of the 4th Conference on Second Language Research in Japan* (pp.105-122), Tokyo: The International University of Japan.

Schachter, J. (1974) An error in error analysis, *Language Learning*, 24, 205-214.

Selinker, L. (1969) Language transfer, *General Linguistics*, 9, 67-92.

―――(1972) Interlanguage, *International Review of Applied Linguistics*, 10, 209-231.

Sharwood-Smith, M. (1981) Consciousness raising and the second language learner, *Applied Linguistics*, 2, 159-168.

Shirai, Y. & Kurono, A. (1998) The acquisition of tense-aspect marking in Japanese as a second language, *Language Learning*, 48, 245-279.

Skinner, B. F. (1957) *Verbal Behavior*, New York: Appleton-Century-Crofts.

Slobin, D. (1970) Universals of grammatical development in children, in Flores d'Arcais, G. & Levelt, W. (eds.) *Advances in Psycholinguistics* (pp.174-186), Amsterdam: North-Holland Publishing.

Stenson, N. (1974) Induced errors, in Schumann, J. & Stenson, N. (eds.) *New Frontiers in Second Language Learning* (pp.54-70), Rowley, MA: Newbury House.

Stevick, E. (1980) *Teaching Languages: A Way and Ways*, Rowley, Mass.: Newbury House.

Swain, M. (1985) Communicative competence: Some roles of comprehensible input and comprehensible output in its development, in Gass, S.M. & Madden, C.G. (eds.) *Input and Second Language Acquisition* (pp. 235-253), Rowley, MA: Newbury House.

Thorndike, E. (1932) *The Fundamentals of Learning*, New York: Columbia Teachers College.

Watson, J. (1924) *Behaviorism*, New York: Norton.

Yagi, K. (1992) The accuracy order of Japanese particles,『世界の日本語教育』2号, 国際交流基金日本語国際センター, 15-25頁.

[参考辞書]

荒木一雄(編)(1999)『英語学用語辞典』, 三省堂.

ジョンソン, K. & ジョンソン, H.(編)(1999)『外国語教育学大辞典』, 岡秀夫監訳, 大修館書店.[Johnson, K. & Johnson, H. (eds.) (1997) *Encyclopedic Dictionary of Applied Linguistics*, Oxford: Blackwell]

柳澤好昭・石井理恵子(監修)(1998)『日本語教育重要用語1000』, バブルプレス.

リチャーズ, J. 他(1988)『ロングマン応用言語学辞典』, 山崎真稔他訳, 南雲堂.[Richards, J. C., Platt, J. & Weber, H. (1985) *Longman Dictionary of Language Teaching & Applied Linguistics*, Harlow: Longman]

Richards, J. C., Platt, J. & Weber, H. (1993) *Longman Dictionary of Language Teaching & Applied Linguistics*, 2nd Edition, Harlow, Longman.

[邦訳された主要参考文献]

エリス, R.(1988)『第2言語習得の基礎』, 牧野髙吉訳, ニューカレントインターナショナル.[Ellis, R. (1985) *Understanding Second Language Acquisition*, Oxford: Oxford University Press]

―――(1996)『第二言語習得序説――学習者言語の研究』(原著の第1章から第5章まで), 金子朝子訳, 研究社出版.[Ellis, E. (1994) *The Study of Second Language Acquisition*, Oxford: Oxford University Press]

オックスフォード, R.L.(1994)『言語学習ストラテジー――外国語教師が知っておかなければならないこと』, 宍戸通庸・伴紀子訳, 凡人社.[Oxford, R. L. (1990) *Language Learning Strategies: What Every Teacher Should Know*, Rowley, MA: Newbury House]

オドリン, T.(1995)『言語転移――言語学習における通言語的影響』, 丹下省吾訳, リーベル出版.[Odlin, T. (1989) *Language Transfer*, Cambridge: Cambridge University Press]

カプラン, R.B.(1986)『応用言語学入門』, 芳賀純・島岡丘監訳, 研究社出版.[Kaplan, R. B. (1980) *On the Scope of Applied Linguistics*, Rowley, MA: Newbury House]

クック, V. J.(1993)『第2言語の学習と教授』, 米山朝二訳, 研究社出版.[Cook, V. J. (1991) *Second Language Learning and Language Teaching*, London: Edward Arnold]

スカーセラ, R. C., & オックスフォード, R.L.(1997)『第2言語習得の理論と実践――タペストリー・アプローチ』, 牧野髙吉訳・監修, 菅原永一他訳,

松柏社.［Scarcella, R. C. & Oxford, R. L.（1992）*The Tapestry of Language Learning: The Individual in the Communication Classroom*, Boston, MA: Heinle and Heinle］

デュレー, H. 他（1984）『第2言語の習得』, 牧野髙吉訳, 弓書房.［Dulay, H., Burt, M. & Krashen, S.（1982）*Language Two*, New York: Oxford University Press］

ハマリー, H.（1988）『第2言語教授——実践的統合理論を求めて』, 山岡俊比古訳, ニューカレント　インターナショナル.［Hammerly, H.（1985）*An Integrated Theory of Language Teaching and Its Practical Consequences*, Blaine, WA.: Second Language Publications］

ビービ, L.M.（1998）『第二言語習得の研究——5つの視点から』, 島岡丘監修, 卯城祐司・佐久間康之訳, 大修館書店.［Beebe, L. M.（1987）*Issues in Second Language Acquisition: Multiple Perspectives*, Boston, MA: Heinle and Heinle］

ブラウン, H.D.（1983）『英語教授法の基礎理論』, 阿部一・田中茂範訳, 金星堂.［Brown, H. D.（1980）*Principles of Language Learning and Teaching*, Englewood Cliffs, NJ: Prentice-Hall］

ラーセン-フリーマン, D. & ロング, M.（1995）『第2言語習得への招待』, 牧野髙吉・萬谷隆一・大場浩正訳, 鷹書房弓プレス.［Larsen-Freeman, D. & Long, M.（1991）*An Introduction to Second Language Acquisiton Research*, London: Longman］

リバース, W. M.（1987）『外国語習得のスキル——その教え方』, 天満美智子・田近裕子訳, 研究社出版.［Rivers, W. M.（1981）*Teaching Foreign-Language Skills*, Second Edition, Chicago: University of Chicago Press］

ワイト, L.（1992）『普遍文法と第二言語獲得——原理とパラメータのアプローチ』, 千葉修司, ケビン・グレッグ, 平川眞規子訳, リーベル出版.［White, L.（1989）*Universal Grammar and Second Language Acquisition*, Amsterdam: John Benjamins］

第7章 第二言語習得研究の現状

吉岡 薫

　第二言語習得（Second Language Acquisition, 以下, SLA）研究のいわば生い立ちについては，前章でご理解していただいたかと思う。そこで本章では，1980年代から現在にかけて課題となっている点をいくつか解説し，第二言語としての日本語（Japanese as a Second Language, 以下, JSL）習得研究でも，報告がある場合はそれにも触れることにする。また，SLA研究と教育現場の接点では，できるだけ教師の立場から説明をしようと思う。

1　中間言語の構造

1.1　発達順序について

　前章で述べられているように，1970年代にL. セリンカーによって「中間言語」という視点が提唱されて以来，「中間言語」——つまり学習者独自の言語体系——が具体的にどのように発達・変化していくかを追った研究が多くなされてきた。いわば，言語習得を科学として考える際のデータ収集が行われたと言ってもよいと思う。80年代以降もドイツ語の語順習得に注目したもの（Meisel, Clahsen & Pienemann 1981），英語の関係節の発達を調べたもの（Doughty 1991），そしてJSLでは Kanagy（1994, in press）の否定構造の研究などがある。これらの研究でわかったのは，学習者の母語や年齢，学習環境（教室で学ぶ／クラスをとらずに自然に習得する，あるいは文法中心の教授法／口頭練習中心の教授法）の

違いに関係なく,学習者全員が同じような発達順序を示したことだった。これは,学習者に共通の中間言語の発達の道筋・発達段階があることを示唆している。このことは,50年代から70年代にかけて誤用分析や対照分析が考え方の基本とした,母語と目標言語との違いが学習者の誤用に直接関係するという考えと大きく異なるものだった。JSLでもこのような研究が増えてきているが,その例は前章を参照されたい。

1.2 習得段階の概念

上記のように否定構造や疑問構造を調べる場合,特定の形態素(語を形成する最小単位。英語の過去形の -ed など)や統語構造(語や形態素より大きな単位の配列。例えば,日本語の名詞句の語順は,指示詞＋形容詞＋名詞)を選んでその変化を追うことが多い。これに対して学習者の発話の中にどのような統語構造がどのような順で現われるか,ということを観察した研究もある。その中で草分け的でありかつ代表的なものは,前述のドイツ語習得研究である (Meisel, Clahsen & Pienemann 1981)。「ZISAプロジェクト」と呼ばれるこの研究について,ここでもう少し詳しく述べることにする。学習者はイタリア人とスペイン人で,教室での授業を受けない,いわゆる「自然な」習得を続けた人たちである。マイゼルらは2年間にわたって彼らと面接を続けた結果,彼らに共通するドイツ語の語順の習得順序があり,それは五つの段階に分けられることを発見した(詳細は,Larsen-Freeman & Long 1991: 270-287,あるいはその邦訳であるラーセン-フリーマン・ロング 1995: 261-274)。

この研究が評価される点は,単に習得順序を示すだけでなく,なぜそうなるかという理由を提示して,他の言語でも検証可能な仮説をうちたてた点である。そこで挙げられた理由は,限られた時間内に人間が処理できる言語情報が認知能力によって制約を受けるという点である。認知とは,思考・記憶・知覚・認識などにおいて用いられる種々の心的過程(リチャーズ他 1988: 56)の総称である。言語習得が進むことはつまり,この制約が段階的に取り払われ,しだいに複雑な操作が可能になること

だと説明される。以上は非常に抽象的な言い方なので、具体的な例として車の運転を習うことを考えてみよう。習いはじめにはクラッチの操作だけで冷や汗をかき、どれがどのペダルかも不安だ。覚えのある方も多いだろう。しかし徐々にさまざまな操作に慣れ、あまり注意を集中せずにできることが増えてくる。それでも、より複雑な操作（上り坂での発進など）は、他のことに比べて、自動的にできるようになるまでには時間がかかる。言語処理の考え方もこれと似ているわけである。

以下に、英語での簡単な例をいくつか挙げてみよう。

段階 X You are student?（基準の語順）

段階 X＋1 In Vietnam, I am teacher.
（文頭に要素が加わるが、基準の語順に影響はない）

段階 X＋2 Have you job?
（基準の語順では文中にあった "have" が文頭にくる。つまり基準の語順に操作が加わる）

当然、言語によって基準の語順や種々の操作が異なるので、どの程度複雑な処理が必要かによって、それぞれの形態素や統語構造が独自の段階に分けられる。言語習得はこれらの段階を追って順に進むものとされている。この「ZISAプロジェクト」の発達段階モデルのJSLへの応用では、Huter（1996）が日本語の11の統語構造をモデルに従って5段階に分け、それらが学習者の発話に現われる順序と符合することを示した。少し長くなるが、その段階をここにまとめる。以下Nは名詞を、Vは動詞を表わす。

段階1 NはNです、NはNにいます／あります、NはNにV（他の動詞）

段階2 NとN、NのN（より複雑な名詞句）

段階3 Vません・Vました（動詞の否定と過去）、「木の下」などの修飾関係の語順

段階4　形容詞を含む名詞句，文頭の副詞句
段階5　副詞句，序数詞による文中の動詞の修飾（「〜を三つ下さい」等）

　ほかには，文中の指示語の省略がこれらの段階と合致すること（川口1998）や，助詞「は，が（目的格，主格），を」に関してモデルと照合する結果（土井・吉岡 1990; Yoshioka 1991）などが得られている。しかし，この理論で日本語の統語構造を段階化した研究はまだ少なく，考慮された統語構造は全体の一部にすぎない。

　また，アスペクトの習得では，インド・ヨーロッパ語で普遍的とされる習得パターン（Robison 1995）が日本語にもあてはまることを示唆したShirai & Kurono（1998）の研究などがある。

1.3　教室とのつながり

　では，こういった発達順序・段階を調べる意義は何であろうか。Pinemann（1989）はその答えを実験で提示した。彼はまず，ドイツ語を母語としない幼児2人のドイツ語発話を分析して，その発達段階を決めた。この2人のうち1人は，もう1人よりも少し発達が進んでいた（仮に段階2と3にいるとしよう）。ドイツ語の単文は主語—動詞—目的語という語順だが，複文になると従属節の動詞が文末に移動する。この倒置操作を仮に段階4としよう。つまり2人の幼児はまだこの段階に達しておらず，倒置を使っていなかった。Pienemann（1989）が彼らにドイツ語の倒置を教えた結果，段階3の幼児は倒置が使えるようになったが，段階2の幼児は使えるようにならなかった。つまり段階を「飛び越えて」習得を進めることはできなかった。このことから Pienemann（1989）は，学習可能性（learnability）という概念を提唱している。つまり，教えれば誰でも何でも習得できるのではなく，段階的に準備ができている学習者しか，新しい構造をいわば消化して自分の中間言語に取り込む，つまりインテイクする（本書，147頁を参照）ことができないというのである。

誤りの修正をされても同じである。

　上に述べたことを教師の側から見てみよう。準備のできている学習者に対しては，次の段階の統語構造を教えることが習得を進める助けになる。反対に，準備ができていない学習者に教えても習得にはつながらない。つまり，学習可能性という概念は，何をどのような順序で教えればよいのか，どのようなエラーにフィードバックを与えれば効果的か，どんなエラーは無視してよいのか，教師は学習者にどこまで期待してよいのか，はては教えることに意味があるのか，というような教師の疑問に示唆を与える可能性を持っているのである。

　Pienemann (1989) の理論ならびに「学習可能性」という考え方の現在の課題は，JSLを含めた各言語の習得段階をより明確にし，さらに段階を「飛び越える」ことができないことを成人学習者でも確認することである。それが確認できた時に，「教えたのに覚えない」「教わったのに覚えられない」という声が出にくい，無理のないシラバスづくりにつながる一つの道がひらけるだろう。例えば，現行のシラバスでは，存在文の「～あります」の付近で「～が三つあります」と序数詞の導入がみられることがあるが，日本語を教えた経験のある人は，このような序数詞の位置がなかなか定着しないことをご存じだろう。その理由は，「～あります」と序数詞の位置の属する発達段階が通常考えられているよりも離れているからで，序数詞はもっと後で扱うほうがよい，ということが考えられるのである。教師も学習者もできるだけストレスの少ない言語習得経験，わかりやすい教え方を願っていることを考えると，この発達段階はより多くのデータで検証していく価値のあるテーマだと考えられる。

2　語用論について

　上に述べた統語構造や語順などの形式を言語習得のいわばハードウェアと考えると，ソフトウェアに当たるのは，それぞれを会話でどのよう

に組み合わせて使うか、ということだろう。実はこの点が、80年代以降のSLA研究で新しく注目されてきたことである。その結果、語用論の研究が進んだ。語用論の研究対象の一つに、コミュニケーションを行う際に謝り・断わり・依頼などの「スピーチ・アクト」と呼ばれる発話行為がどのようになされるかを調べることがある。例えば、日本人がアメリカ人の友人に何かに誘われて断わるつもりで英語で「考えておく」と答えたら、相手は了解されたと思い待ちぼうけを食った、という実話がある。これは日本語でなら通じるやんわりとした「断わり」が、英語では失敗した例である。

　この例のように、ある発話行為を滞りなく成功させるためには、言葉や文法などの言語的な道具を使いこなすと同時に、目標言語での発話行為のルールを知っている必要がある。しかし、その知識が不十分な学習者の場合は、母語の知識等に頼ることになる。このような母語の影響は語用上の「転移」（transfer）と呼ばれ、上の例のようにコミュニケーションに失敗する「負の転移」と、成功する「正の転移」が観察されている。70年代には、一般的に母語の影響は「干渉」（interference）と呼ばれて、習得を遅らせる、あるいは間違いの原因となるといった「負」の面が強調されたが、80年代後半からは、その両面が理解されてきた結果、その名称もより中間的なものになったわけである。転移に関わる要因として、学習者のその時点での言語能力からくる制限、目標言語が話されている場所で学習しているかどうか、その場合の滞在期間などが考えられている。これに加えて、学習者が目標言語文化をどのように理解しているか、また目標言語文化に対してどのような態度を持っているか、という点も誤用に影響すると考えられている。JSLでも、依頼（Takahashi 1992）、終助詞「ね」（Sawyer 1992）、謝り（Maeshiba et al. 1993）、断わり（生駒・志村 1993; 横山 1993; 岡崎 1995）、願望伺い（大石 1996）、褒め言葉に対する反応（Saito & Beecken 1997）などについての報告がある。Sawyer（1992）のように縦断研究（本章の第4節を参照のこと）も一部にはあるが、これらの研究に現われる表現がどのように習得されるのか、

また目標言語の運用能力が向上するとともにどのように変化していくのかという点は，まだ明らかにされておらず，それがこれからの課題である。

　日本語の場合は，通常，特に丁寧さの程度を複雑に表現する。そのため，聞き手の日本人は学習者の文法の間違いはある程度許せても，丁寧さが適切でないと，思いのほか印象を悪くするということがあるように思う。実際に学習者がどのような時にどのような言い方をしているのかという点は，目標言語を適切に使ってもらうことを願う言語教師にとって興味のある話題であることは間違いない。

3　言語環境——インプットとインターアクション

　前章では，母語話者（native speaker，以下，NS）が非母語話者（non-native speaker，以下，NNS）に話しかける時に言語形式と談話構造を調整すること，ならびにLong（1983等）のインターアクション仮説について述べられている。このようにインターアクションに焦点があたったことで，80年代には教室での発話が広く研究された（データを教室に求めるため，特に「教室研究」と呼ばれる）。この中に含まれる項目は，教師の発話（どのような内容を，どのくらい話し，学習者に対してそれをどのように調整したか，質問や学習者へのフィードバックの特徴はどうか），教師に対する学習者の発話（どの程度自分から話し出すか，それは文化や年齢によって違うか），学習者同士の発話（どのような教室活動の時どの程度話すか，そしてそれが文法的かどうか），学習効果（教師のインプットに対する学習者の理解，教室で教わることの成果，学習者のストラテジー）などである。

　これらの研究は教師の仕事に直接関わるテーマを題材としているため，興味を持つ人も多いのではないかと思う。そこで，もう少し詳しく考えてみよう。教室では教師が学習者同士に会話をさせる場面が多々ある。その際に，「友達の間違いを覚えてしまうからいやだ」と言われた

ら，教師は何と言えばよいのだろう。日本語でも少しずつ始まっているが（Rounds & Kanagy 1998; Kanagy 1999），第二言語としての英語（English as a Second Language，以下，ESL）教育では，目標言語を使用して通常の教科の授業を行うイマージョン（immersion，同化）・プログラムが少なくないこともあって，このようなNNS同士のインプットの是非は切実な問題だった。そこで教師が授業のイニシアティブをとっている時と，学習者同士で話しているグループワーク時の学習者の発話が数多く比較された（Doughty & Pica 1986 等）。その結果，後者のほうが意味の交渉が多いことがわかった。お互いにNNSである場合，会話を継続していくためには，理解可能なインプットを得るために相手の理解を確認するなど意味の交渉を頻繁に行わなければならないようである。また，文法的でない発話はどちらの場合でも同程度だということもわかった。JSLでも同様の結果が得られている（Roberts 1995; Ohta 1995）。それでは，学習者同士の言語レベルが異なる場合はどうだろう。この状況はペアワークをさせる教師にとっては心配の種であるが，Ohta（2000）は，学習者がお互いを補いあって効果があった点に注目している。結論としては，NNS同士の会話はお互いのインプットにエラーが含まれうるという欠点はあるが，それを補って余りある成果が期待できると考えられる。つまり，教師としては，意味の交渉のある教室活動を組み立てられれば，先ほどの学習者の苦情に対して「心配はわかるけれど，あなたたちがたくさん話せば話すほど，実はいい練習になるのよ」と言ってよいようである。

　最後に，意味の交渉を経て理解された発話が実際に言語習得につながるかどうか，という点であるが，これはまだはっきりした結果が出ていない。Loschky（1994）の実験では，初級JSL学習者41人のうち，インターアクションがあったグループのほうが，なかったグループよりもその場での理解度が高かったものの，3日間の実験の翌日のテストでは，習得が起こったという結果は出なかった。ただし，このような実験的研究ではどうしても実験期間が限られ，実際の教室で長期間にわたってインターアクションの多い授業をした場合の効果には及ばないと考えられ

る。JSLの教育現場でもコミュニカティブなタスク（本章の**6.1**項参照）を目指す教材がかなり普及している現在，この点は教室研究としても検討しやすくなっているのではないかと思う。教室内活動でのインターアクションの有無とプログラム修了時の言語能力との相関関係を調べるなどの研究によって，インターアクションと言語習得の関連が明らかになるよう期待したい。

4 研究方法──データの収集と分析について

さて，これまで「研究」という言葉を定義なしに使ってきたが，具体的にはいったいどのようなことなのだろう。上に述べたようなさまざまな発見は，どのようになされたのだろう。例えば，この本を読まれたみなさんが何か特定のテーマに興味を持ち，自分も調べてみたいと思った場合，どのようなやりかたがあるのだろうか。その点について，ここで簡単に述べることにする。

まず，言語習得の過程を調べるということについてだが，基本的には，時間の経過とともに学習者の中間言語の体系にどのような変化が起こるかを観察し記録することから始まる。これには2通りの方法があり，一つは，実際に時間の流れにそって，例えば一月に1回，学習者に面接をするなどして調べたいデータを集める「縦断的」方法である。これには例えば，田丸他（1993）の文の構造，久保田（1994）の助詞，迫田（1993）のコ・ソ・ア，田中（1996）の受け身・ヴォイス，許（1997）の～テイル，土岐他（1998）の多面的研究等がある。もう一つは，あるプログラムの1年生と2年生など，すでに異なったレベルにいる学習者群をいくつか選んで同時にデータを集める「横断的」方法である。これには例えば，土井・吉岡（1990）の助詞，石田（1991）の音韻・アスペクト等，坂本（1993）の～て形，迫田（1996）のコ・ソ・アの研究等がある。「縦断的」方法の学習者が異なる時点で示したデータの変化と，「横断的」方法の場合のそれぞれの学習者群が同時点で示したデータの違い

が，同じように扱われるわけである。

　これら二つの方法には，それぞれ以下のような長所，短所がある。通常，長期にわたる縦断的研究では，参加する学習者側の時間的・精神的な負担が大きい。そのため多人数に参加してもらうことが困難で，その結果，1人から4，5人のデータを研究対象とすることもある。そうなると，母語や適性などの個人的な要素の影響が大きくなり，得られた結果が一般的，普遍的であるとは言いにくいという難点が生じる。しかし，学習者の中間言語が実際に変化した様子を記録できるという利点は大きい。逆に横断的研究では，それぞれの個人の変化を追った結果ではない点が弱点である。しかし多くの人数のデータを集めることでその欠点を補い，結果の一般化をねらうことができる。理想的には多くの人数を長期間観察できればよいのだが，現実的には難しいので，縦断的方法と横断的方法を組み合わせて（例：田中 1996），例えば1年目の学生群と2年目の学生群を同時に1年間追い続ける，といった方法がとられることもある。そしてその結果を統合して，1年度のはじめから2年度の終わりまでの習得の模様と考えて分析するのである。いずれの方法にしても，人数が多いほど説得力があることは間違いない。また，母語や年齢などの個人的背景に関しても，同じ条件の学習者が多いと，その条件内では結果を一般化しやすい。

　習得の過程のほかにもSLA研究の対象が多くあるので，その方法について具体的にいくつか例を挙げてみよう。

(1) 種々のタスクやトレーニングの成果を見たい……該当するタスクなどの前後に同じテストを行い，2回のテストの結果を比べて成果を検討する。
(2) 学習者が教室外でどのように話しているかを知りたい……実際の会話を録音して，その結果に対して談話分析を行う。
(3) NSが他のNSと話す時と学習者と話す時の話し方の違いを比べたい……実験的に2人ずつ組んで会話をしてもらい，それを録

音・分析する。
(4)　学習者の情意面や動機を調べたい……面接あるいはアンケートなどで探る，あるいはその両方を行う。
(5)　人間の認知面の操作を解明したい……人工的に言語を作成して，その習得を検討する。

　このようにさまざまな方法で集めたデータを分析するのだが，このやりかたも大きく分けて2通りある。一つは調べたい対象を数値で表わす「数量的」分析で，例えば，ある時点での否定表現が名詞の後では25％正しく使われた，などという結果になり，統計分析が使われることも多い。これに対して，「質的」分析では数値を使わず，例えば日本語のクラスに対する動機には，「仕事上必要だから」「地域に溶け込みたいから」などがあるというような表現をする。実際には，このどちらの分析手段を用いるかを先に決め，それによってデータ収集の方法を決定することが多い。

5　理論について

　SLA研究の初期には，まず言語習得・言語使用のデータを収集してそこから理論を構築する方向が多かったが，近年は，理論を検証するために実験的に得たデータを使用する研究が増えている（Ellis 1994: 2）。以下，大づかみに説明してみよう。まず，人間が生まれながらに（生得的に）持っている知識が言語習得を含めた習得一般を可能にする，という考えに基づく言語習得理論がある。このうち第一言語（以下，L1）でも第二言語（以下，L2）でも多く研究されているのがチョムスキーの「普遍文法」であり（詳しくは本書の第Ⅱ部第5章を参照），これは人間の生得的知識が「言語」習得を可能にするという見方をする。JSLに応用した報告もされている（Shimura 1993; Kanno 1997等）。本書第Ⅱ部第6章で詳しく述べられているクラッシェンのモニター理論も，L1を学ぶ際に

活躍した生得的な能力がL2の「習得」(「学習」とは異なる)にも使われて，無意識にL2の知識を構成するという立場である。

　生得的要素に反して環境の影響をより大きく考える立場もある。「並列分散処理，PDP= Parallel Distribution Processing」(McClelland, Rumelhart & the PDP Research Group 1986)と呼ばれる考え方では，学習はインプットの相対的強さに基づいて起きるとされる。PDPの研究者たちはコンピュータに英語の習得をさせることに成功し，このプログラムは学習者が一般的に示す過去形の間違いを同じように示すこともあって話題を呼んだ。

　また，まったく別のアプローチながら，環境の影響を強調した考え方に，Schumann (1978) の文化獲得モデルがある。彼は，ある英語学習者集団の中で特に習得が遅かったアルベルトという名前の学習者の目標文化との社会的・心理的距離を詳しく検討した。その結果，社会的な距離(この学習者の属する移民労働者の文化集団が目標文化集団に従属する，目標集団と最小限の接触しかせず，ほとんど自己の集団の中で生活するなど)と，アルベルト個人の目標言語社会との心理的距離(英語のNSと付き合わない，英語の授業を受けない，スペイン語の音楽ばかりを聴く，など)が言語獲得にマイナスに働いたとしている。

　さらに，生得的要因，環境要因をともに関係づけるモデルの一つに，Givon (1979) の機能・類型理論がある。これはSLAを含めたあらゆる言語変化を説明することを目的としたものである。

　このほか，認知能力を重くとらえ，言語学習は他の学習と同じ認知能力によるもので，それが言語プロセスにおいて競合する要素を左右するという立場のコンペティション・モデル (Bates & MacWhinney 1982) もある。JSLでも，名詞と動詞の組み合わせを学習者に聞かせ，動作主を問う実験的な研究 (Harrington 1987; Sasaki 1997等) がある。例えば「岩，熊，キスする」では第一名詞が主語であるというルールとそれが無生物である点が競合して，学習者に選択を強いることになる。「岩，熊」のような二つの名詞の語順を変える，あるいは二つの名詞の生物／無生物

の組み合わせを変えるなどして学習者に見せると、日本人ESL学習者は日本語でも英語でも同じプロセスを用いるのに対し、オーストラリア人JSL学習者は言語によってそれを変える、といった結果が出ている。また、**1.2**項で触れた「ZISAプロジェクト」のモデル(「多次元モデル」と呼ばれる)も認知的側面を重視している。

6 SLA研究と言語教育の接点について

SLA研究の目的はそれに携わる研究者の立場によって一様ではないが、その一つは言語教育の現場に実証研究に基づく提言をし、教師の仕事をさまざまな形で支えることではないかと思う。しかし「研究」というとあまりにも学問的に聞こえて、実際の教室との関係が見えにくい場合が多くあるのではないだろうか。そこでこの項では、SLA研究と教室活動との関係のわかりやすい例を何点か述べておきたい。

6.1 タスク

「タスク」という言葉を耳にされたことはあるだろうか。「作業」と訳された時期もあるが、JSL教育関係ではタスクという言葉をそのまま使うことが多くなったようである。教室内でのタスクの定義は、「目的言語の理解、操作、産出、あるいはそれを使ってのインターアクションを含む教室活動で、学習者の注意が形式よりも意味に向けられるもの」(Nunan 1989: 10, 筆者訳)とされている。タスク遂行中は、ドリルなどの場合と大きく異なり、学習者の注意は言語の形式よりも活動・作業を完成することに向けられる。

グループワークやペアワークをより効果的にすることをねらってこの概念が注目され、その種類とそれが引き出す言語的成果の関係が研究された。Pica et al. (1993)は、タスクの種類やその遂行方法についての研究をまとめている。それによると、言語習得に有効な(インターアクションの項で触れた「意味の交渉」を多く含む)タスクの条件とは、(1)タス

ク参加者それぞれが相手と異なる情報を持ち，(2)その情報をお互いに提供・要求することがタスク遂行に不可欠であること，(3)参加者に共通したゴールがあること，(4)ゴールに到達する行き方はただ一つであること，となっている。わかりやすく言い換えれば，全員が参加する必要があり，2方向あるいは多方向の情報交換が行われ，はっきりした共通の目的があって完成時の達成感があり，なおかつ，ある程度の時間内に完成できるような量の作業であるということになる。例えば位置関係の練習を考えてみよう。黒板に完成された町の地図が貼ってあり，教師にあてられた学習者が1人ずつ「～の隣に～があります」と言ってみるという教室活動がある。これに対して，地図は個人用に小さくし，そこから建物の名前をいくつか消し，それを何種類か作って学習者に配る，学習者はお互いに聞きあって地図を完成する，というタスクを想定しよう。「黒板に地図」に比べて各学習者の発話量が格段に多くなることは容易に想像できるだろう。

6.2 エラーの修正

　理解可能なインプット（前章を参照）が十分ある環境に長期間存在していて，動機もあり，かつあるレベルの言語運用能力が達成されても一定の形態素や統語構造以上には習得が進まない例が，SLA教室での習得でも教室外の場合にも多くみられる（Long 1996: 423-424）。そこで，成人で特にNSに近いレベルまで到達しようとする場合，外的環境の理解可能なインプットだけではL2習得は不十分だという考えが生まれた。その原因をSchmidt (1995) は学習に必要な「注意をはらうこと」(attention)，その結果「気づくこと」(noticing) が起こらないからだと指摘した。この「気づき」が起こるためには，インプット中に否定的なフィードバック（例：「それはきろいじゃなくてきいろい，でしょう？」）が必要であるとされ，教室の中ではエラーの修正という呼び方で多くの研究がなされた。その結果，学習者にとっては教師の修正のしかたがはっきりしないことが多い，学習者は間違いを正されたと気がつかないことが多

いなど，教師にとっては思いがけない反省事項も生まれた。

6.3 モデリングとリキャスト

学習者が間違えた時に教師が修正をするのは珍しくない。しかし，教師が修正したつもりでも，それが学習者に伝わらなければ意味がない。どうすれば効果的にできるのだろうか。Long, Inagaki & Ortega (1998) は，教師が一般的に間違いを正すような明確なエラーの修正ではなく，エラーを示唆するものとしてモデリングとリキャストの違いに注目している。これらはL1習得研究で使われる概念であり，ともに学習者に提示される目標言語のお手本のことである。モデリングは繰り返しを求める形で学習者の発話の前に，リキャストは学習者の発話直後に「ああ，〜のことね」などの形で，場合によっては学習者のエラー修正を含めて，しかし学習者からの繰り返しを求めずにインプットされるものである。Long, Inagaki & Ortega (1998) は，日本語の形容詞の接続と，位置を表わす「〜の前に〜がいます」等の文型を使用して実験を行ったが，残念ながらリキャストの利点は明確ではない。しかし，同じ日本語の形容詞等を使用した Mito (1993) を引用し，こちらではリキャストのほうがモデリングよりも習得成果が出たと述べている。確かに，自分の発話の直後に目的の形式を聞いた場合のほうが自分の間違いがよくわかるというのは理解しやすい。これはまさしく，インプットと学習者自身の中間言語のアウトプットが合致しないことに「気づく」ということであり，この気づきが習得につながるのではないかといわれている。

この研究は間違いの修正に注目しているが，毎日の教室活動とはどのようにつながるのだろうか。教室活動で何に重点がおかれているかを考えてみよう。JSLでもESLでも，コミュニケーションを重視した教室活動がかなり定着してきている。それと同時に，最近の第二言語教育の流れの一つに，文法を教えて意識化させることの再認識がある。この2点は一見矛盾しているようにみえる。それぞれSLA研究でも支持されているこの二つの傾向を教室の中でどのように融合させればよいのか，ロ

ングの研究はその例を示しているのである。彼は，あくまでもタスクを中心とした意味の交渉を多く含む教室活動を続けることを提唱しており，同時に，その活動を中断せずに形式を意識化させる効果的なエラー修正ができないか，と考えている。この実験ではその修正のしかたを探ろうとしているのである。「コミュニケーションを重視しつつ文法の間違いを意識化させる」という教室活動が目的である。このようにみると，この研究はSLA研究と実際の教室との接点としてわかりやすい例であろう。

6.4 教室で教えることの意義

教室でL2を教えていながら，実際には外での「自然な」習得のほうが効果的なのだが，と思うことはあるだろうか。あるいは「同じ時に日本語を始めたのに，東京で仕事をしている友人のほうが僕よりずっとうまくなった」としょげているジャカルタの学生には何と言えばよいのだろう。確かに，目標言語を頻繁に聞く環境の利点は否めない。それでは，授業は「自然な」習得と比べてどのような点が優れているのだろうか。これまでの研究でわかったことは，授業は，習得の順序は変えられないもののその速度を早め，**6.2**項で述べたように教師のフィードバックによって正確度を増すということなどである。ただ，機能と形式の関係がはっきりしているか，処理がどの程度難しいか，といった要素により，学習者にとっての難易度は変化するようである。また，前述の発達段階の影響も考慮すべきであろう。このような知識が教師として自信のある教室運営をすることにつながればよいし，前述のような多くの「ジャカルタの学生たち」にも，日本語学習を続けていく自信を持たせることができれば，と願うものである。

7 終わりに

以上，言語習得の側面をいくつかみてきたが，同じL1を持ち，同じ

環境にある学習者でも，その言語習得の成功度はさまざまである。その原因として，ここでは触れなかったが，年齢・適正・固定観念・情意面・動機づけ・学習スタイルなどの個人によって異なる要素が考えられ，これらと言語習得との関係についても研究がなされている。詳しくは水野（1995）などを参照されたい。このようにSLA研究は多岐にわたる分野であり，これからも少しずつ解明が進むことだろう。教師がSLA研究成果から示唆を得られることにはすでに触れたが，同時に，個々の教師が教室で発見することがSLA研究全体へのインプットになり，言語習得とは何かを理解する一助になる可能性があることにも一言触れておきたい。

［注］
1） 何を基準に「習得」が起こったといえるのかに関しては議論がある。ここでPienemann（1989）は，「発話中に自由に使用することができること」としている。つまり，筆記試験などでゆっくり考えて思い出すという状況とは異なる環境である。

［参考文献］
生駒知子・志村明彦（1993）「英語から日本語へのプラグマティック・トランスファー——「断わり」という発話行為について」，『日本語教育』79号，41-52頁.
石田敏子（1991）「フランス語話者の日本語習得過程」，『日本語教育』75号，64-77頁.
大石久実子（1996）「「～（し）たいですか？」に代表される願望伺いについて——オーストラリア英語母語話者と日本語母語話者の接触場面での問題」，『日本語教育』91号，13-24頁.
岡崎　眸（1995）「日本語学習者における語用論上の転移再考」，『東京外国語大学論集』50，97-109頁.
川口智美（1998）The acquisition of syntax and nominal ellipsis in JSL（未発表原稿），University of Western Sydney Macarthur.
許　夏珮（1997）「中・上級台湾人日本語学習者による「テイル」の習得に関する横断的研究」，『日本語教育』95号，37-48頁.

久保田美子 (1994)「第2言語としての日本語の縦断的習得研究——格助詞「を」「に」「で」「へ」の習得過程について」,『日本語教育』82号, 72-85頁.

坂本　正 (1993)「英語話者における「て形」形成規則の習得について」,『日本語教育』80号, 125-135頁.

迫田久美子 (1993)「話し言葉におけるコ・ソ・アの中間言語研究」,『日本語教育』81号, 67-80頁.

─── (1996)「指示詞コソアに関する中間言語の形成過程——対話調査による縦断的研究に基づいて」,『日本語教育』89号, 64-75頁.

田中真理 (1996)「視点・ヴォイスの習得——文生成テストにおける横断的及び縦断的研究」,『日本語教育』88号, 104-116頁.

田丸淑子・吉岡薫・木村静子 (1993)「学習者の発話に見られる文構造の長期的観察」,『日本語教育』84号, 43-54頁.

土井利幸・吉岡薫 (1990)「助詞習得における言語運用上の制約——ピーネマン・ジョンストンモデルの日本語習得研究への応用」, in Hayes, T. & Yoshioka, K. (eds.) *Proceedings of the Conference on Second Language Acquisition and Teaching*, 1, 23-33, Tokyo: International University of Japan.

土岐　哲他 (1998)「就労を目的として滞在する外国人の日本語習得過程と習得にかかわる要因の多角的研究」, 平成6年度～平成8年度科学研究費補助金 (基盤研究(A)) 研究成果報告書.

水野光晴 (1995)『外国語習得——その学び方100の質問』, 研究社出版.

横山杉子 (1993)「日本語における「日本人の日本人に対する断わり」と「日本人のアメリカ人に対する断わり」の比較——社会言語学のレベルでのフォリナートーク」,『日本語教育』81号, 141-151頁.

ラーセン-フリーマン, D.・ロング, M. (1995)『第2言語習得への招待』, 牧野高吉・萬谷隆一・大場浩正訳, 鷹書房弓プレス.

リチャーズ, J. 他 (1988)『ロングマン応用言語学辞典』, 山崎真稔他訳, 南雲堂. [Richards, J. C., Platt, J. & Weber, H. (1985) *Longman Dictionary of Language Teaching & Applied Linguistics*, Harlow: Longman]

Bates, E. & MacWhinney, B. (1982) Functionalist approaches to grammar, in Wanner, E. & Gleitman, L. (eds.) *Language Acquisition: the State of the Art* (pp. 173-218), New York: Cambridge University Press.

Doughty, C. (1991) Second language instruction does make a difference: Evidence from an empirical study of SL relativization, *Studies in Second Language Acquisition*, 13(4), 431-469.

Doughty, C. & Pica, T. (1986) "Information gap" tasks: Do they facilitate second language acquisition? *TESOL Quarterly*, 20, 305-325.

Ellis, R. (1994) *The Study of Second Language Acquisition*, Oxford: Oxford University Press.

Givon, T. (1979) *On understanding grammar*, New York: Academic Press.

Harrington, M. (1987) Processing transfer: Language-specific processing strategies as a source of interlanguage variation, *Applied Psycholinguistics*, 8 (4), 351-377.

Huter, K. (1996) Atarashii no kuruma and other old friends: The acquisition of Japanese syntax, *Australian Review of Applied Linguistics*, 19 (1), 39-60.

Kanagy, R. (1994) Developmental sequences in learning Japanese: A look at negation, *Issues in Applied Linguistics*, 5 (2), 255-277.

———(1999) Interactional routines as a mechanism for L2 acquisition and socialization in an immersion context, *Journal of Pragmatics*, 31 (11), 1467-1492.

———(in press) Developmental sequences, second language acquisition, and Japanese language pedagogy, in Nara, H. (ed.) *Advances in Japanese Language Pedagogy*, Columbus, OH: National Foreign Language Resource Center.

Kanno, K. (1997) The acquisition of null and overt pronominals in Japanese by English speakers, *Second Language Research*, 13 (3), 265- 287.

Larsen-Freeman, D. & Long, M. (1991) *An introduction to second language acquisition research*, London: Longman.

Long, M. (1983) Native speaker/non-native speaker conversation and the negotiation of comprehensive input, *Applied Linguistics*, 4, 126-141.

———(1996) The role of the linguistic environment in second language acquisition, in Ritchie, W. & Bhatia, T. (eds.) *Handbook of second language acquisition* (pp.413-468), San Diego, CA: Academic Press.

Long, M., Inagaki, S. & Ortega, L. (1998) The role of implicit negative feedback in SLA: Models and recasts in Japanese and Spanish, *The Modern Language Journal*, 82 (3), 357-371.

Loschky, L. (1994) Comprehensible input and second language acquisition: What is the relationship? *Studies in Second Language Acquisition*, 16 (3), 303-323.

Maeshiba, N., Yoshinaga, N., Kasper, G. & Ross, S. (1993) Transfer and proficiency in interlanguage apologizing, *University of Hawai'i Working Papers in ESL*, 12, 63-98.

McClelland, J., Rumelhart, D. & the PDP Research Group (1986) *Parallel Distributed Processing: Explorations in the Microstructures of Cognition*, Vol.

2: Psychological and Biological Models, Cambridge, Mass: MIT Press.

Meisel, J., Clahsen, H. & Pienemann, M. (1981) On determining developmental stages in natural second language acquisition, *Studies in Second Language Acquisition*, 3, 109-135.

Mito, K. (1993) The effects of modelling and recasting on the acquisition of L2 grammar rules, Unpublished manuscript, University of Hawai'i at Manoa.

Nunan, D. (1989) *Designing Tasks for the communicative classroom*, Cambridge: Cambridge University Press.

Ohta, A. S. (1995) Applying sociocultural theory to an analysis of learner discourse: learner-learner collaborative interaction the zone of proximal development, *Issues in Applied Linguistics*, 6(2), 93-121.

——— (2000) Re-thinking interaction in SLA: Developmentally appropriate assistance in the zone of proximal development and the acquisition of L2 grammar, in Lantolf, J. P. (ed.) *Sociocultural Theory and Language Learning*, Oxford: Oxford University Press.

Pica, T., Kanagy, R. & Falodun, J. (1993) Choosing and using communication tasks for second language instruction and research, in Crookes, G. & Gass, S. (eds.) *Tasks and Second Language Learning* (pp. 9-34), Clevedon: Multilingual Matters.

Pienemann, M. (1989) Is language teachable? Psycholinguistic experiments and hypotheses, *Applied Linguistics*, 9, 52-79.

Roberts, M. A. (1995) Communicative interaction in teacher-fronted classrooms and student dyadic tasks: a comparison, Paper presented at the 9th Biennial JSAA (Japanese Studies Association of Australia), The University of Queensland.

Robison, R. E. (1995) The Aspect Hypothesis revisited: A cross-sectional study of tense and aspect marking in interlanguage, *Applied Linguistics*, 16, 344-370.

Rounds, P. & Kanagy, R. (1998) Acquiring linguistic cues to identify AGENT: Evidence from children learning Japanese as a 2nd language, *Studies in Second Language Acquisition*, 20(4), 509-542.

Saito, H. & Beecken, M. (1997) An approach to instruction of pragmatic aspects: implications of pragmatic transfer by American learners of Japanese, *The Modern Language Journal*, 81(3), 363-377.

Sasaki, Y. (1997) Material and presentation condition effects on sentence interpretation task performance: Methodological examinations of the competition experiment, *Second Language Research*, 13(1), 66-91.

Sawyer, M. (1992) The development of pragmatics in Japanese as a second Language: The sentence-final particle ne, in Kasper, G. (ed.) *Pragmatics of Japanese as native and target language* (Technical report No. 3) (pp. 27-82), Honolulu: University of Hawai'i at Manoa, Second Language Teaching & Curriculum Center.

Schmidt, R. (1995) Consciousness and foreign language learning tutorial on the roll of attention and awareness in learning, in Schmidt, R. (ed.) *Attention & Awareness in Foreign Language Learning* (pp.1-63), Honolulu: University of Hawai'i Press.

Schumann, J. (1978) *The pidginization process: a model for second language acquisition*, Rowley, MA: Newbury House.

Shimura, A. (1993) *Testing the Availability of Universal Grammar in Second Language Acquisition: The Governing Category Parameter and the Proper Antecedent Parameter in Japanese as a Seined Language*, University of Hawai'i Department of ESL Occasional Papers.

Shirai, Y. & Kurono, A. (1998) The Acquisition of Tense-Aspect Marking in Japanese as a Second Language, *Language Learning*, 48(2), 245-279.

Takahashi, S. (1992) *Transferability of Indirect Request Strategies*, University of Hawai'i Working Papers in ESL, 11.

Yoshioka, K. (1991) *The Acquisition of Japanese Particles: An Effort to Test the Pienemann-Johnston Model with Three Measurements*, Unpublished Master's thesis, Honolulu: Department of East Asian Languages and Literatures, University of Hawai'i.

》第Ⅲ部《
教師の仕事

第Ⅲ部について

「教師の仕事」という表題から教室で教える教師の姿を連想する読者がいるかもしれないが，第Ⅲ部の4編の論文は，いずれも個別的な教授法を解説したり，教授技術を紹介したりするものではない。第Ⅲ部では，教えるということの意味，日本語教育の役割，教師の自己成長，教えること以外に必要とされる教師の能力について論じる。以下では，各論文の骨子を紹介する。

青木論文は，「学習者の中に新しいものを創り出す力を育てること」が日本語教育の役割であると述べ，(1)教師の言動の中には「教師」という社会的な立場（権威）を象徴する働きはあっても，学習を助ける上ではなんら役に立たないものがある，(2)教えるとは，教師がもっている知識や技能を伝授することではない，という二つの点を指摘する。その上で，教えるとは，学びにつながる認知プロセスに対する深い洞察力をもとに，学習者オートノミー（learner autonomy）を育てることであると主張する。

学習者オートノミーとは，自分の力でよりよい学習を創り出していく能力をさす，と青木は説明する。そして，学習者オートノミーとは何であるか，学習者オートノミーを育てるために教師は何をなすべきかを詳細に論じている。青木の論を一歩進めれば，教師オートノミーを考えることも教師の仕事に含まれるであろう。

山田論文は，「多文化主義」に立脚した日本語教育，「文化の相違から生まれる問題を克服する方法を学びとる能力」を育てるような日本語教育を行うべきであると主張する。さらに，環境破壊などの世界規模の問題を克服するために必要とされる個人の能力を「地球市民能力」と名づけ，そのような能力を育てることも日本語教育の役割であると考えている。山田論文では，日本語教育がコミュニケーション能力や二重文化能力を育てるだけでなく，多文化共生の社会を生み出すこと，地球規模の問題を克服することに貢献するものとして捉えられている。

山田が主張する日本語教育を実現するには，まず日本語教師自身が，文

化の違いを乗り越える能力と「地球市民能力」をもつように努める必要がある。さらに山田論文は，日本語教育が日本語力の十分でない外国人のみならず，社会的多数派である日本人をも対象に含むことを示唆している。

　横溝論文は，自分の力で教授能力を高めていくことが教師の重要な仕事であると指摘し，そのような「教師の自己成長」を可能にする方法としてアクション・リサーチという研究方法を提案している。アクション・リサーチとは，端的にまとめると，「教師自身がそれぞれの教育現場で抱える問題点を出発点として，自己の教育活動の質的向上のために行う小規模な調査研究」と言うことができる。

　教師は，横溝が提示しているようなアクション・リサーチを行うことで，教えることと学ぶことを同時に研究できる。このような研究は，誰かに教えられた方法ではなく，自らが考案した，自らの教育現場にあった教授方法を見つけだしていくことにつながる。アクション・リサーチは，教師オートノミーを獲得する手段であると考えられる。

　トムソン論文は，忙しくたち働く日本語教師の日常を具体的かつ詳細に報告している。この論文を読めば，日本語教師がいかに多くの仕事をこなしているかがよくわかる。日本語教師養成課程や日本語教育の概説書では日本語を教えることに焦点があてられているが，教育現場で教師の責任を果たすには，教える能力以外にも多様な能力が必要とされるのである。

　トムソンは自己の経験を振り返り，教師は教師である前に自立した「社会人」として信頼されるようでなければならないから，会社勤めの中で身につけた社会性が役に立っているという。また，異文化接触の場で働く教師として，海外での生活経験が多様な文化的尺度を実感するのに有益であったとも述べている。

　第Ⅲ部を読んだ読者は日本語教師になることを諦めようと考えるかもしれない。しかし，はじめから完璧な教師はいないし，いつまでたっても完璧な教師にはなれないとも言える。それぞれが目指すべき教師像を描き，それに向かって工夫と努力を続けることでしか，教師の責任を果たすことはできないのだと考えてはどうだろうか。はじめの一歩を踏み出すかどうかはあなた次第なのである。

（尾﨑明人）

第1章 教師の役割

青木直子

　皆さんは，授業中に，この場における自分の役割は何だろうか，と考えたことがありますか。教室の中には，通常，「教師」と呼ばれる人と，「学生」あるいは「生徒」と呼ばれる人と2種類の人がいて，教師と学生という役割関係を結んでいます。役割関係には，親と子，先輩と後輩，医者と患者，雇い主と従業員というようにいろいろあり，一人の人間が，ある人に対しては学生であり，他の人に対しては先輩であり，また別の人に対しては娘であったり，患者であったり，上司であったりします。そして，この人がどのような性格であるかにかかわらず，その時その時の役割に応じて一定の言動をすることが社会的に期待されることが多いものです。

　教師の役割を考える時のポイントは二つあります。一つは，教師にどのような言動を期待するかは，国や，時代や，期待する人の社会階層や思想・信条，人生経験などによって異なるということ。教師の役割についての教師と学習者の考え方が一致しないと，授業は双方にとって，とても困難なものになります。だから，教師は常に，学習者は教師に何を期待しているのかを意識的に考える必要があります。もう一つは，ある学習者がある科目の教師に期待する言動は，その科目の学習に必ずしも役に立つとは限らない，ということ。例えば，外国語の教師の仕事は，目標言語の意味や文法をわかりやすく解説することだと考えている学習者がいるとします。しかし，解説を聞くだけでは外国語を話せるようにはならないということは，本書第Ⅱ部を読めば，おわかりいただけると

思います。教師は学習者の期待を無視するわけにはいきませんが，学習者の期待にあわせて行動すればよいというものでもないのです。

　これから教師の役割についてお話ししますが，それは私の考え方であって，同じような考え方をする人ばかりとは限りません。自分の考えについては，ただの思い込みにならないよう，第二言語習得・学習の研究成果や自分の教育経験に照らしあわせて，第二言語の学習に本当に役に立つかという「テスト」をしているつもりですが，第二言語習得・学習の研究は，まだまだ歴史も浅く，わからないこともたくさんあるし，私の経験もきわめて限られたものです。だから私は，「自分が正しい」などと言うつもりはありません。私の意見は，皆さんが自分自身の「教師の役割」についての考えを深める道具でしかありません。

1　教育の目的

　教師の役割を考える時，その前提となる「教育の目的は何か」という問題に，暫定的にでも答えを出しておかなくてはいけません。あなたは，教育の目的は何だと思いますか。大まかに言うと，この質問の答えは2種類に分けられるようです。一つは，伝統を次の世代に伝えること。もう一つは，新しいものを創り出す力を育てること。前者は，人を社会に適応させるという側面が強調され，後者は，教育が社会を変える可能性をも示唆しているという点で対照的です。どのような教育でも，割合こそ違え，この二つの要素が入り交じっているはずです。そうでなければ，人は世代が代わるごとにもう一度，車輪や印刷機や電話を発明しなくてはならなくなるか，変化にまったく対応できないマニュアル人間になってしまうかするでしょう。ですから，2種類の答えのどちらが正しくて，どちらが間違っているということもないのですが，いくつかの理由から，日本語教育は，もう少し後者のタイプの教育について考えなくてはいけないのではないかと思います。

　まず，以下の文章を読んでください。ハーバマスというドイツの哲学

者が,あるインタビューの中で述べた言葉です。

> 「伝統」というのは,結局,他人がやりはじめてわれわれに教えたことを,そのまま問題を感じずにやりつづけるということを意味している。ふつうわれわれは,先駆者と顔を合わせられたとしても,彼らはわれわれを完全に裏切ることはないだろうし,悪魔の役をすることもないだろうと想像する。私の考えでは,これこそがガス室の前に打ち壊された信頼なのだ。冷たく計算された大量殺人の複雑な準備と幅広い組織には,何十万もの人が関わった。間接的な関わりも含めれば,すべての人が関わったと言ってもよい。それが,結局,表向き異常なことは何もないというように行われた。それは,高度に文明化された社交上の道徳に依存してさえいた。毎日の生活の規則正しい息吹を邪魔することなく,ぞっとするようなことが起きた。あれ以来,自意識のある人間は,疑問を投げかけられることなく守られており,疑問を投げかけられないがゆえに妥当性を主張する連続性を疑わずに生きることはできなくなった。
> (Dews 1992: 238)

ハーバマスがドイツの伝統を信じられないのとよく似た理由が,日本の伝統にも存在します。日本語教育は,日本のアジア侵略に積極的な役割を果たしたという歴史をもつだけに,伝統の妥当性は慎重に検討する責任があると思われます。

さらに,日本語教育は,その定義から言って,日本社会の外で育った人たちを対象としています。学習者の育った社会には,その社会の伝統があります。たとえ日本社会の伝統に前述のような問題がなかったとしても,それを学習者に押しつけるのには倫理問題があります。たとえ日本が好きで,あるいは日本の伝統が学びたくて日本語を学習している人であっても,自分の中にある「もう一つの伝統」を否定することはまずできないし,すべきでもなく,まして日本語を学んでいる人のすべてが日本を無条件に好きだとは限りませんから。だいたい言語と行動規範

や価値観は深く結びついているものであり，第二言語を学ぶということは，究極のところ，自分のアイデンティティの変化を伴わざるをえない危険な行為なのです。どんなふうに変わりたいかは，学習者本人が決めることであると思います。

そして，本書の中で繰り返し指摘されているように，日本国内で日本語を第二言語として日常的に使う人たちが，全人口の1％を超えるまでに増加したということも，伝統継承型でない日本語教育の必要性を高めたと言えます。日本に住む外国人の数がこれほど増えた原因と，日本が第二次世界大戦後の数十年に大幅な経済成長を遂げ，日本国籍をもって日本に住む人たちの生活水準が飛躍的に向上したという事実とは，無関係ではありません。世界経済における富の偏りを背景に，日本が移住先として利点をもつと思われ，日本社会の側にも労働力が（国際結婚の場合は結婚相手が）必要であるという事情があって移住が実際に可能であるからこそ，日本にやってくる人たちの数が増えたのです。だから，日本語教育に携わる者は，日本に住む外国の人たちが人間的な生活をしていけるように，どのような支援ができるのかを考える義務があります。その支援は，日本社会への適応という枠組みでとらえるべきではなく，異文化接触の原則である「お互いの歩み寄り」を前提とすべきで，日本の社会が変わることも視野に入れるべきだと思います。

また，伝統継承型の教育は，母語話者の規範を守る方向に働きがちでもあります。母語話者という概念は，たまたま生まれた家庭がどのような言葉を使っていたかによって人の言語能力を分類しようとするもので，本人の努力で得たのではない権威を特定の集団に与え，たまたまその言葉を使っている家庭に生まれなかった人は，いかに努力をしてもその権威をもつことはできないという意味で，世襲制の身分制度のようなものです。実際には，人は母語を使ってならすべてのことができるわけではありません。例えば，学術論文を書くというのは特殊な技術で，母語話者であっても，そのための訓練をしなければ，普通は書けるようにはなりませんが，母語話者でなくても，日本語で論文が書ける人はたく

さんいます。同じように，冗談のうまい人，人を説得するのがうまい人，上手な小説の書ける人は，母語話者でなくてもいますし，母語話者の中でもそういうことが下手な人もいます。それなのに，母語話者にはある言葉の使い方が正しいかどうかの判断をする権利があって，非母語話者にはないというのは，どうも変です。もちろん，言葉が多くの人に通じるためにはなんらかの規範が必要ですが，日本語を使う人が増えれば，その人たちで新しい規範を作っていったほうがよいと私は思います。

　日本語教育の目的が，学習者の中に新しいものを創り出す力を育てることだとして，その「新しいもの」とは何でしょうか。それは，学習者が自分の人生の質を高めるために必要な自己イメージであり，人間関係のあり方であり，社会のシステムであると思います。そのために必要な自己表現の方法を身につけるのが日本語の学習であるわけですが，具体的に何を学びたいかは学習者の決めることであり，それを学べるようにお手伝いをすることが日本語教育の目的だと思います。

2　教師の仕事についてのよくある誤解

　前節で，日本語教育の目的は学習者の中に新しいものを創り出す力を育てることだと述べました。本章の最終的な目的は，そうした力を育てるための教師の役割について考えることですが，教師の仕事について誤解をしている人も多いように思われるので，念のために，まず，教師の仕事であると考えてはいけないことについて確認をしておきます。イギリスにヘンリー・ウィドウソンという応用言語学者がいて，英語のteacher, student, learner という三つの単語を分析して，student と learner は前者が人の社会的な位置づけを表すのに対して，後者は学ぶという行為をする人という意味であるが，teacher という言葉は人の社会的位置づけと行為の両方を表していると言っています（Widdowson 1987）。日本語には，学生，学習者，教師のほかに，生徒，先生などという言葉も存在しますが，基本的にはウィドウソンの分析があてはまると思いま

す。映画がちょっと安く見られるのは，どこかの学校に在籍している「学生」または「生徒」であるからで，実際にまじめに勉強しているかどうかは関係ありませんし，どんなに高尚なことを学んでいても，独学の人は学割の対象にはなりません。「教師」と「先生」は「母」と「お母さん」と同じようなペアであると考えられますが，両者とも，社会的位置づけを表すことも，行為を表すこともあります。私の職業は大学の教師です。私の車の面倒を見てくれる修理工場の人たちは私を「先生」と呼びます。私は彼らに何かを教えているわけではないし，彼らは私に車に関する知識をいっぱい教えてくれているにもかかわらず，です。これに対して，私にはエアロビクスの先生とか，アレクサンダー・テクニークの先生とかいう人がいますが，これらの人は実際にエアロビクスやアレクサンダー・テクニークを教えてくれます。

　教師の役割を考える時に社会的位置づけと行為を区別することは大切です。例えば，教室に二つのドアがあるとして，中に入る時，あなたはどちらのドアを選びますか。あなたが学生の場合と教師の場合とで，選び方は違いますか。違うとして，その違いは，「学ぶ」と「教える」という行為の違いに起因するものですか。それとも学生と教師の社会的位置づけの違いに起因するものですか。同じようにして，教室の中で教師と学生が当たり前のようにしてやっていることを，検討しなおしてみてください。どんな服装が適切か，どこにいるか，立っているか座っているか，教室の中を動きまわってもよいか，発言する時は許可が必要か，自分の考えで話題を変えてよいか，質問してよいか，質問に対して「わかりません」と言ってもよいか，誰かに何かをせよという指図をしてもよいか，指図された時に「できません」と言ってよいか，相手が特定の知識・能力をもっているかどうかをテストしてよいか，同じ教室の中にいる人たちを何と呼ぶか，等々。考えてみると，教室で教師と学生のやっていることの中には，社会的位置づけの象徴であって，「学ぶ」あるいは「教える」という行為そのものとは直接，関係のないことがたくさんあります。社会的階層構造という伝統を伝えるためならば，こうした

象徴的行為も意味があると思われますが，日本語という言語を使って自分を表現する方法を学ぶために，こうした行為が役に立つかどうかは疑問です。教師が社会的位置づけによって与えられた力を行使すれば，生徒・学生は一見，学習に取り組んでいるような行動をするかもしれません。「明日，テストします」と教師が言えば，学生はテストの準備をするでしょう。でも，そこで勉強したことは，多くの場合，テストが終われば忘れてしまいます。社会的力を行使することで，人の一生を変えるような学習を起こすことは，たぶんできないのです。平たく言えば，教師が偉そうなふりをしただけでは生徒は学ばない，ということです。

　次に，「教える」という教師の行為と「学ぶ」という学習者の行為との関係を考えてみましょう。「教えたのにできない」とか「教わったけれど忘れた」という表現が，何の矛盾も感じずに使えることからもわかるように，教えるという行為が学ぶという行為を自動的に引き起こすわけではありません。「教えたのにできない」とか「教わったけれど忘れた」とか言っている人たちは，「教える」という言葉を，おそらく「言う」とか「見せる」とかいう意味で使っているのだと思われます。教授法の授業で学生に「何か教えてください」と言うと，ほとんどの人がこのどちらかか両方をやりますから，それが「教える」の一般的な意味なのでしょう。ここには，学習が成立するための認知のプロセスへの視点が欠如しています。学習を引き起こすためには，まず自分が言ったりやったりしようとしていることが，ある人の学習にとって今ここで必要か，という判断をする必要がありますし，言ったりやったりした後では，相手が聞いたか見たかを見届ける必要もあります。さらに，聞いたり見たりしたことを，相手はどのように理解したのかを知ることも必要です。そして，安心して考えたり練習したりする時間を作ってあげることも大切です。教えるということが，自分のもっている知識を口で説明したり，自分のできることをやってみせるというだけのことであるのなら，教師の仕事は教えることではありません。

　この節の結論をまとめてみれば，(1)社会的位置づけを背景にした力で

学習を引き起こすことはできない，(2)教師のもっている宣言的知識を言葉で表現したり，手続き的知識を行動によって披露したりすることで，学習者の頭の中にそれを転移させることはできない。つまり，教師らしく振る舞うこと，説明すること，手本を見せることなど，一般に教師の仕事だと考えられていることを教師の仕事だと考えてはいけないということです。

3 学習を支援するための教師の役割

第1節の最後に，何を学びたいかは学習者の決めることだと書きましたが，学習という行為を行うには，実は，どのようにして学ぶか，学習の成果をどのように評価するか，という選択もしなくてはいけません。学習者が，自分のニーズや希望に役立つように，こうした意思決定をし，自分の立てたプランを実行する能力を「学習者オートノミー」(learner autonomy) と言います。オートノミーというのは，簡単に言えば，「自分のことは自分で決める」ということです。オートノミーを学習者に押しつけてはいけませんが（つまり，選択しないことを選択するという自由も残しておかなくてはいけないということ），学習というのは最終的には学習者本人がしなくてはいけないことだし（あなたの代わりに私が学んであげることはできない），何かを学びたいと思った時，学ぶ必要ができた時に，いつでも学校に行けるとは限らないし，学校がいつでも自分が本当に学びたいことを教えてくれるという保証はないから，自分の学習について自分で決めて実行する能力をもっていることは大切です。というと，教師はいらないのかという疑問をもつ方もあるかもしれませんが，そんなことはありません。学習者オートノミーは真空の中で存在できるものではなく，その実践を可能にする環境整備をするのは教師の仕事です。さらに，学習者オートノミーは育てるものです。歩いたり話したりするのを学んでいる小さい子どもは，親や保育者がカリキュラムをもっているわけではなく，練習させたり間違いを直したりしたとして

も，時期がこなければ歩かないし話さないという点で，学習者オートノミーを実践していると言えますが，年齢が上がるにつれて「教えてもらわなければできない」と考える人は増えるようです。また，得意なことは一人でどんどん学ぶけれど，苦手なことは教えてもらわなければできないという現象もよく見られます。ですから，例えば日本語を学びたいと思っている人がいた時に，その人の日本語の学習に関する学習者オートノミーを育てるのも，教師の仕事です。以下，学習者オートノミーの実践に必要な環境整備と学習者オートノミーを育てるための教師の仕事について，もう少し詳しく見ていきます。

3.1 環境の整備

言語を学ぶ時，自分の学習について自分で計画を立て，実行するためには，おそらく以下のようなことを知っている必要があると思われます。

(1) 私たちには自分の学習をコントロールする力があり，それは私たちの権利であるということ
(2) 第二言語を学習することに関する一般的なメリットとデメリット
(3) 特定の言語を学習することに関するメリットとデメリット
(4) 言語と言語使用とはどのようなものであるのか
(5) 自分の学習目的には，言語のどのような要素を，どの程度，学ぶ必要があるか
(6) 目的が何であっても学ぶ必要のある要素があるとすれば，それはどのようなもので，どの程度学べばよいのか
(7) これらの要素はどのような順番で学べばよいのか
(8) 特定の要素を学ぶのに，ふつうどのくらいの時間がかかるのか
(9) これらの要素はどのように学べばよいのか
(10) 目標はどのように設定し，学習計画はどのように立てればよいのか

(11) 必要なリソースは何であり、それはどこで手に入れられるのか
(12) 自分はどのような言語学習者で、どのように学ぶ人間か
(13) 特定の要素の学習を評価するために、学習中および学習後に何をすればよいか
(14) 学習を難しくしないために、気持ちの面で、どのようにしてよい状態を作るか
(15) その他

　これは膨大な知識です。でも、これらの知識をすべて頭の中にもっていなければ選択ができないというわけではありません。必要な時、必要な情報にアクセスできさえすれば、すべてのことを知っている必要は必ずしもないでしょう。教師の役割の一つは、学習者が情報にアクセスできる環境を作るということです。日本でも英語教育などで少しずつ取り入れられつつあるセルフ・アクセス・センター（資料や教材とビデオ、コンピュータなどの機器が準備されている図書館のようなもの）、インターネット、あるいは単に情報シートを入れてあるファイル・キャビネットなどのシステムを作り、教師がいなくても使える教材を用意し、システムを運営することは、教師の大切な仕事です。情報は教師の頭の中にあればよいと考える人もいるかもしれませんが、情報を教師の頭の外におくことは、二つの意味で重要です。第一に、教師は人間ですから、学習者がいつでも必要な時に情報を引き出すというわけにはいきません。第二に、教師が情報をもっていれば、学習者は教師から情報をもらうことになるわけで、「教えてもらわなくてもできる」というメッセージを伝えるには逆効果になりかねません。

　とは言っても、情報が入手可能でありさえすれば、その情報が上手に利用できるとは限りません。自分で選択することに慣れていない人、第二言語を学習するのが初めての人などは、相談できる人が必要でしょう。相談相手、コンサルタントとなるのも教師の仕事です。そこでは教師は、こうしなさいと指示するのではなく、学習者の希望や条件を聞い

て，いくつかの可能な選択肢を示し，それぞれの選択肢の利点と欠点を説明して，学習者の選択の手伝いをすることになります。

　もう一つ，学習のための環境整備として大切なのは，人のネットワークづくりです。第二言語の習得には，目標言語の使い手とのインターアクションが必要であると考えられています。つまり，学習者は誰かと目標言語で話をする必要があるということです。この「誰か」は，もちろん教師でもよいのですが，通常，1人の教師は一度に複数の学習者に接するわけで，教師とだけ話をするのでは，話のできる時間はきわめて限られたものになります（仮に，1クラスに20人の学習者がいるとして，教師→学習者1→教師→学習者2→のような順番で話すとしたら，1回に話す時間が全員同じだとすると，1人の学習者の話せる時間は授業時間の40分の1ということになります）。この問題を解決するには，グループ・ワークやペア・ワークを取り入れて，学習者同士が話をする時間をできるだけたくさんとることです。しかし，グループ・ワークやペア・ワークは，単に「では，グループで話をしてください」と指示するだけでは，うまく機能しません。まず，グループの成員全員が互いの発言権を認めあい，安心して話のできる信頼関係を作らなくてはいけません。目標は，学習者たちが自分たちでそうした関係を作れることですが，それができるようになるまでは教師のイニシアティブが不可欠です。また，伝統的教育を受けてきた人たちの中には，授業で学習者同士がおしゃべりをするのは悪いことだと思い込んでいる人も多いので，こうした固定観念をこわしてあげるのも教師の仕事です。

　さらに，学習者と地域の人々とのネットワークづくりの支援も教師の仕事であると言えます。学習者が地域の中で生活し働きながら日本語を学んでいる場合はもちろんですが，学校に通っている場合でも，日本語を使うコミュニティのメンバーとして認められ，もろもろの活動に参加することは，日本語の習得に非常に役に立ちます。仲介者がいなくても，地域の人たちが「外国人」を隣人として受け入れて付きあっていくのが理想ですが，現実にはうまくいかないケースも多いようです。日本の多

くの人たちにとって、実際に「外国人」を隣人や同僚にもつことになったのはここ10年ほどのことであるという事実を考えれば、いろいろと失敗するのは当たり前と言えるかもしれません。知識があれば、あるいは個人的接触の機会があれば、防げるトラブルもあるように思われます。学習者のために広報活動をしたり、学習者と地域の人々との交流の機会を作ったりするのも、教師にできる学習の支援です。

3.2 学習者オートノミーを育てる

情報というリソースを準備し、選択の相談にのり、人のネットワークを作れば、すべての学習者が学習に成功するかというと、実はそうではありません。考えられる原因はいくつかあります。一つは、学習のコツがわからないということ。学習は、一瞬一瞬の気づきと、それを記憶にとどめる努力の結果として起こります。例えば、相手が自分と違う言い方をしていることに気づいたら、相手の言い方を頭の中で、あるいは口に出して繰り返す、というような小さな行為が、学習の成果を大きく左右します。何に注意を向けていれば役に立つ気づきが得られるのか、気づきを学習に結びつけるためには何をすればよいのかがわかる、これは、知識というよりはスキルに属する問題であり、頭でわかっているだけではだめで、実際に行動に移せるかどうかが鍵です。ですから、学習のコツを身につけるお手伝いは、おそらくスポーツのコーチの仕事と似ています。スポーツのコーチは、直接、自分ではコントロールできない相手の体の動きを変えるための技術を要求されます。オリンピック選手だからといって優れたコーチになれるとは限らないし、理論をいくら解説しても効果はあまり期待できません。学習のしかたのコーチにも同じことが言えます。

また、日本語話者とのインターアクションという経験を学習に結びつけるためには、経験についての内省も必要です。内省というのは、悪かったことを反省したり、楽しかったとか難しかったとかいう感想を述べたりするといった、私たちが日常やっていることよりも、さらに深く具

体的に経験を振り返ることです。どのようなことが起きて，それはなぜで，自分はそこから何を学び，何を感じたか，そういうことを考えるために，誰かと話したり日記に書いたりするのが普通です。内省の能力は，誰もがはじめからもっているわけではありません。教師は，内省の機会を作ったり，内省の手がかりとして学習者に質問をしたりすることで，内省の力を育てる手伝いをする必要があります。

　もう一つ，学習が失敗する原因は，気持ちの問題です。言語学習への苦手意識，進歩に時間がかかることへの焦りや落ち込み，第二言語を話す自分という新しいアイデンティティに対する抵抗，異文化接触のストレス，そこから生じる怒り，それらがすべて学習に影響を与えます。教師は，こうした学習者の気持ちに耳を傾け，それを受け入れ，学習者がこれらの気持ちに対処する方法を見つけるのを助けることもしなくてはいけません。これは，カウンセラーの仕事に少し似ています（もちろん，専門的な訓練を受けていない人がカウンセラーの真似をすることは，絶対に避けなくてはいけませんが）。

　最後に，少し異質ではありますが，学習者を信じるというのも，学習者オートノミーを育てるための教師の重要な仕事です。学習者が自分で決めると言うと，「変なものを選んでしまったらどうする？」「やる気がない学習者に自分で選ばせるなんて無理」といった反論が必ず返ってきます。もちろん，各学習者の現在の選択能力に比べて大きすぎる選択を迫ってはいけません。でも，学習者は往々にして，教師が考えるよりは，賢い選択をする能力をもっているものです。そして，もし選択に失敗したとしても，そこから学べることはたくさんあります。もっと言えば，失敗しなければ，今より大きな選択ができるようにはならないでしょう。また，やる気というのは，選択をすることによって生まれるのです。教師が決めたことをやらされるのには乗り気でなくても，自分で選んだことには積極的に取り組む学習者はたくさんいます。信じて任せる，教師にとっては難しいことですが，とても大切なことです。

3.3 媒介言語は必要か

 以上述べてきたように,教師の仕事の多くは,学習者とのコミュニケーションが成り立つことが前提となります。学習者に目標言語の能力がある程度ついてくれば,媒介言語がなくても教師の仕事はできますが,初心者や,問題が複雑な場合には,媒介言語がどうしても必要となります。もし,あなたが学習者の第一言語に堪能なら,それは大きなプラス要因です。そうでない場合は,学習者の第一言語を知っている教師と共同で仕事をするとか,学習者の第一言語ができる人に通訳を頼むか必要なことを事前に翻訳してもらい,それを文書にして学習者に渡すとかいうようなことを考える必要があります。こうした仕事に,日本語がある程度できるようになった学習者に協力してもらうことも考えられます。

4 これから日本語教師になろうとする人へ

 本章では,私の考える教師の役割について書いてきました。はっきり言って,第二言語の学習のお手伝いをするというのは,なかなか大変な仕事です。目標言語が話せれば誰にでもできるというものではありません。他の仕事と同じように向き不向きがあるし,やりたい人が必ずしも向いているとも限りません。さらに,向いているといっても,性格や教育経験や人生経験によって,できることとできないことがあるようです。私は最近,職場を変わりましたが,環境が変わると,前にはできたこともできなくなるのだということもわかりました。結局,教師は自分にできる役割を果たし,できないことは,学習者や他の教師,学習者が教室の外で出会う人たちに任せるしかないようです。

 数年前,私の指導した教育実習で,こんなことがありました。教えていたのは日本語教育を専門とする学部の4年生,学習者だったのは文部省の教員研修プログラムで来日していた外国の学校の先生たちでした。教師役の学生がOHPを使おうとしていたのですが,スクリーンが全員に見えるような位置に立って,話題にしている部分を指して示すことが

できませんでした。その時「学習者たち」は、口々に、あっちに立てばいい、鉛筆をシートの上におけと、アドバイスしはじめたのです。教師役の学生は、「学習者たち」のアドバイスに助けられて、無事、授業を進めることができました。

この出来事を理解するには、この授業の日以前に、教室の外で何が起きていたかを知っておく必要があるかもしれません。実習をしていた学生たちと「学習者」である先生たちは、この先生たちの来日直後に、学生たちの指導教官（つまり私）を通して知り合いになり、実習以前に半年以上、友達づきあいをしていました。研究に忙しい先生たちが、特別に設定した教育実習の授業に協力してくれたのは、指導教官が「教師の権威」を行使して頼んだということもあったかもしれませんが、友達のよしみでつきあってくれたからだというのが真相のような気もします。実習生たちは学習者のニーズに応えようという熱意だけは十分にもっていましたから、それを評価してくれたのかもしれません。さらに、この先生たちは、職業上、教師養成における教育実習の意義というようなものを理解していて、それが協力しようという気持ちを強めたのかもしれません。

とにかく、そういう背景があって、その日、授業の中で、ごく自然に、日本語を第一言語とする教師と日本語学習者という関係から、駆け出しの教育実習生と先輩教師という関係への転換が起きたのです。私は、こういう役割の転換が日常的に起こる授業をしたいと思います。

[引用文献]

Dews, P.（1992）*Autonomy and Solidarity: Interviews with Jurgen Habermas*, Revised Edition, London: Verso.

Widdowson, H.G.（1987）The roles of teacher and learner, *ELT Journal*, 41/2, 83-88.

[参考文献]

青木直子（1996）Autonomous learning: what, why, and how? *ASTE Newsletter*,

35, 1-9.（http://www.bun-eido.co.jp/aste/aste81.html）
アラード房子（1996）「サイレントウェイ」，鎌田修・川口義一・鈴木睦編著『日本語教授法ワークショップ』，凡人社，58-81頁．
桑山紀彦（1995）『国際結婚とストレス――アジアからの花嫁と変容するニッポンの家族』，明石書店．
『月刊社会教育』編集部（編）(1993)『日本で暮らす外国人の学習権』，国土社．
田中　宏（1995）『在日外国人――法の壁，心の溝』（新版），岩波新書．
丹羽雅雄（1995）『知っていますか？　外国人労働者と人権一問一答』，解放出版社．
Aoki, N. (1999) Affect and the role of teachers in the development of learner autonomy, in Arnold, J. (ed.) *Affect in Language Learning* (pp.142-154), Cambridge: Cambridge University Press.
Boud, D., Keogh, R. & Walker, D. (eds.) (1985) *Reflection: Turning Experience into Learning*, London: Kogan Page.
Brookfield, S. (1993) Self-directed learning, political clarity and the critical practice of adult education, *Adult Education Quarterly*, 43/4, 227-242. (http://www.nl.edu/ace/Resources/Documents/PoliticalClarity.html)
Gardner, D. & Miller, L. (1999) *Establishing Self-Access: From Theory to Practice*, Cambridge: Cambridge University Press.
Kelly, R. (1996) Language counselling for learner autonomy: the skilled helper in self-access language learning, in Pemberton, R. et al. (eds.) *Taking Control: Autonomy in Language Learning* (pp.93-113), Hong Kong: Hong Kong University Press.
Little, D. (1991) *Learner Autonomy 1: Definitions, Issues and Problems*, Dublin: Authentik.
Ushioda, E. (1996) *Learner Autonomy 5: The Role of Motivation*, Dublin: Authentik.
Voller, P. (1997) Does the teacher have a role in autonomous language learning? in Benson, P. & Voller, P. (eds.) *Autonomy and Independence in Language Learning* (pp.98-113), Harlow: Addison Wesley Longman.
Wright, T. (1987) *Roles of Teachers & Learners*, Oxford: Oxford University Press.

第2章　異文化間コミュニケーションと日本語教師

　　　　　　　　　　　　　　　　　　　　　　　山　田　　　泉

　日本語教育について考える場合，「異文化間コミュニケーション」という要素を見落とすことはできません。わたしは，日本語教育には「人々が異文化間コミュニケーションを通して多くのことを学ぶための学び方を学ぶ」という役割があると考えています。本章では，相違する文化を身につけている人々の間のコミュニケーションにはどのような問題があるかという点に触れながら，日本語教育におけるこの役割について考えてみたいと思います。

　しかし，「文化の相違」という概念には，危険な面もあります。なぜならそれは，まず，ある社会集団に属する個人をすべて，その社会集団の「文化」という紋切り型（ステレオタイプ）でとらえてしまうことがあるからです。個人がすべてステレオタイプに当てはまるとは限りません。また，この社会集団の文化に対するステレオタイプは，なんらかの理由によって作られて信じ込まされ，本来自然な形では起こるはずのない民族間や宗教間などの対立を起こすために操作され，利用されることもあります。極端な場合は，ジェノサイド（民族浄化，特定の民族や人種の集団殺戮）に発展することさえありました。さらに，本来は文化と関係のないものまでが文化として片づけられてしまうことがあるからです。例えば，「ある社会集団の文化では，子どもたちに教育を受けさせることにあまり価値を置かない。その結果，就学率や上級学校への進学率が低い」などといわれることがありますが，実は，親たちの収入が低く子どもを労働力として使わざるをえないとか，学校で別の社会集団か

ら差別を受けているとか，ほんとうの理由は別のところにある場合も少なくありません。

しかしわたしは，「文化の相違」を問題とすることの危険性を十分に考慮する努力を怠らず，「文化の相違」を人間社会のよりよいありように生かすような取り組みこそが必要だと考えます。つまり，今日的な課題になっている，地域社会から地球社会にいたるそれぞれの社会で「多文化共生」を目指すことや，地球規模での社会環境・自然環境の問題を克服することなどは，多様な文化的視点（多様な世界観）の連携・協力によってこそ可能となると考えるからです。

これまで日本語教育は，外国語としての，あるいは第二言語としての日本語の運用能力を養成する教育という役割が強調されてきました。しかし，今日の教育に求められている「文化の相違」から学び，自己の世界観の変容をも目指す「地球市民教育」（global education）の一つであることが期待されていると考えます。

1　日本語教師にとっての異文化

日本語教師として，異文化というものとどのようにかかわればよいかを考えるとき，わたしは，新米の日本語教師として，中国の大学の日本語学部で教えていたときのことを思い出します。

それは，あることがあって，デパートで同僚の中国人の日本語教師からお金を貸してくれないかといわれたときのことです。もちろんかまわないので承諾したのですが，そのときの同僚の言葉にびっくりしてしまいました。それは，「ありがとうございます。明日，必ず返してあげます」というものだったのです。日本語教師のわたしは，日本語を第一言語としない人の日本語には寛容でなければならないはずなのですが，この言葉を聞いて，一瞬ですが，日本語教師としてではなく一人の日本人としてショックを受けました。「返してあげる」という言葉が恩着せがましく聞こえたわけです。「あげる」のような日本語の授受表現には，

恩を与える人と受ける人の間に生じる力関係など,文化的な意味合いも伝えているのですが,日本語の「あげる」に相当する中国語の「給(ゲイ)」は移動の方向しか示さないのです。同僚が中国語をそのまま日本語に移して「返してあげる」といったので,ちょっとした文化摩擦が起こったのです。

　このように考えた場合,日本語教育は異文化間コミュニケーションそのものを扱う教育だということができます。この例は,直接言葉に関するものですが,第3節で見るように,非言語コミュニケーション要素や価値観などにいたるまで「文化の問題」を考慮する必要があります。日本語教師は異文化接触を日常とする者として,最も異文化間コミュニケーション能力が必要な者の一人と考えられます。そして自身の異文化体験を分析し,日本語教育という教育に組み立てていく専門的な能力と技術を高めていくことが求められているといえましょう。

　その上,文化の相違を考えることは,人間社会の社会集団間の問題を考えることでもありますから,社会集団間の力関係という視点から考えることが大切です。日本語教師は,文化や社会に対する自らの感性を敏感にしておくことが必要だと考えます。

2　文化の相違から考える

　文化とは何かについての議論もせず,乱暴な話なのですが,「文化の相違」をどのようにとらえればよいかを考えるために,ある事例を紹介したいと思います。次の事例についてあなたはどう解釈しますか,考えてみてください。

　　【事例】　ある地域の中学校と小学校に,ラテンアメリカのある国から来た研修生の2人の娘が編入することになりました。ところが,小学校,中学校とも,通訳を介して面接をした校長や教頭,担任など関係の先生が頭を抱えてしまいました。それは,姉妹ともお守り

のピアスをしていて，学校側がはずしてもらえないかと聞くと，国の習慣なのでどうしてもはずせないと，家族全員で訴えられたからです。

　このことに対し，慣例的にあるいは校則で望ましくないとされている以上，ピアスをはずさせるべきだという立場もあるでしょう。しかし，ピアスをすることが当たり前の文化で育った子どもがピアスをするのと，日本人の子どもがピアスをするのとでは意味が違うとして，この子たちには認めるべきだとする立場もあるでしょう。また，これは日本の子どもであってもありうることで，文化の問題とすべきではなく，むしろ校則などでなぜピアスを禁止しているのか，いや，そもそも校則とはどうあるべきかについて考え直すことによって解決すべきだという立場もあるでしょう。さらには，その策定に参与してこなかった新来者を迎えるに当たって，これまでの慣習やルールをどのように扱うのが民主的か，といった検討も必要になるという意見もあると思われます。
　話はそれますが，給食を行っている学校で，宗教上の理由で弁当を持っていきたいといっても許可されなかったという例もあります。また，別の幼稚園では，アトピー性皮膚炎の子が給食で食べられないものが出る日に弁当を持っていったのですが，認められなかったといいます。この給食の例はいずれも外国人の子どもの例ですが，日本人の子どもであっても同様のことが起こると思います。
　このようなことから，「文化の相違」ということを考える場合，社会集団の「文化」から個人の特性などまでかかわってきて，何を「文化」とすべきか，あるいは「文化」としてはいけないか，またそのいずれであっても質の違いがあることなど，考慮すべきことが少なくありません。それらは，ケース・バイ・ケースで，そのつど公正に判断していくべきことですが，一つだけいっておきたいことがあります。それは，後で触れるように，文化であろうとなかろうと「社会集団には，その社会の主流派の価値観が少数派の価値観を抑圧する構造がある」というこ

とです。何かを「判断」したり，ルールを決めたりするときには，このメンバー間の力関係から自由になる工夫と努力が必要です。

上のような事例を考えると，「文化の相違」という概念それ自体も，それらが関係して起こる問題も，たいへん厄介なものです。しかし，だからこそ日本語教師には，世界という社会集団で生きる人々の教育にかかわる者として，「文化の相違」から学ぶための日本語教育を確立することが求められていると考えます。

3 「文化」をどう定義するか

以上，「文化」に関係した話を進めてきましたが，「文化」とは何かとあらためて問い直すと，それに答えるのはなかなか難しいと思います。ここで，本章で「文化」といっているものについて，わたしなりの定義をしておこうと思います。

それは，「文化とは，ある社会集団のメンバー間に意識的・無意識的に共有され，個人の考え方や行動のしかた，その社会の規範や在り方を規定している枠組みの体系である」（山田 1996: 36）というもので，これらを図示したのが図1です。

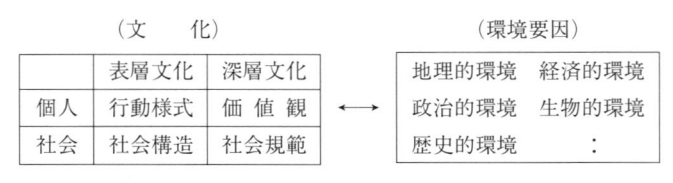

（文　化）			（環境要因）	
	表層文化	深層文化	地理的環境	経済的環境
個人	行動様式	価 値 観	政治的環境	生物的環境
社会	社会構造	社会規範	歴史的環境	：

〈図1〉 文化と環境要因

ここでは，左側の四角で囲んだもののうち行動様式，価値観，社会構造，社会規範の四つを「規定している枠組みの体系」として「文化」だと考えています。このうち行動様式と価値観は個人に属するもので，社会構造と社会規範は社会に属するものです。また，行動様式と社会構造は，形になって現れており直接観察できるところから「表層文化」と名

づけ，価値観と社会規範は，直接観察はできないのですが，「表層文化」の形になって現れると考えられるものとして「深層文化」と名づけました。

例えば，多くの日本の小学校では，昼になると子どもたちが当番制で給食を配り，みんなで一斉に食べます。この「学校で昼ご飯をどのように食べるか」ということが行動様式です。好き好んでやっていないという場合も，これらの行動様式は，それを行っている一人一人の子どもや先生のそれなりの価値観が表れたものです。

また，給食制度があるとかないとかいうことが，社会構造です。給食制度の日本全体での普及状況，給食制度を採っている学校での調理のシステム，そのための設備，献立の内容，費用の分担の方法など，一つ一つが社会構造です。こういった給食に関する社会構造の在り方は，日本という国や地域社会等が持っている社会規範が現れたものと考えられます。

ところで，個人に属する価値観は，社会に属する社会規範と深い関係にあると考えられます。しかし，両者は必ずしも一致するものではありません。給食の現状の在り方に不満を持っていたり，給食という制度そのものを受け入れたくないという個人もいるはずだからです。このような少数派が主流派となったとき，社会規範も変わると考えられます。しかし，ある社会規範の中で育ってきた人々の多くは，その社会規範に適合した価値観を身につけ，逆にそれによって社会規範が維持されます。文化は保守的といえます。

さて，図1の右側の四角で囲んだものは，それぞれの文化に影響を及ぼしていると考えられる環境要因の例です。文化は保守的といいましたが，さまざまな要因によって影響を受け，変化しているものです。「給食文化」はいかにも日本的だと思われるかもしれませんが，社会学者のスーザン・ジョージ（1984）は，第二次世界大戦後，アメリカの世界食糧戦略によって，アジアやヨーロッパで，戦場になるなどして食糧の自給が難しい地域に，「食糧援助」という形で始められたといっています。

環境要因はさまざまなものが考えられますが，環境要因間での影響やそれぞれの社会集団の文化から環境要因に対しての働きかけもあるわけです。学校給食という文化が，大衆の食物的環境をパンやミルクを大量に消費するものに変え，結果的に国内の稲作農業（産業構造的環境）が衰退し，小麦など穀物や乳製品の輸出国との経済的・政治的な環境が変わる，などということもあるわけです。文化を観念的に見るだけではなく，自然環境や社会環境との関係で分析的に見ることが大切だと考え，あえて環境要因という概念を並べてみました。

さて，以上のように「文化」を定義したとしても，ではいったい，「日本文化」とは何かと考えると，それは定義など不可能なものだと思います。「日本文化」などというものがあるのかどうかも疑問です。上の定義で「枠組みの体系」が文化だといっておきながら，その体系が示せなかったり，ないかもしれないというのは自己矛盾ですが，文化とは，相対的にある文化と別の文化が対置されたときに，相違として観察されるものです。それも，上で触れた個人の価値観と社会の社会規範のように，あくまで一般化・普遍化はできないし，時とともに環境要因との相互作用などで変化するものです。しかし，「文化の相違」が存在し，それが人間社会にとって，よくも悪くも重要なものだと考えることは必要です。

4 「文化」と力関係

最近は，日本でも，「ニューカマー」といわれる新規入国の外国人住民が増えています。これらの人たちの中には，日本語でのコミュニケーションや日本文化にのっとって生活することに不自由を感じている人が少なからずいるといわれています。これらの人たちに対し，地域社会においてボランティア等によって日本語の学習支援をする場が増えています。

こういった学習者やボランティア等の中には，「ここは日本なんだか

ら，日本語を使い，日本文化にのっとって生活するのは当たり前だ」と考えている人も少なくないと思われます。「郷に入っては郷に従え」という言葉もあります。しかし，これは人間社会における絶対的な真理ではなさそうです。かつて列強が植民地を作っていく過程で行ったのはむしろその逆で，被植民地に対し外来者である宗主国側の文化や制度を押しつけました。それは，時には力によって無理やり従わせる形を採り，また時には，被植民地住民の中に宗主国文化への憧憬を巧みに醸成するという方法も採りました。

「日本では日本式に」という考えを多くの場合「社会的弱者」である外国人住民に押しつけることは，日本社会の中にあって，これらの人々を被植民地住民的力関係で扱うことになるといえます。対立軸を持った複数の文化が同時に存在するとき，それぞれの文化が属する社会集団間の力関係を考慮し，政治的なものから日常の隣人間のやりとりまで，集団間に対等な立場と平等な権利を保障していくのが「多文化主義」という考え方です。

この社会集団の中には，属している国や地域，民族や人種などによるものだけでなく，性別，年齢，職業によるものなど，ありとあらゆる対立軸を持った集団があります。多くの場合，こうした集団間のそれぞれには力の強弱があります。そして人は横断的にそれらの集団に帰属し，人と人との間でも力関係が生まれます。それは，例えば，先進国の主流民族に属する壮年の男性政治家と，途上国の少数民族に属する貧困家庭の幼女との力関係を考えれば理解できるでしょう。

「多文化主義」社会を目指す上では，その社会の主流派の力（既得権益）を一部放棄することになっても，法的に少数派に権益を付与することが必要です。それが「エンパワメント（権限付与）」という言葉のそもそもの意味です。それは，参政権などを考えれば分かりやすいでしょう。これまで（性別や人種，納税額などによって）権益（参政権）を持っていなかったり制限されたりしていた集団が，さまざまな経緯で法的にそれを獲得するといったものです。これにより，それまで参政権を持っ

ていた集団は，その特権性を放棄することになります。

　ニューカマーに日本語や日本文化の習得を求め，日本社会への同化を強いるのではなく，ニューカマーと日本人等とが日本社会で対等・平等な関係を築き，ともに社会参加を可能にするためのエンパワメントが目指されることが必要だと思います。このことは，地球規模でもいえることです。そのために日本語教育という教育が果たすべき役割は小さくないと思われます。

5 「多文化主義」にのっとった日本語教育の創造

　日本語教育には，「教育」として果たすべき大きな役割があると思われます。もちろん，日本語という言語を運用する能力の養成という役割が求められますが，これも，単に日本語の言語体系を習得するというだけにとどまりません。ネウストプニー（1995: 11）は，日本語教育が養成すべき能力について，日本語の「言語能力」以外に，「社会言語能力」と「社会文化能力」を挙げています。さらに加えて，今日的課題である国家や文化を超えて，地球規模での社会的不公正や自然環境問題の克服に貢献するための個人の能力（「地球市民能力」とでもいいますか）を養成する役割があると思います。

　現代はもはや，政治にせよ経済にせよ，一国家の利益だけを考えていればよいという時代ではなくなっています。政治や経済がよい意味で地球規模で考えられてこそ，一国家，一個人の利益にもかなうという時代になっていると思います。

　そういう意味で，日本語教育も，「多文化主義」にのっとった「地球市民教育」であるべきだと考えます。それは，「どこで・だれに対して」行われる日本語教育にも求められるものだと思います。これはまた，どの要素に重点を置いた教育であるかによって，「人権教育」「環境教育」「開発教育」「異文化間教育」「多文化教育」などとも呼ばれます。

　海外の大学や国内の留学生，地域社会の外国人住民等に対して，日本

語学習者だけが学ぶ当事者ではなく，日本人等の側も，これら日本語学習者と教師やボランティア，隣人，友人などとしてのかかわりから学び，ともに社会の対等・平等な構成員として社会参加していくための「多文化主義」にのっとった相互学習の取り組みが試みられ始めています。

また，年少者に対しても，海外における日本語教育では，ネウストプニーの前掲書に紹介されているように，オーストラリアのヴィクトリア州における学校教育での日本語教育カリキュラム（メルボルンシラバス）に先駆的な取り組みを見ることができます。これは，生徒たちが実際に日本人と行動をともにする中から学び，上述のような種々の能力を総合的に習得することを目指したもので，一つのモデルとなるものと思われます。

国内の学校現場でも，ニューカマーの子どもたちの受け入れに当たって，これらの子どもたちへの日本語教育とすべての子どもたちへの多文化教育をともに進める，あるいは融合させていく試みも始まっています（小島 1995: 72-76）。

紙幅の関係で，これらの取り組みの詳細を示すことはできません。それぞれ前掲の文献などを参照してください。どうか皆さんには，「文化の相違」を適切に理解し，既成概念にとらわれず，「多文化主義」にのっとった「地球市民教育」としての独創的な日本語教育を創造していただきたいと思います。

［注］
1) 身ぶりや声の調子，姿など，意識的あるいは無意識的に，相手になんらかのメッセージを伝えている言語以外の要素をいいます。ヴァーガス（1987）は異文化間コミュニケーションとの関連で書かれていて，参考になります。
2) 民主主義というものが，ある集団内部において，その構成員間に集団への参加の対等・平等性を保障していくためのものだとすると，わたしは，現時点での「多文化主義」は「社会」における各文化集団間の社会

参加の対等・平等性を保障するものだと考えます。この場合，「社会」は，家庭や地域社会などから国家や地球社会までそれぞれの範囲で想定できます。社会を規定するこういった重層的な「範囲」が存在するところから起こる「多文化主義」と民主主義の葛藤をあつかった議論は，テイラー他（1996）を参照してください。

3) 小島（1995），ネウストプニー（1995），山田（1996）など。小島（1995）は，年少者についての実践報告です。ネウストプニー（1995）では，「メルボルンシラバス」については第9章，そのほか大学での日本語教育等も含めての具体的な事例については，第4章，第7章などを参照してください。山田（1996）には，国内の大学での留学生に対する事例が示してあります。

[引用文献]

ヴァーガス, M.F.（1987）『非言語コミュニケーション』，石丸正訳，新潮社．[Vargas, M. F.（1986）*LOUDER THAN WORDS: An Introduction to Nonverbal Communication*, Ames: Iowa State University Press]

小島留男（1995）「事例1　小学校における日本語指導　群馬県大泉町立西小学校の実践1．学校全体の取り組み」，中西晃・佐藤群衛編著『外国人児童・生徒教育への取り組み――学校共生の道』(72-76頁)，教育出版．

ジョージ, S.（1984）『なぜ世界の半分が飢えるのか――食料危機の構造』，小南祐一郎・谷口真理子訳，朝日新聞社．[George, S.（1977）*How the Other Half Dies The Real Reasons for World Hunger*, Harmondsubrth, England: Penguin]

テイラー, C. 他（1996）『マルチカルチュラリズム』，佐々木毅・辻康夫・向山恭一訳，岩波書店．[Taylor, C., Appiah, K.A., Habermas, J., Rockefeller, S.C., Walzer, M. & Wolf, S.（1994）*MULTICULTURALISM Examining the Politics of Recogniton*, Princeton: Princeton University Press]

ネウストプニー, J.V.（1995）『新しい日本語教育のために』，大修館書店．

山田　泉（1996）『異文化適応教育と日本語教育2　社会派日本語教育のすすめ』，凡人社．

[参考文献]

高橋正夫・バイパエ, S.S.（1996）『「ガイジン」生徒がやって来た――「異文化」として外国人児童・生徒をどう迎えるか』，大修館書店．

中島智子（編著）(1998)『多文化教育――多様性のための教育学』，明石書店．

西川長夫・渡辺公三・マコーマック, G. (編)(1997)『多文化主義・多言語主義の現在——カナダ・オーストラリア・そして日本』, 人文書院.
バンクス, J.A. (1996)『多文化教育——新しい時代の学校づくり』, 平沢安政訳, サイマル出版会. [Banks, J. A. (1994) *An Introduction to Multicultural Education*, Needham Heights: Allyn and Bacon]
平沢安政 (1994)『アメリカの多文化教育に学ぶ』, 明治図書出版.

第3章　アクション・リサーチ

横溝紳一郎

1　教師の成長

　より優れた日本語教師を育成していく方法として、つい最近までは、教師として必要と思われる技術を指導者が訓練によって教え込みマスターさせることで教える能力を伸ばしていこうとする、「教師トレーニング」(Teacher Training) という考え方が主流を占めていました（岡崎・岡崎 1997)。しかしながら、教師が教室の中で実際に直面する問題は多種多様であり、トレーニングによって叩き込まれた一つの教え方を忠実に実行するだけでは対応できない場合も少なくありません。そこで「教師トレーニング」に代わって登場してきたのが、「教師の成長」(Teacher Development) という考えによって教師の育成を図ろうとする方向性です。この方向性は、「教師養成や研修にあたって、これまで良いとされてきた教え方のモデルを出発点としながらも、それを素材に〈いつ、つまりどのような学習者のタイプやレベル、ニーズに対して、またどんな問題がある場合に〉、〈なぜ、つまりどのような原則や理念に基づいて〉教えるかということを、自分なりに考えていく姿勢を養い、それらを実践し、その結果を観察し改善していくような成長を作りだしていく」(岡崎・岡崎 1997: 9-10) ことを重要視します。

　各教師がそれぞれの形で成長していく「教師の自己成長」を可能にする方法としては、自分の授業を録音・録画等の方法で記録しそれに基づいて内省したり、他の教師に授業を観察してもらいコメントをもらった

り，学習者からの評価を得たりする方法がよく使用されているのですが，授業を行なっている教師本人が自らのクラスを対象にリサーチを行ない，その結果を授業の改善に役立てるという試みは，今まで日本語教育の分野ではあまりなされていませんでした。現場の日本語教師によるリサーチがあまり普及していない原因としては，「リサーチをする時間がない」「リサーチの仕方が分からない」「リサーチのテーマが見つからない」「リサーチによって自分が「能力不足の教師」であることが明確になることを望まない」「リサーチの過程と結果を公に報告することを望まない」「他の人からのサポートが得られない」「伝統的な教育学的研究すなわち実証的なリサーチの方法は，教師としての倫理感からも行ないにくいし，たとえ行なってある結果が出たとしても，教室内の学習者の学習成果に影響を与える要素が数多くありすぎて，その結果を一般化できないので，あえて行なうだけの意義が見いだせない」，といったことなどが挙げられます。しかしながら，現在の日本語教育の分野では教育現場の声の反映が求められており，現職教師によるリサーチが必要とされています。例えば，月刊日本語編集部（1998: 9-11）は次のように主張しています。

> 日本語教育を支える現場の教師にとって実際に必要なのは，現場に結びつかないような細かすぎる分析や研究ではなく，教育現場で「こういう学習者に」「こんな教材で」「こんな方法で」「こんなことをやってみたら」「こんな結果が出て」「こんな反省をした」といった実践記録である。数値化・一般化できなくても，あるいは実践記録と自分が受け持っている学習者や，使っている教材が多少違っていても，教師にとっては大いに参考になる。まして条件が同じであれば，成果を比較し合うことで多くのサンプルが集まるだろうし，そこから「研究」にフィードバックできることは極めて大きい。[中略]実践報告をまとめる場合も，どういった内容をどういったスタイルでまとめるのが有効なのかを，現場の教師は習得する必要があ

りそうだ。現場の成果の適切な評価のためにも，現場に即した方法論の確立が急がれるだろう。

アクション・リサーチ（以下，AR）は，このようなニーズに応えるとともに，各教師の自己成長を援助する一つの方法です。以下，ARについて詳しく説明していきたいと思います。

2 アクション・リサーチとは

2.1 歴　史
ARそのものは決して新しいものではありません。第二次大戦後，K. レヴィンによって確立され，その後，J. エリオットやL. ステンハウスらが教育分野でのARを発展させました。1980年代からオーストラリアでは，学校の質の向上や教育的研究の実施に，ARが重要な役割を果たしています。また，イギリスでは，ARを実施している教師同士のネットワークとして，CARN（Classroom Action Research Network）が存在し，*Educational Action Research* という国際的ジャーナルを1993年に創刊しました。外国語教育の分野では，1980年代後半からARへの興味が高まり，1990年代半ばになってようやく日本でも，英語教育についてのARの実践報告等がなされるようになってきました。日本語教育の分野では，いまだあまり行なわれておらず，これからの発展が待たれているのが現状です。

2.2 定　義
ARとは何かを明確にするために，さまざまなAR主唱者がその定義を試みてきました。例えば横溝（2000: 17）は，「自分の教室内外の問題及び関心事について，教師自身が理解を深め実践を改善する目的で実施される，システマティックな調査研究」と定義しています。以下，ARの特徴を一つ一つ見ていきましょう。

2.3 特　徴
ARの特徴としては次のようなものが挙げられます。

(a) **小規模で状況密着型である**

　　……ARは，教師が実際に担当している教室そして学習者をその対象としています。必然的に，規模は小さく，また自分が教える状況に密着したリサーチになります。

(b) **状況の改善・変革すなわち教育の質の向上を目標に行なうものである**

　　……教師自身が教える状況をよりよいものにしていくために，ARは行なわれます。そのトピックは，教室内で生じた問題に限らず，教師がなんとなく気になっていることや，教師がよかれと思って行なっていることなども，リサーチのトピックになりえます。

(c) **自分の教室を超えた一般化を直接的に目指すものではない**

　　……教師が自分自身の教える状況の向上を目指して小規模で状況密着型で行なうのですから，その結果を一般化することはできません。しかしながら，同じトピックについてのリサーチがいろいろな教育環境で多数行なわれ，それらの結果の多くが一致することが明らかになれば，そのトピックについて「実践してみると，こういった結果が出る傾向がある」と示唆することは可能になります。

(d) **（授業を行なっている）本人が行なうものである**

　　……ARを実際に行なうのは，基本的に，実際に授業を担当している教師本人です。教師が，自分自身の授業の向上，すなわち自己成長を目指して行なうリサーチです。

(e) **協働的であることが望ましい**

　　……一人でARを進めることも不可能ではありませんが，他の教師と協力して励まし合いながら進めるほうがやりやすいようです。また，それを通じて，他の教師との横のつながりを拡げることも可能になります。

(f) 伝統的なリサーチのやり方よりも柔軟性があって取り組みやすく，現場の教師向きである

　　……教育の分野で通常用いられているリサーチ・メソッドでは，その妥当性と信頼性を大切にするがゆえに，実施に際してさまざまな制約が生じます。このことが，リサーチを現場の教師から遠ざけている一要因にもなっています。ARは，現場で授業を担当している教師が取り組みやすい柔軟さを持っています。

(g) 評価的であり内省的である

　　……ARでは，教師が教室内で生じていることをまず評価・内省し，その改善のために起こした行動の結果を観察したうえで，再び評価・内省していきます。

(h) システマティックである

　　……自分の教え方の向上を目指して内省プロセスに従事するのは，自己成長を望む教師なら誰でも通常行なっていることです。ARには，それに枠組みを与え，それをよりシステマティックに変化させる機能があります。それゆえ，その実施に際しては，「予め方法論を明示し，それに沿って研究をすることが重要」（妹尾 1998: 19）で，そうでないと，ただの実践と変わりのないものになってしまいます。また，決定した方法論に変更の必要性や変更したいという気持ちが出てきた場合は躊躇なくそれを変更し，新たな方法論を明示し直し，その後はそれに沿って研究を進めていくことになります。

(i) 他の人に影響を及ぼす変化を起こすという意味で，ポリティカルなプロセスである

　　……教える状況の向上を目指して教師が行動するのですから，その行動によって，学習者や他の教師や教育機関等に直接的・間接的に影響を与えることになります。

2.4 プロセス

ARをどのような流れで進めていくのかに関しても，定義と同様，いろいろな形のプロセスが主張されていますが，Kemmis & McTaggart (1988) は，向上を目指してクリティカルな眼で捉えた現状に基づいて行動を「計画」し，その計画を実施するために「行動」し，行動の効果をそれが生じたコンテクスト内でクリティカルな眼で「観察」し，行動の効果を「内省」し，さらなる計画，行動へとつなげるというサイクルで，ARは進行していくとしています。ARを行なうための準備がどの程度できているか，すなわち，各教師のAR実施のレディネスとリサーチ結果の公開を考慮に入れて Kemmis & McTaggart (1988) の主張を発

〈表1〉 アクション・リサーチ実施の10のステップ

ステップ	内容
(1) スタート地点の発見	リサーチのトピックを見つけるために，自分の教授活動について熟考する。
(2) リサーチのトピックの明確化	自分の教授活動の問題点や気になることをリサーチのトピックとした上で，そのトピックをできるだけ具体的に明確化する。
(3) 情報収集	リサーチのトピックに関してどのような主張がすでになされているのか，先行研究の調査などにより情報を集める。
(4) 予備調査	リサーチのトピックに焦点を当て，実際に何が起こっているのかを調べる。
(5) 行動方略の発展	予備調査で集めたデータを分析し，情報収集で得た情報に基づいて原因を考察し，改善策としての行動方略を考える。
(6) 行動の計画立案	発展させた行動方略を実行に移す計画を細かく立てる。
(7) 行動の実施	立てた行動方略の計画を実施する。
(8) 行動結果の観察・分析	実施した行動の結果を観察・分析する。
(9) 行動成果の内省	行動の効果が望ましいものであったかどうかを評価する。望ましいものでなかった場合は，その原因を考察する。内省によって予備調査に戻り，さらなる AR のサイクルが開始することもある。
(10) 公開	リサーチのプロセスと結果を，ほかの教師と共有する。

展させると，表1のような10のステップがあるプロセスとして，ARを捉えることができます。

このモデルでは，リサーチをしたいという気持ちはあるのだが，何についてリサーチしようとしているのか自分でもはっきりしていない教師には，ステップ(1)～(10)がすべて必要になります。リサーチのテーマだけは決まっていて，そのテーマに関する予備調査から始められる教師には，ステップ(1)と(2)の一部が不要になります。同様に，すでに利用できるデータがあり，その内省に基づいて行動の計画を立てることが可能な教師の場合はステップ(1)～(3)が，行動の計画がすでにある程度決まっていて，すぐ行動に移れる教師の場合はステップ(1)～(5)と(6)の一部が不要になります。また，ステップに便宜上(1)から(10)まで番号がついていますが，この進み方は上から下へと固定されているわけではなく，実施されるARの内容によって進み方は異なってきます。特に「情報収集」と「予備調査」は，順序の逆転も同時進行も可能で，この二つのステップとそれに続く「行動方略の発展」「行動の計画立案」「行動の実施」「行動結果の観察・分析」「行動成果の内省」は，ARを進める中で必要に応じて何度も行なわれることが少なくありません。では，一例として，私が初めて行なったARを，このモデルに従って紹介していきましょう。

3 アクション・リサーチの実践例

3.1 スタート地点の発見およびリサーチのトピックの明確化

日本語を教え始めて10年以上経ったが，その間ずっと気にかかっていたのが「学習者の言動に対し，教師はどのように反応すべきなのか」というテーマであり，それは私自身の体験にその原因があるようだ。「中学3年生の時，テストでいい点をとって，友達の前で自分だけ担任の先生に褒められ，きまりの悪い思いをしたこと」や「高校2年生の時，苦手だった理科の授業中に質問した私に対し，先生が『そんなの常識で

しょ』と言って答えようとしてくれず，悔しい思いをしたこと」等の体験を自らした私が，教師という職業についたときに決心したのは，「フィードバックの与え方に気を付けよう」ということだった。そんな私にフィードバックの与え方の一つの具体的方法を与えてくれたのは，ゴードン（1985）による『教師学——効果的な教師＝生徒関係の確立』という本だった。一番印象的だったのは，「褒めることは動機づけにはつながらず，かえって障害となる」という部分だった。上述の中学時代の体験から「褒めることは動機づけにつながる」という考えに疑問を持っていた私は，このゴードンの意見に賛同し，それ以降，この『教師学』をクラスルーム運営の指針として，教師としての自分のクラスでの褒め行動に対する一つのガイドラインとしていた。また，学習者が間違った答えを産出した場合の教師の反応については，自分が研究を続けていたコミュニティ・ランゲージ・ラーニングの理論を活用して，教室活動別のフィードバックの与え方に関するガイドラインを作成し，今でもそれに基づいて授業を行なっている（横溝 1998a）。このように，教師としての自分が学習者にどのように反応すべきなのかについて，一応の満足を得ていた私なのであるが，2年前に大学院生の教育実習の授業にアドバイザーという形で参加していたある日，褒めることの是非をめぐって，私を含む参加者同士が異なる意見をぶつけ合うことがあった。この出来事によって，自分の褒め行動に関する考えをもう一度見つめ直してみようという気持ちが高まり，できればそれをARの形で実行に移したいと思うようになった。ARを通して，学習者が言ったことが正しい時に自分が取る言動をまず明らかにし，その言動に直すべきところがあれば直して，自分なりのガイドラインを作りたいと思った。

3.2 情報収集

上述のゴードン以外にどのような意見や考えがあるのかを明らかにするために先行研究を調べてみると，学習者が言ったことが正しい時に教師が与えるフィードバックを「肯定的フィードバック」といい，「（学習

者のパフォーマンスが正しかったことを伝える）正答の是認」と「（学習者の動機を高める）褒め」の二つがあることが分かった（Nunan 1991: 195）。また，正答の是認の重要性に関しては肯定的意見がほとんどである一方，褒めに関しては，肯定的・否定的・条件つきで効果的とするものなど，さまざまな意見が存在していることが明らかになった（Vigil & Oller 1976; Brophy 1981; Harmer 1991; Brown 1994; 日暮 1996）。その中で，今村（1996: 187-188）が褒め方に関して，次のような具体的な意見を提供していた。

1. むやみに褒めたり，やたらに大袈裟に褒めてはいけない。
2. 「よくできました」は小学生に使うことばで，いくら優しくしても何か上から見下すようなニュアンスが紛れ込むので，成人の学習者にはふさわしくない。
3. 「偉いですね」も，ふざけて使う以外は，控えたほうがよい。
4. できないかもしれないと判断された課題に正答したときは，「素晴らしい！」や「すごい！　よくやった！」等の褒めことばに全感情を込めてよい。

3.3　予備調査

肯定的フィードバックのデータは，私が授業を担当していた初級後半のクラスにおけるインターアクションを，平成9年の秋学期に計3回（90分の授業を2回，45分の授業を1回）録画するという形で収集した。教室内の学習者数は，90分の授業は2回とも13人，45分の授業は19人であった。授業中にはさまざまな教室活動を行なったが，教室活動のタイプが違えば肯定的フィードバック行動のガイドラインも変わってくるのではないかと考えたので，本ARでのガイドラインづくりは，「コンテクストの中での練習」と呼ばれる口頭練習に限定することにした。「コンテクストの中での練習」とは，機械的なパターン練習からより実践的なペアワークやロールプレイへとつなぐ橋渡し的な役割を果たす教

室活動であり，具体的には絵カードや小道具を使って次のような練習をする活動である（詳しくは，横溝 1997 を参照）。対話者AとBのどちらかの役を教師が行なうこともあれば，学習者がどちらの役も行なうこともある。

《1往復の対話の練習》
A： （Bが持っている袋を指差して）それ，何ですか。
B： （自分の袋の中に入っているものを出して）チョコレートですよ。食べませんか。

《2往復以上の対話の練習》
A： （Bが持っている袋を指差して）それ，何ですか。
B： （自分の袋の中に入っているものを出して）チョコレートですよ。食べませんか。
A： えっ？　でも，いいんですか。
B： どうぞ，どうぞ。（チョコレートを渡す）
A： （チョコレートを受け取って）ありがとうございます。
B： どういたしまして。

録画した「コンテクストの中での練習」を見ながら，私自身が使用した肯定的フィードバックの方法（学習者の答えが正しかった時に私がどのような反応をしているか）とその頻度（その反応を何回使用したか）を記述していった。このビデオを見ながら記述していく作業の途中で，学習者に要求していることが，「教師が言ったことを学習者が反復する」「教師の質問に学習者が答える」「学習者同士で質問し答える」の三つに分けられることに気がついた。ここで考えたのは，要求されたことの内容によってその達成の難しさが異なってくるのではないかということだ。すなわち，1往復の対話と2往復以上の拡大した対話とでは，当然後者のほうが難しいだろうし，「教師が言ったことを学習者が反復すること」「教師の質問に学習者が答えること」「学習者同士で質問し答えること」では，学習者のイニシアティブがより要求されるという点で，順に難し

くなっているだろうと考えたのだ。そこで、ビデオテープを再びはじめまで巻き戻し、「1往復の対話」と「2往復以上の対話」の二つの段階に分けて肯定的フィードバックを記述した。また、「1往復の対話」をさらに3局面、すなわち「教師が言ったことを学習者が反復する」「教師の質問に学習者が答える」「学習者同士で質問し答える」に分けて記述していった。「2往復以上の対話」の場合は、録画された授業の中には「教師の質問に学習者が答える」部分がなかったので、残りの2局面、すなわち「教師が言ったことを学習者が反復する」と「学習者同士で質問し答える」に分けた。結果的に、データの分析は、次の五つの状況別に行なうこととなった。

1. 1往復の対話で教師の言ったことを反復する
2. 1往復の対話で教師の質問に答える
3. 1往復の対話で学習者同士で質問し答える
4. 2往復以上の対話で教師の言ったことを反復する
5. 2往復以上の対話で学習者同士で質問し答える

録画した授業のビデオを見ながらの分析によって、次のことが明らかになった。

1. 学習者のパフォーマンスが正しかったことを伝える肯定的フィードバック、すなわち正答の是認ばかりで、動機を高めるための褒めは皆無だった（そして、自分がまったく褒めていないという事実にびっくりした）。
2. 多用された肯定的フィードバックは、「何も言わないで頷く」「ウン」「ウン、そうですね」「ウン＋モデル文の繰り返し」だった。
3. 「何も言わないで頷く」は、1往復の対話で教師の言うことを反復する時と、1往復の対話で教師の質問に答える時に多いが、1往復および2往復以上の対話で、学習者同士が質問し答える時にはほとんど見られなかった。

4. 「ウン」は，1往復および2往復以上の対話で教師の言うことを反復する時と，1往復の対話で教師の質問に答える時に多く，1往復および2往復以上の対話で学習者同士が質問し答える時にはほとんど見られなかった。
5. 「ウン，そうですね」が1往復の対話で，教師の言うことを反復する時，教師の質問に答える時，学習者同士で質問し答える時の順に増加していた。

　以上の結果を受けて，私が使用したものと使用しなかったものに対する学習者の反応を知るために，アンケート調査を実施することにした。これによって，私が使用している肯定的フィードバックが学習者の望むこととどの程度一致しているかが明らかになり，その結果，学習者の学習を支えるものとしての，私の肯定的フィードバック行動の効果の考察が可能になると考えたからだ。アンケート調査は，学習者全員を対象に学期の授業がほぼ終了した時点で，学習者の許可を得て実施した。教室内肯定的フィードバック行動のデータを分析するときに明らかになった五つの状況すべてを含んだアンケートを作成すると，あまりにも時間がかかりすぎると考えて，「1往復の対話で学習者同士で質問し答える」「2往復以上の対話で教師の言ったことを反復する」の二つをアンケートから除き，「1往復の対話で教師の言ったことを反復する」「1往復の対話で教師の質問に答える」「2往復以上の対話で学習者同士で質問し答える」の三つの状況だけを使用することにした。この三つの状況で，9種類の教師による肯定的フィードバックをどの程度適切だと思うかを7段階のスケール（1＝まったく適切でない，……，7＝まったく適切である）で選択してもらった。9種類のフィードバックは次のとおりだった（なお，項目のフィードバックに「ニッコリ」が入っているのは，録画した授業の中で肯定的フィードバックを与える時は私自身が常に微笑んでいるという事実が確認されたため）。

《自分が多用していたもの》(正答の是認)
1. 何も言わないで，ニッコリ頷く
2. ニッコリして，「ウン」と言う
3. ニッコリして，「ウン，そうですね」と言う
4. ニッコリして，「ウン」と言って，正しい答え（モデル文）を繰り返す

《自分があまり使用していなかった正答の是認で，「ウン」との違いを知りたかったもの》
5. ニッコリして，「ハイ」と言う

《自分がまったく使用していなかった「褒め」で，今村がよくないとしたもの》
6. ニッコリして，「よくできました」と言う
7. ニッコリして，「偉い(ですね)」と言う

《自分がまったく使用していなかった「褒め」で，今村が感情が込もればよいとしたもの》
8. ニッコリして，「素晴らしい(ですね)」と言う
9. ニッコリして，「すごい(ですね)」と言う

　私自身が使用していた5種類の「正当の是認」に加えて，4種類の「褒め」をアンケートの中に入れたのは，自分がまったく使用していなかった「褒め」を学習者が望んでいるかどうか，望んでいるとすればどのような褒めをどのような状況で望んでいるのかを明らかにしたかったからであり，そのため褒めの具体的な言葉を今村（1996）から借用することにした。

　アンケート調査の結果をまとめると，図1と図2のようになった（図の状況1，2，3は，「1往復の対話で教師の言ったことを反復する」「1往復の対話で教師の質問に答える」「2往復以上の対話で学習者同士で質問し答える」の三つの状況をそれぞれ表している）。

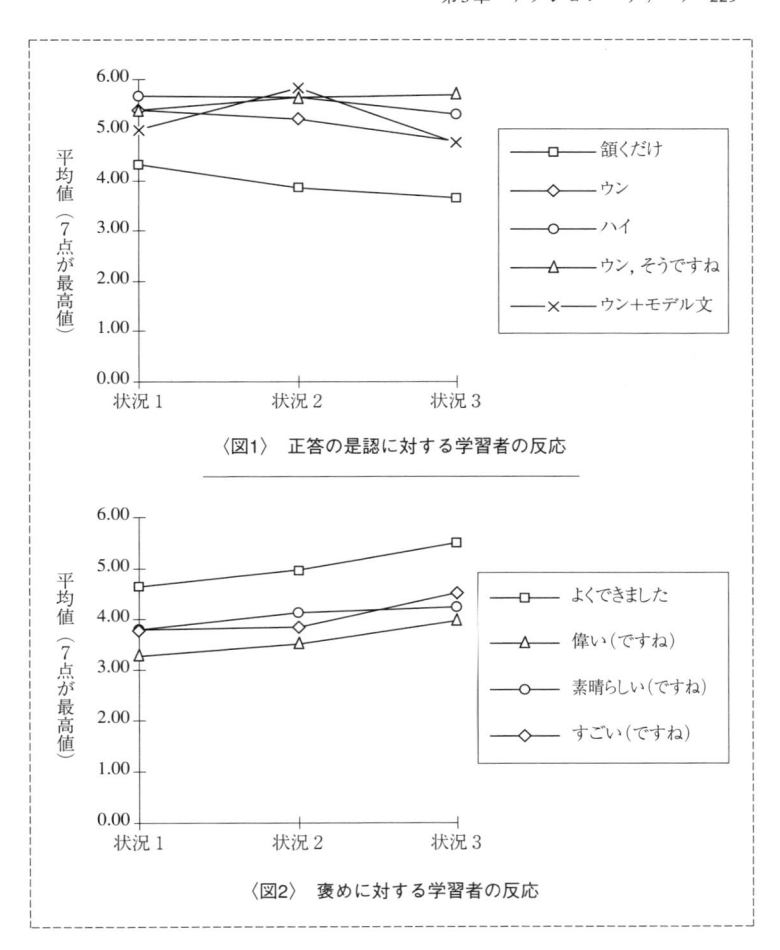

〈図1〉 正答の是認に対する学習者の反応

〈図2〉 褒めに対する学習者の反応

3.4 行動方略の発展

図1と図2の結果に基づいて，三つの状況における「正答の是認」および「褒め」に関して，表2・表3のガイドラインを作成してみることにした。なお，「褒め」に関しては，筆者が褒め行動をまったく行なっ

〈表2〉「コンテクストの中での練習」の正答の是認のガイドライン

正答の是認の種類	状況1（教師の言うことを反復する）	状況2（教師の質問に答える）	状況3（学習者同士で質問し答える）
何も言わないで頷く	×	×	×
ウン	◎	○	△
ハイ	◎	○	△
ウン，そうですね	○	○	◎
ウン＋モデル文	○	◎	×

（◎＝積極的に使うべきである，○＝使ったほうがよい，△＝使ってもよい，×＝使うべきでない）

〈表3〉「コンテクストの中での練習」の褒めのガイドライン

正答の是認の種類	状況1（教師の言うことを反復する）	状況2（教師の質問に答える）	状況3（学習者同士で質問し答える）
よくできました	△	○	◎
偉い（ですね）	×	×	×
素晴らしい（ですね）	×	△	△
すごい（ですね）	×	×	△

（◎＝積極的に使うべきである，○＝使ったほうがよい，△＝使ってもよい，×＝使うべきでない）

ていなかったため，その使用パターンとアンケート結果のパターンが一致しているかどうかについての考察は不可能だった。そこで，アンケート結果のみによるガイドラインの作成を試みた。その際，◎＝7点満点中5.5点以上，○＝5点以上5.5点未満，△＝4点以上5点未満，×＝4点未満，とした。

3.5 行動の計画立案

表2および表3のガイドラインが妥当なものであるかどうかを調べるために，ガイドラインに基づいた肯定的フィードバック行動を授業中に実行し（3週間），その結果をアンケート調査することにした。

3.6 行動の実施

計画どおりに，ガイドラインに基づいて3週間，肯定的フィードバックを与えた。

3.7 行動結果の観察・分析

ガイドラインに基づいて修正した，3週間の肯定的フィードバック行動に対する学習者の反応についてのアンケート調査を実施した。アンケートの内容は先学期終了時に実施したものと同じであるが，フィードバックの種類を各状況で◎だったもの，すなわち「積極的に使うべきである」としたものだけに焦点を当てた。その結果が図3である。

五つすべての肯定的フィードバックが5点以上であったことで，ガイドラインの妥当性がアンケート調査によってある程度支持されたと考えてよいだろう。しかし，より妥当性の高いガイドライン作成のために，次の二つのさらなる修正が可能ではないかと考えた。

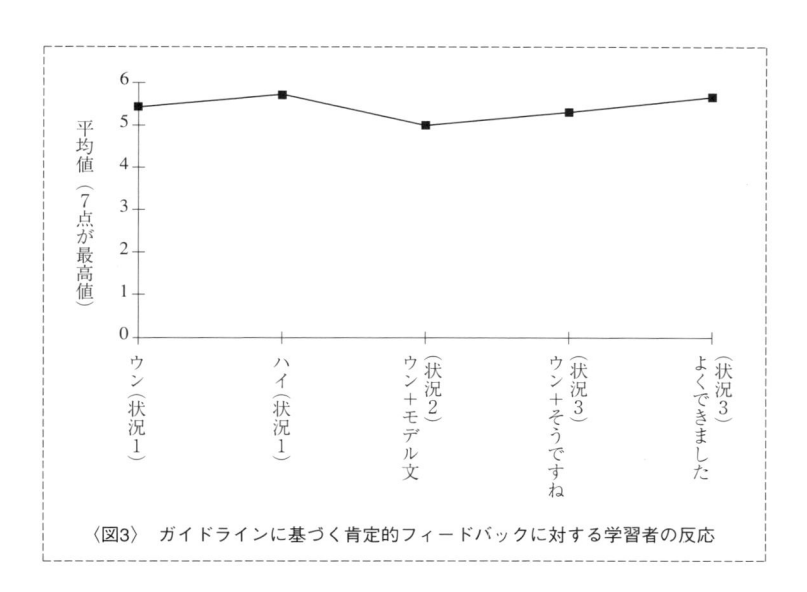

〈図3〉 ガイドラインに基づく肯定的フィードバックに対する学習者の反応

修正1：状況1で「ウン」よりも「ハイ」のほうがより支持されているので，状況2の「ウン＋モデル文」と「ウン，そうですね」をそれぞれ，「ハイ＋モデル文」と「ハイ，そうですね」に替えてみる。

修正2：状況2で「ウン＋モデル文」の支持がそれほど高くなかった原因の一つとして，正答の確認を望む学習者とそうでない学習者がクラス内に混在していることが考えられる。それゆえ，モデル文の与えすぎに注意し，他の「使ったほうがよい」とされている肯定的フィードバックと混ぜて使用してみる。

3.8　行動成果の内省

自らの教室内行動を分析し修正すべき点がないか考察したことで，肯定的フィードバックに関する理解が深まった。さらなる AR の可能性として，口頭練習以外の教室活動中の肯定的フィードバックのガイドライン作成や，学習者の言語運用能力・学習スタイル・性格等のバリエーションが肯定的フィードバックに対する反応に及ぼす影響等を考えた（横溝 1998b）。

3.9　公　　　開

リサーチのプロセスと結果を，学会発表やインフォーマルなミーティングを通じて，他の教師に公開し意見交換をした。公開により，例えば「学習者が正しく答えた時にあなたがニコッとすることがあなたのスタイルの「褒め」になっているから，無理に「褒め言葉」を使う必要はないんじゃないの？」とか，「「よくできました」を教師が使っていると学習者がそれを真似し始めて，教室外で目上の人に使ってしまうかもしれないので，「よくできました」は教師は使わないほうがいいんじゃないか？」といったさまざまな意見やコメントを聞くことができて，このトピックに関する自分自身の理解が深まっただけでなく，他の先生方とのネットワークも広がった。はじめのうちはいろいろと戸惑うことも多か

ったが，ARをやってよかったと思うし，これからも続けていきたい。

4 アクション・リサーチ再考

4.1 アクション・リサーチは「リサーチ」なのか

　伝統的なリサーチを大切にするグループからARは「教師としての向上にはよいかもしれないが，いわゆるリサーチという範疇には入らないのではないか」という見方をされる場合も少なくありません。これは，ARの規模の小ささや状況密着性そして現職教師が取り組みやすいようにリサーチのいわゆる敷居を低くしたことなどが原因で，伝統的なリサーチで問題とされる妥当性（研究者が調査しようと意図したものを，その研究が実際に調査しているか）と信頼性（研究から得られた結果がどの程度首尾一貫していて，研究そのものがどの程度複製可能か）の二つの要素が（伝統的なリサーチの立場から観て）あまり満たされていないことに起因していることが多いようです。この批判に対して，例えばNunan (1992, 1993) は，「質問・問題・仮説，データ収集，データの分析と解釈という，リサーチの三つの最低必要不可欠な構成要素を有しているので，ARはリサーチである」とした上で，妥当性と信頼性をさらに細かく分類して，ARが満たしうる妥当性と信頼性に絞って，その質を論じるべきであるとしています。またCrookes (personal communication, May 3, 1998) は，ARは妥当性に関して，「民主的妥当性」（リサーチを行なう場合に生じる研究者と被験者の間のヒエラルキーを，どの程度解消してリサーチが民主的なものであるか）や「結果の妥当性」（行動が研究中の問題の解決につながったか）等の，伝統的なリサーチとは異なる基準を満たしているという立場を強調しています。ARと伝統的なリサーチとがどのような形で共存できるのかについては，いまだ試行錯誤状態であるのが現状のようです。

4.2 アクション・リサーチの可能性

現職教師が自分の仕事をこなしながらその向上を目指すといった性質上，ARに参加する教師には，ある程度の時間とエネルギーの投資が必要です。では，ARに時間とエネルギーを投資して積極的に取り組むことで，どのようなことが生じてくるのでしょうか。以下，それを挙げていきます。

(1) リサーチの過程で，先行研究に目を通したり，収集したデータを分析したり，問題の解決法や行動の成果を考察したりすることで，教えることに対する洞察力が高められる。また，自分自身のリサーチに従事することで，プロとしての自意識が高まり，より「自律的」な教師の育成へとつながる。
(2) リサーチのプロセスと結果を公開することによって，教師一人一人が「教え方に関する情報の発信基地」になれる。
(3) リサーチを協力して行なったり，リサーチのプロセスを公開し合ったりすることで，教師同士のネットワークづくりに貢献する。
(4) リサーチのプロセスと結果を公開することで，教師の仕事に対する，周りの人々そして社会の理解が深まる。
(5) リサーチの中で教師が向上を目指し行動を起こすので，教授・学習環境が向上する。
(6) リサーチを進めていく過程で，学習者の学習を向上させるために教師と学習者が協力するので，教師と学習者の間のラポートが増す。

ARには，こうしたさまざまな可能性があります。教師としての自己成長のために，読者の方々の時間とエネルギーが投資され，ARがさらに発展していくことを心より望みます。

[引用文献]
今村和宏（1996）『わざ――光る授業への道案内』，アルク．

岡崎敏雄・岡崎眸（1997）『日本語教育の実習―理論と実践』，アルク．
月刊日本語編集部（1998）「こんな日本語教師になりたい！」，『月刊日本語』1月号，4-11頁．
ゴードン，T.（1985）『教師学（Teacher Effectiveness Training）――効果的な教師＝生徒関係の確立』，奥沢良雄・市川千秋・近藤千恵訳，小学館．［Gordon, T.（1974）*T.E.T.: Teacher Effectiveness Training*, New York: Wyden Publisher］
妹尾堅一郎（1998）「研究計画書の文書作法4　研究計画のスタイル」，『EXECUTIVE』5月号，17-20頁．
日暮嘉子（1996）『海外で教える日本語』，アルク．
横溝紳一郎（1997）『ドリルの鉄人――コミュニカティブなドリルからロールプレイへ』，アルク．
―――（1998a）「発話矯正――コミュニティ・ランゲージ・ラーニングの理論の応用」，『JALT Journal』20巻2号，37-46頁．
―――（1998b）「教師からの肯定的フィードバックに対する反応に学習者の学習スタイルが与える影響」，『日本語学・日本語教育論集』5号，9-28頁．
―――（2000）『日本語教師のためのアクション・リサーチ』，日本語教育学会編，凡人社．
Brophy, J.（1981）Teacher Praise: A Functional Analysis, *Review of Educational Research*, 51(1), 5-32.
Brown, H.（1994）*Teaching by Principles: An Integrative Approach to Language Pedagogy*, Eaglewood Cliffs, NJ: Prentice Hall Regents.
Harmer, J.（1991）*The Practice of English Language Teaching*, NY: Longman Publishing.
Kemmis, S. & McTaggart, R.（1988）*The Action Research Planner*, Victoria, Australia: Dearkin University Press.
Nunan, D.（1991）*Language Teaching Methodology: A Textbook for Teachers*, New York, NY: Prentice Nall.
―――（1992）*Research Methods in Language Learning*, New York, NY: Cambridge University Press.
―――（1993）Action Research in Language Education, in Julian Edge & Keith Richards（eds.）*Teachers Develop Teachers Research: Papers on Class-room Research and Teacher Development*, Oxford: Heinemann.
Vigil, N. & Oller, J.（1976）Rule Fossilization: A Tentative Model, *Language*

Learning, 26, 281-295.

[参考文献]

佐野正之(編著)(2000)『アクション・リサーチのすすめ——新しい英語授業研究』,大修館書店.

津田彰子・中村透子・横井和子・横溝紳一郎(1998)『ティーチング・ポートフォリオ——現職教師の自己成長の記録』,平成9年秋学期J4(準中級日本語)プロジェクト報告書,南山大学外国人留学生別科.

八田玄二(2000)『反省的授業実践——リフレクティブ・アプローチによる英語教師の養成』,金星堂.

松崎寛・横溝紳一郎(編)(2000)『日本語教育実習生の自己成長の記録——アクション・リサーチを通して』,広島大学教育学部日本語教育学科・広島大学大学院教育学研究科言語文化教育学専攻.

柳瀬陽介・横溝紳一郎・峰野光善・吉田達弘・兼重昇・那須敬弘・藤井浩美・加藤賢一・三浦省五(2000)「アクション・リサーチと第二言語教育研究」,『英語教育』(2000年10月増刊号),研究社出版,42-59頁.

横溝紳一郎(1998c)『アクション・リサーチ』,平成10年度第1回研究集会会員研修資料,日本語教育学会.

リチャーズ,J. C.・ロックハート,C.(2000)『英語教育のアクション・リサーチ』,新里眞男訳,研究社出版.[Richards, J. C. & Lockhart, C. (1994) *Reflective Teaching in Second Language Classrooms*, Cambridge, NY: Cambridge University Press]

Altrichter, H., Posch, P. & Somekh, B. (1993) *Teachers Investigate Their Work: An Introduction to the Methods of Action Research*, New York, NY: Routledge.

Boyle, J. (1997) Report on a Lecture by Dr. Graham Crookes: "Action Research", *The Language Teacher*, 21 (12), 45-47

Burns, A. (1999) *Collaborative Action Research for English Language Teachers*, New York, NY: Cambridge University Press.

Crookes, G. (1993) Action Research for Second Language Teachers: Going Beyond Teacher Research, *Applied Linguistics*, 14 (2), 130-144.

Elliott, J. (1991) *Action Research for Educational Change*, Milton Keynes: Open University Press.

Hadley, G. S. (1997) Action Research: Something for Everyone, in Dale T. Griffee & David Nunan (eds.) *Classroom Teachers and Classroom Research*, Tokyo: The Japan Association for Language Teaching.

Hopkins, D. (1985) *A Teacher's Guide to Classroom Research*, Philadelphia: Open University Press.
Lewin, K. (1948) *Resolving Social Conflicts*, London: Harper & Row.
Stenhouse, L. (1979) *What is Action Research?* Norwich: University of East Anglis, CARE.
Wallace, M. J. (1998) *Action Research for Language Teachers*, New York, NY: Cambridge University Press.

第4章　教師の一日

トムソン木下千尋

　日本語教師にもさまざまな形があります。アメリカの公立小学校の日本語教師の一日と，台湾の大学の日本語教師の一日，また大阪の民間日本語学校の教師の一日とでは，自然と違ってくるでしょう。ここでは，私の個人的な体験に基づいて，オーストラリアの大学における日本語教師の一日に起こった事柄の一例を紹介したいと思いますが，他の現場ではそれとは違うシナリオが成り立つことを，まずご了承ください。特に私の場合は現在（執筆時），日本語と韓国語のプログラム（学生数800人，スタッフ20数人）のディレクターという立場にありますので，キャリア初期の日本語教師の皆さんには直接関係がないと思われる部分が出てくるかもしれません。しかし，物事が大きな部分でどのように動いているのかを知り，それを自分の仕事に関連づけていくことは非常に大切なことだと思います。自分が新米の教師だったとき，もしこういうことまでわかっていたら，どんなによかっただろうと思うことが多いので，あえてここに書くことにしました。

　日本語教師の一日を考えるとき，教室に立つ教師の姿を思い浮かべることが多いかと思いますが，授業をしている時間は教師の一日のほんの一部にすぎません。実際，私が授業をするのは週に2日，4時間ずつで，ほかの日は授業はしていません。ここでは，授業以外の時間がどのように費やされているか，その間，教師はどのようなことを考えているのかを中心に話を進めたいと思います。

　授業以外の仕事を大きく分けると，(1)授業の準備，(2)授業の事後処理

など授業に関わるもの，(3)学生に関わるもの，(4)日本語プログラムの運営・管理に関わるもの，(5)大学の実務に関わるもの，(6)研究に関わるもの，などがあります。以上はきれいに分かれているのではなく，重なりあう部分も多く，毎日全タイプの仕事をしているわけではありませんが，大まかにこの分類に基づいて話を進めます。

1 授業の準備

　私は，オーストラリアのシドニーにあるニューサウスウェールズ大学という総合大学で，日本語を担当しています。今学期は，100人ほどの学生を抱える日本語中級コースを受け持っています。学生はグループに分かれ週に5時間の授業に出るので，このコースの運営に必要な合計授業時間は週22時間となり，私一人では教えきれません。非常勤の先生を2人お願いして，チームで教えています。100人は同じ学期末試験を受けるので，チームは足並みをそろえて教える必要があります。そのためには，かなり綿密な授業準備と先生方との調整が必要になります。

　そこで，私の一日は，電子メールを開け，先生方からの前日の授業の報告を読むことから始まります。私自身は週に2日しか授業をしていなくても，担当コースの授業は毎日行われているので，教案上の問題，学生に関する問題など，先生方から報告される問題に随時対処していかないと，翌日の授業に支障が出る可能性があります。

　授業の準備といっても広範囲にわたり，一般的なものでは，教科書の選定，シラバスの考案から，毎週の授業の教案の作成，タスクシート，聴解用テープなどの教材やテストの製作などがありますが，当大学のように地域社会の日本語話者がさまざまな形で参加するようなシラバスを使っていると（トムソン 1997），一般的な授業準備以外のことに時間のかかる場合が少なくありません。日本人コミュニティに協力を得るということを，海外で日本語教育を行う上で非常に重要だと考えていますので，時間がかかるのを承知で実施していますが，それには日頃から，日

本人会のランチに出席したり，働く婦人の会の役員を引き受けたり，出身大学の同窓会の幹事をしたりと，日本人コミュニティとのつながりを保つための先生方の地道な努力が基盤になります。直接にシラバスと関わるところでも，ビジターとしてお招きする日本人の皆さんを探し当てること，お願いすること，スケジュールの調整をすること，細かいところでは，大学の駐車券を準備すること，大学内に案内の矢印を貼ることなど，手間がかかります。

また，当大学ではコンピュータなどのテクノロジーを使った授業も行っていますので（Sasaki 1996; Hashimoto 1996 など），その準備も必要です。自分が新しいテクノロジーを取り入れる勇気を持つこと，どのようなことが可能かと常に情報アンテナを立てて好奇心を持っていること，導入を決めたら，まず自分が学び，そして一緒に教えている先生方にも学んでもらい，安心して使える体制を作ること，実際の場面では，事前に機械が動いているか，必要なソフトは入っているか，などのチェックも必要です。今学期は学生に，インターネットを使って情報を得，日本人の大学生とメールの交信をして意見を聞き，その他の情報と合わせて，研究発表し，ワープロで報告書を作るという作業をさせましたが，一部屋20台あるラボのマックで学生が一斉にインターネットを使うと，ネットワークが凍結してしまうこと，外部からの侵入者にラボのインターネットの口座を盗まれ，再申請が必要になったことなどをはじめ，さまざまなトラブルがありました。機械上のトラブルは自分ではなかなか処理できず，これからの日本語教師にはこういうところまで技能が要求されるようになるのだろうか，と考えさせられます。

日々の授業の準備も大切ですが，それだけではなく，いつも，1週間先，1カ月先，1学期先，1年先を考えて，いろいろな準備が必要です。例えば，ある一日には，翌週の教案を書き，翌々週の読み物教材を検討し，学期末試験を作り，次学年の教科書の申請をしました。学期は半ばに入ったばかりでも，大学の試験センターの期末試験問題提出の締切りが迫ってきます。まだ教えていない部分も含めて，早く書いて同僚に見

てもらい,間違いのないことを確認して提出しなければなりません。科目別教科書リストという大学の書類の提出期限もやはり1学期の半ばで,次の学年のものを出さなければなりません。自分の中に,明日の授業をうまく運営するためには今日何をしなければならないかと考えている部分と,来週,来月,来学期,来年の授業のために今日しておいたほうがよいことはないかを考えている部分が共存します。

2 授業の処理

授業の処理には,学生の出欠,参加の記録に始まり,先生方の報告に基づく不備の調整から,テストの採点,宿題の添削,模範回答の掲示,補充教材の作成,日本人ゲストへのお礼,などが含まれます。一番頭が痛いのは採点・添削です。学生数が多く,中,上級になると,採点・添削の負担は非常に大きくなります。初級に比べて,学生の書くものが長くなりますし,添削の焦点となる項目が増えてきます。テストにコンピュータ・マークシートを使ったり,授業中に隣同士の学生に採点させたりして,効率化を計っていますが,何かまとまりのあるものを書かせたかったら,400字詰め原稿用紙で3枚程度は最低必要で,一人が30～40人分の添削をして翌週返すのは,かなり厳しい仕事です。テストの採点があると,100枚近くの記述式答案を採点・添削することになり,家に持ち帰っての夜なべ仕事になることがほとんどです。

学生に研究発表をさせた週は,週末に発表のビデオを見て,学生の姿勢,発音,アクセント,抑揚,文法事項,内容の深さと正確さ,全体の構成など,学生に前もって知らせてあった評価事項を列記した評価用紙を見ながら,一人一人評価しました。実際の発表時には,内容を聞いて質問をするなど自分が参加しているので,同時に評価までするのは難しいのです。会話テストをしたときには,自分の担当の40人の学生を5分刻みで面接していき,テストしました。途中に休みを入れて4時間かかり,非常に疲れます。面接しながら評価していったので,終わりのほう

の学生の評価がきちんと行えているか,自分でも不安です。しかし,会話力の上達がコースの目標の一つである以上,それを評価しないわけにはいきません。学習者に意味のあるフィードバックを与え,かつ,効率の良い評価方法はないものだろうかと,常に模索しています。

今学期の評価は,(1)期末試験,(2)テスト2回（筆記,聴解,会話),(3)単語小テスト毎週,(4)研究発表とその報告書の提出,(5)個別プロジェクト,(6)授業への参加,の6項目からなっています。評価の結果は随時各先生方から連絡され,私が表計算ソフトを使って管理しています。成績に関連することでなんらかの問題があったとき,きちんとした記録がないと困ります。特に卒業がかかっている学生が自分のクラスを落第したときなど,どうしても卒業させてくれるように学生が嘆願してきますから,どのように対処するかを決める材料として自分が詳しい記録を持っているべきです。

3　学生との対応

学生が相談にやってくるのは,落第させたときだけではありません。100人も学生がいると,さまざまな学生関連の仕事が出てきます。私の場合,ディレクターという立場上,自分の担当クラス以外の学生でも,当大学の日本語や韓国語を履修中の学生,履修したいと考えている学生から,多様な相談が持ちかけられます。

まず,大学での勉強に関する相談があります。辞書はどれがよいかというような基本的なことに始まり,テストの成績が悪かったが,自分はこの科目の単位を落とすのではないか,この評価は不当ではないか,専攻を変えたいのだがどう思うか,自分はある先生に授業中侮辱されたと感じたので大学側にその先生の処分を申し入れたいがどうしたらよいか,というような難しい相談まであります。日本語関係の専門知識を持っていれば答えられる質問よりも,学習の方法を知り,学習リソースに関する知識を持ち,大学組織の機構・規則を知り,学生の文化的背景を

知り，人間として善悪の判断をすることまで迫られる質問のほうが多いのが現実です。

　学生の個人的な相談もあります。日本人の友達に結婚式に呼ばれたが，何を持っていけばよいか，来学期で卒業だが，何をすればよいか，今自分は離婚訴訟の真っただ中にいるが，休学したほうがよいだろうか，前学期，何も言わずにクラスに来なくなったのは，アルコール中毒で入院していたからで……，などなど，学生は本当にさまざまな状況で大学生活を送っているのだなあと考えさせられます。先日も，香港から移住してきたある学生の友人だという若者がやってきて，その学生の弟がカナダで事故にあって死亡し，学生はカナダに飛んでいったので授業に出られないと言ってきました。両親は英語がおぼつかないので，彼女が事後処理を全部しなければならない，その後，遺体を香港に移して葬儀を行うので，いつ戻れるかわからない，彼女はこの科目を無事終了することができるだろうか，という相談でした。

　推薦状を書いてくれという依頼も少なくありません。就職のための推薦状，奨学金や留学のための推薦状，大学の学生役員選挙の推薦状とさまざまですが，この学生にこの奨学金をぜひ取らせたいと思ったら，学生の成績を調べ，学生に自分のセールスポイントをリストにさせて，それを見ながら頭をひねります。いい推薦状を書くには，どうしても時間がかかります。

　学生をこちらから呼び出すこともあります。この学生ならと見込んで留学や就職を薦めるというような，気持ちのいい場面もありますが，学生のカンニングが発覚し，注意，警告などをしなければならない場合もあります。場合によっては，大学の事務局に連絡し，事務局が審査を行い，学生が大学から追放される結果になることもあります。

4　日本語プログラムの
　　運営・管理に関わる仕事

　大学の機構の中で日本語プログラムを運営していると，さまざまな事

務処理に関わっていかなければなりません。まず，人事関係の仕事があります。日本語教師，事務職員などの募集，採用，査定，再雇用，解雇など，非常に難しいケースもあり，人の生活に大きな影響を及ぼすような決断をしなければならないときもあります。オーストラリアの，また大学内の雇用関係の規定をよく知り，常に物事が「フェアー」に進められるよう注意を払っていなければなりません（オーストラリアでは「フェアー」という考え方が非常に重視されます。この言葉は，不公平にならないということだけではなく，物事が正義の心に基づいて行われるということをも意味すると思います）。オーストラリアでは，契約が切れた専任教師は，そのまま再雇用されることはなく，その職が公募に出されます。公募の結果，応募者を審査し，最適人者を採用します。最適人者が前任者ではないことも往々にしてあるのが現実です。「テニュア」という終身雇用に似た制度もありますが，「テニュア」のついた教員にも厳しい査定があります。昇給については，自分はこの査定期間にこれだけの仕事をしてきて，このような結果を出している，したがってこれこれの昇給に値する，という書類を自分から出して申請しなければなりません。昨今の教育受難時代では，「テニュア」のある教員も，その職がなくなったら，例えば，日本語を履修する学生数が大幅に減り，教師の半分がいらなくなったら，解雇される可能性があります。こうした厳しい現実の中で，査定や解雇などの特に難しい仕事をしていくには，自分が「フェアー」であることをいつも心がけている必要があります。

　私が担当している日本語・韓国語プログラムには専任，非常勤，助手を含めて20人ほどのスタッフがいますが，そのスタッフ間の協力体制を作るのも大切な仕事です。私は運良くスタッフに恵まれ，この点では苦労がありません。

　次に，コースづくり，プログラムづくりの仕事があります。当大学の日本語プログラムは一応出来上がっていますが，それでも，履修者数の少ないコースは方針を変える，または閉講にするとか，学習者のニーズや最新の研究成果から新しい企画を取り入れたいとき，また前年度の反

省からコースを変更したいときなど，学科や関連各位のコンセンサスを得，書類を作成し，学部の教授会に掛け，大学の承認を得るという仕事があります。翌年度のコースとして申請したければ，1年ほど前に書類を作成し，さまざまなところで承認を受けていかなければなりません。書類を作成し，会議で提案し，却下されれば，作り直し，再提出しと，時間のかかる仕事です。

　プログラムの運営には外部との交渉も関わってきます。他大学との協力，卒業生を送ってきてくれる高校の先生方との連携，学生の雇用先となる日系企業との関係，国際交流基金などの日本語教育支援団体との交流といった渉外活動も大事な仕事です。日本の大学と交換留学の提携をするための根回しや会議，書類のやり取り，他大学から編入してきた学生の引き継ぎ，シドニー周辺の大学の先生方の協力を得て行っている日本語能力検定試験の運営，日本語関係の講演会の主催，成績優秀者に贈る奨励賞のスポンサーを日系企業にお願いするなど，際限なく仕事があります。このような仕事には，大学院では教えてもらえなかったさまざまな技能が要求されます。

5　大学の実務に関する仕事

　日本語プログラムは，それだけで独り歩きをしているのではなく，大学の，学部の，そして学科の中の一部として運営されています。したがって私も，学科，学部，そして大学コミュニティの一員としての仕事をすることになります。さまざまな会議に学科の代表として出席したり，委員会が企画するプロジェクトの仕事をしたり，卒業式や奨学金の授与式に出たりします。私は商学部の教育の質向上委員会のメンバーで，昨年度は，他のメンバーと一緒に，商学部の学生のためのコミュニケーション技能ワークブックを企画しました。学長主催の最優秀教師選考委員もしましたし，学部の昇進審査委員もしました。他学科の教員選考委員にもよく駆り出されますし，大学の言語政策に提言する言語諮問委員会

のメンバーでもあります。委員会のメンバーとして会議に出るということは、事前に分厚い書類に目を通し、自分の意見を持ち、自分だけではなく、自分の所属学科や学部の利害に関係する部分では、その代表者として発言をし、なんらかの結果を出していく、そしてそれを学部・学科に持ち帰り、報告するということです。

　オーストラリアは社会での機会均等を徹底させるためにさまざまな政策をとっていますが、その一環として、当大学でも、なんらかの委員会には必ず男女両性からの参加があることが義務づけられています。日本語教育に従事する人は女性が圧倒的に多いので (Iida & Thomson 1997)、一考の価値のあることかと思います。私の所属する商学部は伝統的に男性の多い職場です。現在では230人ほどの専任教員の約40％は女性であるにもかかわらず、職位が上がれば上がるほど女性が少なくなり、私の職位であるシニア・レクチャラー（日本でいう助教授と教授の中間程度の職位）以上になると、女性は9人だけです。教員採用には採用される教員と同職位以上の5，6人で選考委員会を作りますが、選考委員会には、男女両性の代表者がいること、採用学科以外からの代表者がいることが必須です。例えば、シニア・レクチャラーの選考となると、それがどの学科の選考であっても、私たち9人の女性のうちだれかが出席しなければならないわけです。男性は60人近くの中からだれかが出席すればよいのですから、女性には6倍以上の負担がかかるということです。最近の新政策では、各委員会には男女両性から最低2人ずつの代表者が出席することが望ましいということになりましたが、現実問題として、女性の意見を反映させるという大義名分は重々承知していても、今でも重い女性の負担の倍増は無理であると思います。

　少し本題からそれたようですが、大学コミュニティの一員としての自分は、自分だけの自分ではなく、好むと好まざるとにかかわらず、あるときは学科の代表者、あるときは女性の代表者、あるときはアジア人の代表者、そして、あるときは英語が母語ではない者の代表者として、責任のある発言・行動が要求されるということを述べたかったのです。

6 研究に関わるもの

　日本語教師を目指している皆さんの全員が大学に勤めるわけではありませんし，プログラムの運営に直接関わらない場合もあるかと思いますが，日本語教師をしていく上で，研究と常に関わりを持っていることは非常に大切です。

　研究と一口にいっても，その関わり方はさまざまです。私たちのように海外の大学で教える者にとっては，毎年，査読のある専門誌に研究論文が何本載ったかが，翌年の研究費の支給，昇給，昇進に連動してくるので，学術研究，論文発表，掲載は，大げさにいえば死活問題です。しかし，このような研究を産出する立場からの関わり方だけではなく，研究の消費者としての関わり方もあります。教室活動の中から出た疑問を解くために，研究論文を読む，またはその逆に，研究論文を読んで発見したことを基に，教室活動に新しい試みを導入してみる，といった関わり方です。例えば，教室活動を振り返ってみて，どうも学習者が助詞の使い方がよくわかっていないようだと感じたら，自分の考えだけで試行錯誤するよりも，助詞の機能の分類，助詞の機能のそれぞれの学習難易度，助詞の導入の順番や，助詞の教授法などの先行研究に当たって考察してみるとよいでしょう。もちろん，前章にあるように，アクション・リサーチを行ってみるのも一つの方法ですが，アクション・リサーチも実施の前に先行研究に当たるのが普通です。

　日頃から研究論文を広く読むことを心がけ，そこからさまざまなアイディアを得て，教室活動に反映させることも重要です。インターネットのディスカッション・グループに入ったり，自分の興味のある専門誌を購読したり，関連学会に入会したりして，情報を集めやすい環境を作ります。自分と専門分野の違う先生方と歓談するのも，良い情報源になります。ここ数年，当学科で実施している「ジュニア先生」という非常に有益なプログラムがあります。3年生の学生が数名，1年生の日本語ク

ラスにアシスタントとして参加するものですが (Thomson 1998), これは, 中学や高校の数学などの教科で近ごろ盛んな Collaborative または Cooperative Learning (協同学習) にヒントを得て, 企画しました。広く教育学の文献に目を向けていたおかげです。ある同僚の研究室のホワイト・ボードには「論文一日一本」と書いてあります。一日に一本は研究論文を読もうという自戒の言葉だと思います。

さて, 大学で仕事をしていく教員には, 研究をする義務があります。日本の大学と違って, オーストラリアの大学の教員には研究費が自動的に支給されません。これは, 私がこれまで大学で仕事をした経験のあるアメリカでもシンガポールでも同じでした。研究費は, 研究計画書を提出し, 審査を受け, 合格して, 初めてもらえるのです。研究には, 資料, 器材の購入, アシスタントや被験者の人件費など, 何かとお金がかかりますから, 研究計画書の作成は大事な仕事です。研究計画の審査では, 計画自体の質と研究者の質が問われます。研究計画が意義のある, また実行可能なものであることはもちろんですが, いくら計画がよくても, 研究者にそれを遂行する実力があるという証がなければ, 研究費が無駄になる可能性があるとみなされます。研究者の実力の証明は, 過去の研究歴, つまり, 質の良い専門誌に掲載された論文の数ということになります。過去の研究歴の立派な研究者ほど研究費がもらいやすいということで, 若輩の研究者には研究費の獲得が人一倍難しいという仕組みになっています。先輩の研究者と組んで研究費を申請したり, 研究歴の浅い研究者を対象とする研究費の獲得に挑戦したりと, なんらかの手だてがないことはありません。いずれにせよ, 研究費がとれるような研究計画書の作成ができるようになることは非常に大切です。

日々の授業運営やその他の仕事に追われていると, 研究を行う時間を捻出するのは至難の業です。来週までに返さなければならない作文の添削が目の前にぶらさがっているとき, それを脇によけて研究をするのは, 自分を日本語教師と自覚している先生方には難しいことです。私にも研究義務が負担に感じられる時期がありました。しかし, 研究することが

自分の授業の質の向上に結びつくようなテーマを選べば，研究が楽しくなります。研究と授業運営は別個のものではなく，相互に支援しあうべきものだと思います。先に挙げた助詞の習得の件でも，授業中の学生の助詞の習得過程の観察から研究が始まり，分析結果がより良い授業を生み出していくというような関係が望ましいのではないでしょうか。

7 教師養成講座で教えてもらえないこと

　以上，教師の一日に起こる事柄をいろいろ書いてきましたが，日本語教師として仕事をしていく上で非常に重要なことであるにもかかわらず，日本語教師養成講座や日本語教育関係の大学院では教えてもらえないことが多いということがおわかりいただけたでしょうか。教授法，シラバス・デザイン，教材・教科書分析，研究方法論などは非常に大切なものですが，学生のカウンセラーとしての教師，大学コミュニティの一員としての教師，日本人コミュニティの一員としての教師などとしてやっていく準備は，別のところでしなければならないようです。

　海外で仕事をしていていつも不甲斐なく思うのは，自分の語学力です。英語圏で長く仕事をしてきて，一般的な観点から見れば「英語ができる」ということになるのでしょうが，それでも大学の政策にまつわる重要なディベートに参加しなければならないときや，スタッフの査定に関するデリケートな書類を作成しなければならないとき，複雑な事情のある学生と話をしなければならないときなどは，高度な英語力が要求され，非常に苦痛です。さまざまな書類を英語で読み，また，自分でも報告書，申請書，学生の推薦状，研究計画書などを英語で書き，細かい説明，説得，依頼，交渉を英語で行う毎日です。海外で仕事をする日本語教師が現地の言葉によく通じているべきことは，どれほど強調してもしすぎることはありません。

　現在の仕事をしていて，過去の経験で特に役に立っていることが二つあります。一つは日本で会社勤めをした経験で，もう一つはアメリカと

シンガポールで教えた経験です。会社勤めの経験は、まず、日本人としての自分を確立する場を与えてくれました。学生の身分とは違い、社会人としての自分です。この期間に、いろいろな年代のさまざまなタイプの人々とおつきあいをしていく訓練がなされたように思いますし、企業内での言葉遣いや書類の動きを知る上でも、有意義でした。日本事情の知識伝達者として、ビジネスマン、日本的経営、日本社会などの項目に、少なくとも自分なりの経験に基づいたなんらかの解釈をすることができるようになりました。現地の日本人コミュニティ、特にビジネス界との関わりにおいても、非常に有益です。当大学は伊藤忠商事、日商岩井などから学生に奨励金をいただいていますが、このような援助を仰ぐための渉外活動に役立ったと思っています。

アメリカとシンガポールで教えた経験は、現在、多文化・多民族共存のオーストラリアにおいて、多様な学習者を相手に、多様な同僚と一緒に仕事をしていく上で、非常に役立っていると思います。アメリカでの経験は、物事の大きな枠組みを把握する習慣をつけてくれました。シンガポールでの経験は、アジアの視点から世界をみる目を、またアジア人としての自分という自覚を与えてくれました。日本語教師として、日本人の自分が日本人としての物差しを一本だけ持ち、その物差しで、すべての学習者の行動を測ったり、自分の周りに起こる異文化現象のすべてを評価したりしているとすれば、恐ろしいことです。アメリカとシンガポールでの経験は、物差しを何本も持てるような、また、今使っている物差しに疑問を持てるような自分への方向づけをしてくれたと思います。

以上、私の置かれた状況での日本語教師の一日のシナリオを紹介しました。これから日本語教師を目指す皆さんが将来設計をしていく上で少しでもお役に立てれば幸いです。

[注]
1) 非常勤の先生方との連絡は，最近では電子メールのおかげで非常に効率良くなってきています。授業報告のほかに，例えば，漢字テストを製作してもらい，電子メールで送付してもらえば，自分の研究室で印刷できるし，必要とあれば，改訂して印刷することも容易です。翌週の授業の教案や連絡事項も電子メールで先生方に送ります。

[引用文献]
トムソン木下千尋（1997）「海外の日本語教育におけるリソースの活用」，『世界の日本語教育』7号，17-29頁．

Hashimoto, Y. (1996) Cross-cultural communication with overseas institutions via Internet in Advanced Level Japanese Classes, Hewson, L. & Toohey, S. (eds.) *The Changing University* (pp. 386-392), Sydney: University of New South Wales.

Iida, S. & Thomson, C.K. (1997) Should we teach Australian female learners of Japanese to speak and behave like Japanese women? A study of gender related perceptions of teachers and learners of Japanese in Australia, Unpublished project summary.

Sasaki, Y. (1996) Logistic background, bottleneck and perspective of Internet Multilingual communication projects at UNSW, Hewson, L. & Toohey, S. (eds.) *The Changing University* (pp. 444-451), Sydney: University of New South Wales.

Thomson, C.K. (1998) Junior Teacher Internship: Promoting cooperative interaction and learner autonomy in foreign language classroom, *Foreign Language Annals*, Vol. 31, No. 4, 569-583.

[参考文献]
トムソン木下千尋（1999）「学習契約書を使った自律学習の試み——実例からの考察」，『第二言語としての日本語の習得研究』2号，27-56頁．

トムソン木下千尋・舛見蘇弘美（1999）「海外における日本語教育活動に参加する日本人協力者——その問題点と教師の役割」，『世界の日本語教育』9号，15-28頁．

= 索　引 =

〈アルファベット〉

AR ⇨ アクション・リサーチ
CA ⇨ 合流的アプローチ
E-言語 ……………………………………… 126
HA ⇨ ヒューマニスティック・アプローチ
HP ⇨ 人間性心理学
I-言語 ……………………………………… 126
JSL ⇨ 第二言語としての日本語
LPP(論) ⇨ 正統的周辺参加(論)
NS ⇨ 母語話者
SLA ⇨ 第二言語習得
ZPD ⇨ 最近接発達領域

〈ア 行〉

アイデンティティ ……… 53, 86, 109, 112-3, 185, 194
　熟練の―― ……………………………… 109
アウトプット ……………………… 148-9, 172
アクション・リサーチ(AR) …… 181, 210, 212-8, 226-8, 241
誤り ………………………… 121-2, 140-2, 161
イエオマンズ, T. ………………………… 82
異文化 …… 3, 6, 25, 31, 47, 198-200, 206-7, 244
　――接触 ………… 6, 181, 185, 194, 200
異文化間コミュニケーション ……… 3, 6, 25, 31, 198, 200, 207
意味の交渉 ……………… 29, 165, 170, 172
インターアクション …… 19, 26-7, 73, 78, 149-50, 164-6, 170, 192-3, 218
インテイク ………………………… 147, 161
インプット …… 122, 143, 147-50, 164-5, 169, 171-2
ヴィゴツキー, L.S. ……………………… 54

ウィドウソン, H. ………………………… 186
ウォーラーステイン, N. ………… 99-100
運用能力 …… 19, 31, 96-7, 101, 143, 163, 199
エラーの修正 ……………………… 171-2
エリオット, J. …………………………… 212
援助者 ………………………………… 9, 13
エンパワメント ……………………… 205-6
横断(的)研究 …………………… 144-5, 167
オーエルバッハ, E. ……………… 99-100
オーラル・アプローチ ………………… 72
オーラル・メソッド ……………………… 72

〈カ 行〉

外国人とのコミュニケーション …… 5-6, 13
介添え(scaffolding) ………………… 116-7
回避 …………………………………… 43, 142
学習可能性 ……………………………… 161-2
学習した(された)知識 ……………… 147-8
学習者オートノミー ……… 180, 189-90, 193-4
学習者の気持ち ………………………… 194
学習動機 …………………………………… 74
学生との対応 …………………………… 236
核文法 ………………………… 127, 129-30
過剰生成 ………………………………… 122
過剰般化 ………………………………… 141
化石化 …………………………… 129, 143
課題提起型 ………………………… 98-9, 102-4
　――(の)ESL ……………………… 98-100
　――(の)教育 ……………… 94, 98, 101
　――(の)日本語教育 ……… 101-2, 104
　――のアプローチ ……………………… 99
　――の識字教育 ………………………… 95

環境要因 …………………… 169, 203-4
漢字学習 ……………………………… 67
干渉 ………………………………… 141, 163
感情技法 …………………………… 84-5
記憶 …… 19, 37, 42, 60-4, 68-9, 121, 128, 159
——の処理水準モデル …………… 63
——の二重貯蔵モデル …………… 61
気づき ………………… 86, 171-2, 193
技能（スキル）…… 17-8, 22, 24, 27-8, 34-8, 47, 59, 108-9, 180, 193
　　知性的—— ……………………… 109
機能範疇 ……………………………… 131-3
基本的欲求階層説 …………………… 79
記銘方略 ……………………………… 62
既有知識 …………………………… 63-6
教育の目的 …………………… 183, 186
教室経営 …………………………… 79, 81
教室風土 …………………………… 80, 87
教師トレーニング ………………… 210
教師の仕事 …… 164, 170, 179-80, 186, 188-92, 195, 228
教師の成長 ………………………… 210
教師の役割 …… 56, 66, 114, 117, 182-3, 186-7, 189, 191, 195
協働的活動 ………………………… 108
句構造 ………………………… 132, 134
クラッシェン, S. …… 53, 146, 148-9, 168
研究の消費者 ……………………… 241
言語運用 …… 19, 47, 73, 86, 126, 171, 206, 226
言語能力 …… 17, 19-22, 24, 26-7, 30, 40, 117, 125-6, 137, 147, 166, 185, 206
語彙範疇 ………………………… 131-2
肯定証拠 …………………………… 123
行動主義心理学 …… 52, 54, 57, 72, 74, 138
合流教育 …………………………… 54, 82-3
合流的アプローチ (CA) …… 72, 76-7, 80, 84-5, 88
語学力 …………………………… 46, 243

国際理解教育 ………………………… 6
コグニティブ・アプローチ ………… 72
ゴードン, T. ……………………… 217
コミュニカティブ・アプローチ …… 21-2, 52-3, 115
コミュニケーション能力 …… 3-4, 6-7, 13, 20-8, 35, 38, 40, 43, 83, 117, 137, 180
誤用 …………………… 52, 140-3, 159, 163
　　言語間—— ……………………… 141
　　言語内—— ……………………… 141
　　発達上の—— …………………… 142
　　——分析 ……………… 140, 142, 159
語用論 ………………… 20, 139, 162-3
語用論的能力 ………………………… 20
コンサルタント …………………… 191

〈サ 行〉

最近接発達領域 (ZPD) …………… 116
在日外国人 ………………… 11-3, 54, 102
ジェンダー ………………………… 102
識字学級 …………………………… 102
識字教育 …………………… 54, 93-6, 99
自己開示 …………………………… 80-1, 86
自己概念 …………………………… 77-9, 81
自己実現 …………………………… 16, 76-7, 79
実践(の)共同体 …… 105, 107-12, 114
実践報告 …………………… 208, 211-2
自動化 ………………………… 60, 148
社会言語能力 …… 21-2, 24, 26-7, 206
社会的位置づけ …………………… 186-8
社会的実践 ………………… 106-7, 109
社会的（ソーシャル）能力 ………… 27
社会文化能力 ………………… 26-7, 206
縦断(的)研究 …… 47, 144, 163, 167
習得した（された）知識 ………… 147-8
習得者 ………………………………… 13
習得順序 ……………………… 144-7, 159
習得段階 …………………… 145, 159, 162
授業の準備 ………………………… 232-4

授業の処理 …………………………… 235
主流派 ………………………… 201, 203, 205
状況的学習論 ………… 54, 105, 110, 116-7
少数派 ………………………… 201, 203, 205
生得的要因 ……………………………… 169
信頼性 ………………………………… 214, 227
スキーマ ………………………………… 66
スキル⇨技能
スクリプト ………………………………… 66
ステンハウス, L. ……………………… 212
ストラテジー(方略) ……… 22-4, 27, 29-30, 41-7, 62, 112, 116, 150, 164, 216, 223
　学習── ……………………… 41-4, 46-7
　コミュニケーション・── …… 23-4, 29, 43, 116
　──能力 ……………… 22-3, 27, 30, 43, 47
生成文法理論 ………………………… 125-6
正統的周辺参加(論)(LPP〔論〕) … 105-12
正答の是認 ……………………… 218, 220, 222-3
セリンカー, L. ………………………… 158
セルフ・アクセス・センター ……… 191
宣言的知識 ……………………… 58-60, 189
選択 ………………………… 87, 189, 191-4
促進する行動(facilitative behavior) …… 81

〈タ 行〉

大学の実務 ……………………… 233, 239
第二言語教育 ……… 26, 30-1, 52-5, 72, 74, 76-7, 110, 172
第二言語習得(SLA) ………… 52-3, 55, 85, 120, 129-30, 132-4, 136-9, 141-3, 145-6, 148-51, 158, 162, 167-74, 183
第二言語としての日本語(JSL) …… 130, 132, 137, 145, 158, 160, 162-3, 165, 168-70, 172, 199
タスク ……… 46, 55, 165, 167, 170-2, 233
妥当性 ………………………………… 214, 227
多文化教育 …………………………… 206-7
多文化主義(マルチカルチュラリズム) ……………………………… 180, 205-8
単純化 ………………………………… 141
談話能力 …………………………… 22-3, 27
力関係(パワーリレーション) …… 200, 202, 205
地球市民教育(グローバル・エデュケーション) ……………………… 199, 206-7
知識とスキル …………… 17, 22-3, 34-5, 38, 47
知識の構造化 …………………………… 64-5
知識の個人的意味 ……………………… 74
注意 ……… 41, 59-61, 66-7, 160, 170-1, 193
中間言語 ……… 142-3, 158-9, 161, 166-7, 172
調整 …………………… 30-1, 47, 147-8, 150, 164
直接法 ………………………………… 115
チョムスキー, N. ……… 19-20, 53, 120, 125-7
手続き的知識 ……………… 58-60, 67-8, 189
転移 ……………………………………… 163
　正の── ……………………… 139, 163
　負の── ………………… 139, 141, 163
　──適切性 ……………………………… 64
動機(motive) ………… 41, 46, 74, 147, 168, 171, 218, 220
統合的学習 ………………………… 82-3, 85, 88
トップダウン(概念駆動型)処理 …… 65-6
徒弟制 ……………………… 105-7, 109

〈ナ 行〉

内化 ……………………………………… 106
内省 …………………… 193-4, 210, 214-6, 226
二重文化能力 ……………………… 4, 180
日本語学習の目的 ………………………… 4
日本語教育 ……… 3-4, 7-14, 43, 53-5, 57, 68, 72, 85, 91, 95-8, 101-2, 104-5, 112, 115, 117, 136, 138-9, 145-6, 151, 180-1, 183-6, 198-200, 202, 206-8, 211-2, 233, 239-40, 243
　狭義の── ………………………… 8-9
　広義の── ………………………… 8-9

戦前の—— ………………………… 9
　　地域社会における—— …………… 11
　　日本人のための—— ……………… 7
　　——の制度化 ……………………… 10
　　——の目的 ………………………… 186
日本語教師 …… 53, 55-6, 66, 115, 180-1,
　　199-200, 202, 210-1, 232, 234, 241-4
日本語プログラムの運営・管理 ……233,
　　237
日本語母語話者 …………………………114
日本人としての自分 ……………………244
人間性心理学（ヒューマニスティック
　　心理学, HP）…… 54, 72, 74-6, 78-9, 81,
　　86, 88
認知心理学 …… 44-5, 54, 56-61, 66, 68-9,
　　72
ネイティブ・スピーカー⇨母語話者
ネウストブニー, J.V. ……………… 27, 207
ネットワーク …… 28, 192-3, 212, 226, 228

〈ハ 行〉

媒介言語 …………………………………195
ハイムズ, D. ……………………………… 20
パーソナリティ層構造理論 …………… 82
発達順序 ………………… 146, 158-9, 161
ハーバマス, J. ………………………… 183-4
パラメータ ……………………………126-9
　　主要部先行/主要部後行—— …… 127-8
否定証拠 …………………………………123
非母語日本語話者 ……………………112-4
ヒューマニスティック・アプローチ（HA）
　　…………………………… 72, 76-7, 85, 88
ヒューマニスティック心理学⇨人間性
　　心理学
ヒューマニズム ………………………… 76
『被抑圧者の教育学』（P.フレイレ） …… 92,
　　94
フィードバック ……… 57, 59-60, 81, 162,
　　164, 171, 173, 217, 221, 225, 236
　　肯定的—— ………………… 217-21, 224-6
　　否定的—— ………………………… 78
普遍文法 …… 54-5, 120, 125-30, 134, 168
普遍文法理論に基づく第二言語習得
　　研究 ………………………………… 129
ブラウン, G. …………………………… 82
フレイレ, P. …………………… 54, 92-9, 101
プロセス能力 …………………………… 40
文化の相違 ………… 180, 198-202, 204, 207
文法能力 ……………………………… 20, 22
方略⇨ストラテジー
母語習得 ………… 120, 129, 132-3, 142-3
母語話者（ネイティブ・スピーカー, NS）
　　…… 19-20, 31, 53, 110, 114, 129, 131-
　　2, 142-3, 149-50, 164, 167, 169, 171,
　　185-6
　　非—— ……… 31, 114, 149-50, 164, 186
ボトムアップ（データ駆動型）処理 ……… 65
褒め ………………… 217-8, 220, 222-4, 226
ホーリスティック・アプローチ …… 88

〈マ 行〉

マズロー, A. …………………………… 77, 79
学ぶことを学ぶ能力 ………………… 17, 40
目標言語 ……… 42, 52, 74, 84, 110, 113,
　　138-40, 142-3, 147-9, 159, 163-5, 169,
　　172-3, 182, 192, 195
モニター理論 ………………… 146, 148, 168
物差し ……………………………………244

〈ラ 行〉

レイブ, J. ……………………………… 105-6
ロジャーズ, C. ……………………… 75, 81

▨執筆者紹介▨

〈編 者〉

青木直子（あおき・なおこ）
　大阪大学大学院文学研究科教授〔第二言語教育学〕

尾﨑明人（おざき・あきと）
　名古屋外国語大学外国語学部日本語学科教授〔日本語教育〕

土岐　哲（とき・さとし）
　元京都外国語大学日本語学科教授〔日本語教育，音声学〕

〈執筆者〉（執筆順）

谷口すみ子（たにぐち・すみこ）
　中央大学全学連携教育機構非常勤講師〔リテラシー，第二言語習得〕

小林由子（こばやし・よしこ）
　北海道大学国際連携機構国際教育研究センター・大学院国際広報メディア・観光学院教授〔日本語教育，教育心理学〕

縫部義憲（ぬいべ・よしのり）
　広島大学名誉教授〔英語教育学，日本語教育学〕

野元弘幸（のもと・ひろゆき）
　首都大学東京人文社会学部教授〔社会教育，多文化教育〕

西口光一（にしぐち・こういち）
　大阪大学国際教育交流センター教授〔日本語教育学，第二言語習得研究，状況的学習論〕

白畑知彦（しらはた・ともひこ）
　静岡大学教育学研究科共同教科開発学専攻教授〔応用言語学（言語習得）〕

坂本　正（さかもと・ただし）
　　南山大学名誉教授，名古屋外国語大学外国語学部日本語学科教授〔日本語教育，第二言語習得論〕

吉岡　薫（よしおか・かおる）
　　ボン大学人文社会系アジア研究科日本・韓国研究専攻講師〔日本語教育，第二言語としての日本語習得〕

山田　泉（やまだ・いずみ）
　　元法政大学キャリアデザイン学部教授〔日本語教育，多文化教育〕

横溝紳一郎（よこみぞ・しんいちろう）
　　西南女学院大学人文学部英語学科教授〔外国語教育学，教師教育学〕

トムソン木下千尋（とむそんきのした・ちひろ）
　　（シドニー）ニューサウスウェールズ大学人文社会学部言語学科教授〔日本語教育，学習者主体，学習者コミュニティー〕

日本語教育学を学ぶ人のために

2001年 9 月 1 日　第 1 刷発行	定価はカバーに
2018年 4 月20日　第 9 刷発行	表示しています

編　者　青木直子（あおきなおこ）
　　　　尾崎明人（おざきあきと）
　　　　土岐　哲（ときさとし）

発行者　上原寿明

世界思想社

京都市左京区岩倉南桑原町56　〒606-0031
電話 075(721)6500
振替 01000-6-2908
http://sekaishisosha.jp/

©2001　N. AOKI, A. OZAKI, S. TOKI　Printed in Japan
落丁・乱丁本はお取替えいたします　　　　　（印刷・製本　太洋社）

JCOPY ＜(社)出版者著作権管理機構　委託出版物＞
本書の無断複写は著作権法上での例外を除き禁じられています。複写される
場合は，そのつど事前に，(社)出版者著作権管理機構（電話 03-3513-6969,
FAX 03-3513-6979, e-mail: info@jcopy.or.jp）の許諾を得てください。

ISBN978-4-7907-0891-9